大数据时代企业财务管理研究

王丹　卫欣怡　张婧菁　著

中国商业出版社

图书在版编目（CIP）数据

大数据时代企业财务管理研究 / 王丹，卫欣怡，张婧菁著 .-- 北京 : 中国商业出版社 , 2023.9
ISBN 978-7-5208-2636-5

Ⅰ . ①大… Ⅱ . ①王… ②卫… ③张… Ⅲ . ①企业管理 - 财务管理 - 研究 Ⅳ . ① F275

中国国家版本馆 CIP 数据核字 (2023) 183844 号

责任编辑：郑　静
（策划编辑：蔡　凯）

中国商业出版社出版发行
（www.zgsycb.com　100053　北京广安门内报国寺 1 号）
总编室 :010-63180647　　编辑室 :010-83114579
发行部 :010-83120835/8286
新华书店经销
安徽中皖佰朗印务有限公司印刷

787 毫米 ×1092 毫米　　16 开　　12 印张　　260 千字
2023 年 9 月 第 1 版　　2023 年 9 月 第 1 次印刷
定价：58.00 元

＊＊＊＊

前言

大数据是中国经济新常态下创新驱动的发动机和产业转型的助推器，带动了技术研发体系创新、管理方式改革、商业模式创新和产业价值链体系重构，推动了跨领域、跨行业的数据融合和协同创新。企业可持续发展的关键是获得竞争优势，而财务战略作为企业总体战略的核心，实施有效的财务管理是企业经营和发展的基础。作为现代企业管理的重要组成部分，财务管理工作必须积极适应信息化发展步伐，在各方面作出调整。大数据时代，改变了财务管理的传统理念和内涵，也对财务数据处理和应用提出了更高要求：一方面海量数据为财务管理和财务决策带来了有力的支撑；另一方面，也对传统的财务系统、财务人员的素质提出了更高的要求。为了应对大数据带来的挑战，抓住大数据带来的机遇，企业决策者以及相关的财务管理专业人员，需要重新审视和思考财务管理工作，全面提升进行财务决策时统筹各种数据的技能，整合并提高应对环境变化的决策水平。

本书从大数据的基础介绍入手，针对大数据时代下的企业财务管理、企业预算管理以及企业财务决策与战略管理进行了分析研究；对企业财务风险预警与管理及企业内部控制作了一定的介绍；还对大数据时代的业财融合、企业财务智能化转型以及企业财务管理创新提出了一些建议；旨在摸索出一条适合现代企业财务管理工作创新的科学道路，帮助其工作者在应用中少走弯路，运用科学方法，提高效率。因此，本书对企业财务管理的应用创新具有一定的借鉴意义。

本书的写作得到很多领导与同事的支持和帮助，在此深表谢意。由于能力有限，时间仓促，虽经多次修改，仍难免有不妥与遗漏之处，恳请专家和读者指正。

目 录

第一章　大数据的基础理论 1
第一节　大数据的定义、特点 1
第二节　数据的整合管理与使用 3
第三节　大数据的价值分析 11
第二章　大数据时代的企业财务管理 19
第一节　财务管理基础认知 19
第二节　财务管理与大数据的基本关系 32
第三节　大数据时代对企业财务管理的影响 42
第三章　大数据时代的企业预算管理 59
第一节　预算管理基础认知 59
第二节　大数据时代的企业预算管理 66
第三节　预算管理在企业管理中的地位与作用 72
第四章　大数据时代的企业财务决策与战略管理 77
第一节　大数据时代的企业财务决策管理 77
第二节　大数据时代的企业财务战略管理 85
第五章　大数据时代的企业财务风险预警与管理 93
第一节　大数据引发的财务数据风险 93
第二节　大数据在企业进行风险管理中的应用 97
第三节　财务风险预警和管理的新途径 100
第四节　大数据帮助企业建立风险管理体系 104
第六章　大数据时代的企业内部控制 110
第一节　大数据信息时代企业内部控制的要素 110
第二节　大数据信息时代企业内部控制的措施 118
第七章　大数据时代的业财融合 128
第一节　业财融合的内涵及本质 128
第二节　业财融合的内在机理 135
第三节　业财融合的实现路径 139

第八章　大数据时代的企业财务智能化转型 144
第一节　企业财务转型的起点——财务共享服务 144
第二节　企业财务转型的方向——企业司库 151
第九章　大数据时代的企业财务管理创新 164
第一节　大数据企业财务会计信息化的发展策略 164
第二节　企业财务信息化规划与创新 172
参考文献 184

第一章 大数据的基础理论

第一节 大数据的定义、特点

一、大数据的定义

随着社会化网络的兴起以及云计算、移动互联网和物联网等新一代信息技术的广泛应用，全球数据量呈现出前所未有的爆发增长态势。大数据带来的信息风暴正在逐渐改变我们的生活环境、工作习惯和思维方式。我们看到在商业、经济、医药卫生及其他领域中决策正日益基于数据和分析而作出，而并非仅仅基于经验和直觉。大数据是近年来科学研究的核心所在，已成为信息时代新阶段的标志，是大型信息系统和互联网的产物，是实现创新驱动发展战略的重要机遇。大数据的发展与应用，将对社会的组织结构、国家治理模式、企业的决策机构、商业的业务策略以及个人的生活方式产生深刻的影响。

对于“大数据”（Big data），研究机构Gartner给出了这样的定义：大数据（Big Data，Mega Data）是指那些需要利用新处理方法才能通过数据体现出更强决策力、洞察力和流程优化能力的海量、高增长率和多样化的信息资产。

传统哲学认识论是以人为主体，而在大数据背景下的认识论主体发生了分化，即认识论主体的意向方和实施方分离，意向方仍然是人类，而实施方则由人类变成了机器，意向方和实施方各自承担着自己的需求职责，认识的动机和目的发生了相应的变化，任何人只关注对自己有用的信息，而机器提供可视化分析，形成大数据认知外包的特性。

大数据通过海量数据来发现事物之间的相互关系，通过数据挖掘从海量数据中寻找蕴藏其中的数据规律，并利用数据之间的相互关系来解释过去、预测未来，从而实现新的数据规律对传统因果规律的补充。大数据能预测未来，但作为认识论主体意向方的人类只关注预测的结果，而忽视了预测的解释，这就造成预测能力强、解释能力弱的局面。

大数据模型和统计建模有本质的区别。就科学研究中的地位来说，统计建模经常是经验研究和理论研究的配角和检验者；而在大数据的科学研究中，数据模型就是主角，模型承担了科学理论的角色。就数据类型来说，统计建模的数据通常是精心设计的试验数据，具有较高的质量；而大数据中则是海量数据，往往类型繁多，质量参差不齐。就确立模型的过程来说，统计建模的模型是根据研究问题而确定的，目标变量预先已经确定好；大数据中的模型则是通过海量数据确定的，而且部分情况下目标变量并不明确。就建模驱动不同来说，统计建模是验证驱动，强调的是先有设计再通过数据验证设计模型的合理性；而大数据模型是数据驱动，强调的是建模过程以及模型的可更新性。

大数据思维是指一种意识，认为公开的数据一旦处理得当就能为千百万人急需解决的问题提供答案。

量化思维。大数据是直觉主义到量化思维的变革，在大数据量化思维中一切皆是可量化的，大数据技术通过智能终端、物联网、云计算等技术手段来“量化世界”，从而将自然、社会、人类的一切状态、行为都记录并存储下来，形成与物理足迹相对应的数据足迹。

全局思维。是指大数据关注全数据样本，大数据研究的对象是所有样本，而非抽样数据，关注样本中的主流，而非个别，这表征大数据的全局和大局思维。开放共享、数据分享、信息公开在分享资源的同时，也在释放善意，取得互信，在数据交换的基础上产生合作，这将打破传统封闭与垄断，形成开放、共享、包容、合作思维。大数据不仅关注数据的因果关系，更多的是相关性，提高数据采集频度，而放宽了数据的精确度，容错率提高，用概率看待问题，使人们的包容思维得以强化。

关联思维、轨迹思维。每一天，我们的身后都拖着一条由个人信息组成的长长的“尾巴”。我们点击网页、切换电视频道、驾车穿过自动收费站、用信用卡购物、使用手机等行为——这些过去完全被忽略的信息——都通过各种方式被数据化地记录下来，全程实时追踪数据轨迹，管理数据生命周期，保证可靠的数据源头、畅通的数据传递、精准的数据分析、友好可读的数据呈现。

预测思维。预测既是大数据的核心，也是大数据的目标。

从技术上理解，大数据是一次技术革新，对大数据的整合、存储、挖掘、检索、决策生成都是传统的数据处理技术无法顺利完成的，新技术的发展和成熟加速了大数据时代的来临，如果将数据比作肉体，那技术就是灵魂。大数据时代，数据、技术、思维三足鼎立。《大数据时代》作者维克托认为，大数据使我们真正拥有了决定性的价值资源，它是新的黄金。这里值得注意的是，大数据的意义不在于掌握海量的数据，而是通过数据挖掘等手段对其进行专业的分析来实现数据的“增值”。

大数据可分成大数据技术、大数据工程、大数据科学和大数据应用等领域。目前人们谈论最多的是大数据技术和大数据应用。工程和科学问题尚未被重视。大数据工程指大数据的规划建设、运营管理的系统工程；大数据科学关注大数据网络发展和运营过程中发现和验证大数据的规律，及其与自然和社会活动之间的关系。

物联网、云计算、移动互联网、车联网、手机、平板电脑、PC以及遍布全球各个角落的各种各样的传感器，无一不是数据来源或者承载的方式。

核心价值在于对于海量数据进行存储和分析。相比现有的其他技术而言，大数据的“廉价、迅速、优化”这三方面的综合成本是最优的。大数据必将是一场新的技术信息革命，我们有理由相信未来人类的生活、工作也将随大数据革命而产生革命性的变化。

二、大数据的特点

数据分析需要从纷繁复杂的数据中发现规律并提取新的知识，是大数据价值挖掘的关键。经过数据的计算和处理，所得的数据便成为数据分析的原始数据，根据所需数据的应用需求对数据进行进一步的处理和分析，最终找到数据内部隐藏的规律或者知识，从而体现数据的真正价值。大数据的分析技术必须紧密围绕大数据的特点开展，只有这样才能确保从海量、冗杂的数据中得到有价值的信息。

维克托•迈尔•舍恩伯格及肯尼斯•库克耶编写的《大数据时代》中，大数据一般具有4V特点：Volume（大量）、Velocity（高速）、Variety（多样）、Value（价值）。具体来讲，大数据具有如下几个特点。

（一）数据体量巨大

大数据通常指10TB（1TB=1024GB）规模以上的数据量，之所以产生如此巨大的数据量，一是由于各种仪器的使用，使用户能够感知到更多的事物，从而这些事物的部分甚至全部数据就可以被存储下来；二是由于通信工具的使用，使人们能够全时段地联系，机器—机器（M2M）方式的出现，使得交流的数据量成倍增长；三是由于集成电路价格降低，使很多电子设备都拥有了智能模块，因而这些智能模块的使用过程中依赖或产生大量的数据存储。

（二）流动速度快

数据流动速度一般是指数据的获取、存储以及挖掘有效信息的速度。计算机的数据处理规模已从TB级上升到PB级，数据是快速动态变化的，形成流式数据是大数据的重要特征，数据流动的速度快到难以用传统的系统去处理。

（三）数据种类繁多

随着传感器种类的增多以及智能设备、社交网络等的流行，数据类型也变得更加复杂，不仅包括传统的关系数据类型，也包括以网页、视频、音频、E-mail、文档等形式存在的未加工的、半结构化的和非结构化的数据。

（四）价值密度低

数据量呈指数增长的同时，隐藏在海量数据中的有用信息却没有以相应比例增长，反而使获取有用信息的难度加大。以视频为例，连续的监控过程中，可能有用的数据仅有一两秒。大数据“4V”特征表明其不仅仅是数据海量，对于大数据的分析将更加复杂，更追求速度，更注重时效。

第二节　数据的整合管理与使用

一、数据的收集

大数据时代，要想使用大数据，首先要做的是收集大量数据，但收集数据并非仅是把收集过来的数据放到硬盘里面那么简单，更重要的是对数据进行分类、存放及管理。

不然就如同一个储藏很多物品的储藏室——放东西进去的时候很轻松，但是要知道哪些东西有用，或者拿出有用的东西的时候就不那么简单了，甚至可能再也找不到。对于数据的认知，完全取决于我们是否拥有认知自己所拥有数据的能力，是否能够筛选出到底什么是核心数据，到底什么数据会被我们频繁地使用。这就要我们学会如何去收集数据。

如果我们盲目地进行大数据投资，收集越来越多的数据，但是令人沮丧的是，这些数据却是"死"数据。那么，什么是死数据呢？"死"数据就是单纯存储在数据库中，无法进行分析和使用，并且不能够产生价值的数据。"死"数据不是真死，可以将其激活。那么，如何激活这些"死"数据，让整个大数据"活"起来，并成为实践中的牵引力呢？答案就是：收集是第一步，收集后通过甄别，选出有用的数据，将它用起来。

数据的价值在于使用，不是存储。就像储藏室里的物品，假如你不会将其中有用的东西拣选出来使用，你储藏的东西再多也是没有价值的。所以，我们在储藏物品的时候，一是要储藏有使用价值的物品，二是要将其拿出来使用。于是，如何收集物品就成了一门学问。数据的收集和物品的收集有异曲同工之妙。

人们发现，大数据的真正价值是将数据用于形成主动收集数据的良性循环中，以带动更多的数据进入自循环中，并应用于各个行业。什么是数据的自循环呢？

举个最简单的例子来说，现在的很多网站都有推荐功能，很多推荐出来的东西，不论是音乐、视频，还是商品，都可以让用户来选择"喜欢"或者"不喜欢"，这样一来，企业就可以通过用户的选择基于计算机后台的算法为用户重新推荐，这就变成了一个循环——从基于已有的数据进行"分析—推荐—反馈—再推荐"的过程。当然，自循环还远不止这样一种形式。多样的自循环方式打开了大数据之门，而进入这个循环的关键就是，从解决问题出发。在数据的自循环中，有两个核心的关键点：一个是"活"做数据收集，另一个是"活"看数据指标。

比如，多年来，很多企业因无法建立数据收集的循环，致使其运营数据更多地建立在直觉的判断和分析基础之上。当面对周围海量的消费者数据时，充满了危机的大数据更难为企业的运作提供清晰的思路。对数据无从下手成为企业在大数据时代的核心短板。这时，如果没有找出相关的关键解决方法，企业就会在由海量数据构成的新兴市场中错失发展的良机。

（一）"活"做数据收集

所谓"活"做数据收集，就是指用户不要局限于只收集自己用户产生的数据，还要把"别人"的数据收集过来进行综合分析。

前面提到过，数据收集，一方面是"自己用"——用其他外面的数据来增加自己手上数据的精准度，为我所用；另一方面是"给别人用"——把我的数据贡献给很需要我的数据的人，从而提高他的数据的精准度。

在很多年前，亚马逊就主动收集用户的 IP 地址，然后从 IP 地址破译出用户所处位置的附近多少千米内是否有书店。工作人员从收集到的数据中了解到，一个人是否选择在网上买书，很重要的原因是他的附近有没有书店。亚马逊主动收集数据，即通过收集一个外部数据，来帮助自身判断线下是否存在潜在的竞争对手。京东也是这样，他们收集客户浏览商品的数据，然后将相关产品推荐给客户。一个企业在做数据收集的时候，并不总是能够直接收集到所需要的关键数据，这时候就需要变通。

做大数据收集，有时候需要更多的灵活变通。亚马逊的案例的确经典，不知道京东是不是借鉴了他们的做法，因为他们都找到了消费者购买决策链条中的一个关键点。每个人都知道在收集消费者数据时最好是观察直接用户。但如果没有这个数据，你需要观察什么数据？答案就是，去观察行业内对这个数据最敏感的那些人，你也能获得成功的密码。

生活中其实也有这样的例子，李嘉诚说，如果你想知道香港的某家酒楼生意好不好，你问问门口卖报纸的人就知道了——香港人喜欢去喝茶的时候买一份报纸。其实，这个规律不是李嘉诚观察到的，而是香港税务局发现的。香港税务局如果担心酒楼对营业额虚报的话，就可以通过直接去查卖报纸的商家卖了多少份报纸来判断，这是一个非常有趣却很实际的灵活收集用户数据的案例。

"活"做数据收集，就是要跳出既定思维的框架，从相关联的行业和业务中去收集能够为现在所用的数据，找到能够更好地佐证企业现有业务决策和发展的数据。而"活"做数据收集的一大好处，就是能够规避现有数据框架的弊端，更好地反映用户的实际需求和市场的实际情况。

（二）"活"看数据指标

"活"看数据指标就是指企业不要局限于已有的数据框架，而应该结合用户需求的不同场景来灵活应用收集到的"活"数据。我们不仅要灵活地收集数据，而且还要注意到，数据收集只是第一步，如果不让数据"活"起来，仅仅是把收集的数据简单地堆砌在一起，是没有意义的。

举个例子，我们在京东购买商品的时候，或在某个网站注册时，他们会要求用户填写自己的性别。假如一个人填写的性别是男性，但分析这个人的购买行为时发现，很多时候他的账户在告诉网站，这些商品的目标客户并不是他自己，因为这个人也会为他的妻子和父母买东西。

当收集到的这些数据不能为企业所用时，企业就永远不知道关于这个人的这个数据原来是不准确的。这些数据好像是准确地描述了这个人的性别，但是却不能准确地描述这个人的搜索和购物行为，因为他可能会为他的老婆买一套化妆品。

在梳理阿里巴巴的数据时，阿里巴巴会有18个性别标签。听上去这很不可思议。你肯定会想，阿里巴巴是不是疯了，为什么凭空造出了这么多的性别？事实上，每一个性别表现都并非看上去那么简单，因为它的分类是基于用户在不同场景中的不同表现而做出的。这就揭示了一个问题，我们每个人都不会只呈现出简单的一面，比如在安静时和在人前时，我们就会表现出不一样的自我。不同的性别标签其实就是应用了这一原理：

同样的人在搜索商品时可能会表现出不一样的行为特点，结合场景应用数据就是“活”用数据。其实，有多少个性别标签并不重要，重要的是如何让用户在不同的场景中获得更好的服务，而这都是基于这些“活”数据。

亚马逊一直在自己的商业活动中应用这个理论。一直以来，亚马逊就是使用动态数据模型：用“历史的你”去推测“现在的你”。所以，它相信今天登录网站的你有什么需要与兴趣，比起历史的“你”来说更重要。

“活”用数据，就是你是否能看出这个数据本身的局限是什么。一方面，是数据为用户体验改善了什么；另一方面，企业在使用数据时，对活数据的运用解决了什么问题，或者创造了什么机会。要牢牢记住，活用数据很重要。

“活”的数据是“活”用数据的精髓所在。企业能够基于场景和相关的“活”数据将数据应用发挥出最大的价值，那么新的商业模式的开创也就会在不远的将来成为可能。

二、数据的整合管理

（一）数据的存放和管理

对于数据的收集而言，最重要的不是看我们收集了什么数据，而是要思考这些数据如何使用以及收集这些数据到底能够起到什么样的作用。用一句话来说，就是收集数据不是目的，收集起来的数据如何产生价值才是最终的目标。不过，如何收集在未来具有价值的数据的确是一个难题，当中就需要一些经验的判断了。

数据存储下来之后，数量和广度都很大，就需要对之进行完善的管理。数据管理的内容包括很多方面，比如，数据的来源、如何让数据不丢失、如何保护数据的安全、如何让数据准确和稳定以及如何更好地运用数据，这些都是数据运营中的“管”。但是，“管”并没有一个标准可循。大数据管理到底要怎么做？目前还没有准确答案。

有些公司的数据管理非常依赖数据产品，希望用数据产品来解决获取及使用数据的问题。他们认为“不管怎么样，我们先收集数据，将来肯定有用”。其实这是不妥的，因为没有一家数据运营商可以让你无止境地收集数据，然后再使用，这根本是不现实的。

而这就是“不作决定的代价”。因为，在这个世界上，有一些决定是我们一定要作的。从运营数据的角度来说，如果我们只收集数据而不做分析和应用的话，代价就是很沉重的存储成本。这种存储成本的代价是巨大的。即便是一家富有的公司，即便是它的机器比较多，也只能短时间地延续这种损失。因为不管你有多少机器，这些数据都在呈指数式增长，当提到怎么备份时，问题就出来了。在这种情况下如何备份？此时，我们必须要决定什么东西需要先备份，什么东西可以先放在“冷库”里。“冷库”的意思是一些成本比较低的服务器，但是放在“冷库”中的数据不能随时使用，需要调出来才可以使用。

针对这种情况，有人说，我们仅把3年前的数据都放进去吧，够吗？答案就是：还是太多了。有人说，那我们可以把一年半以前的数据都放进去吧？不行，因为用数据观察业务发展趋势的分析师一般都要看3年的数据，所以这种做法也不现实。在面对“决定放什么数据进‘冷库’”和“决定什么数据在紧急情况下一定要保护”的问题时，你就会发现以前我们所讲的观点——数据先收集起来，将来再使用，完全是一个伪命题。之前从来没有人对这个伪命题表示过异议，无论银行，还是金融机构，甚至以前的互联网公司。而当大数据出来后，这个观点就成了一个借口、一个伪命题。这是一个很难下的决定，但这就是你必须要做的决定。如果，你在以后发现你需要的数据，的确没有得到提前保存的话，那就只能错失这一发展机会了。事实上，这是企业的博弈。

或许有人会问，一家企业并不需要从事所有的商业，为什么所有的数据都要收集呢？事实就是这样，这是数据人在管理上的不负责任，平心而论，这个责任也非常难承担。

很多大公司正在数据管理这条路上学习，而当前我们面临着很多以往不曾遇见的问题。比如，我们是应该在各个部门里运作，还是集中管理数据？我们是应该在数据安全的前提下更开放，让更多人找到数据的价值，还是应该更封闭，让泄露数据的可能性更小？另外，个人隐私怎么去保护？我们怎么才能成为一家负责任的数据管理公司？这些都是很有代表性的难题。

现在，大型的互联网公司通常都同时拥有成百上千种正在开发的项目，它们都在直接或间接地改变着数据，而在这种情况下，又如何保障数据安全？事实上，数据的源头已经“脏”了，而下游使用数据的人还不知道，同时，源头的数据使用者也没有责任告诉下游这些数据已经“脏”了。所以，如果你数据使用得不好，这对你的发展影响也不会很大。但是如果你数据使用得好，而且将它作为公司的核心竞争力，那么你的麻烦就大了。因为你的数据源本来就来自各个地方，而每一个来源都没有责任告诉你从它那儿来的数据是正常的和可靠的。特别是大数据出现后，数据的精准与否更加重要。因为大数据在很多情况下，是利用外部数据来帮助内部数据进行调整的，如果你的内部数据难以保证“干净”的话，那么外部数据同样无法保证“干净”。

数据管理，是大数据行业的“脏活”“苦活”和“累活”，是最难解决的事情。如果没有这些背景做铺垫，人们对很多公司在做的所谓的大数据的运营就会持有怀疑态度了。

（二）数据的归类整理

1. 按照是否可以再生的标准来区分，可以分为不可再生数据和可再生数据

不可再生数据通常就是最原始的数据，比如用户在访问网站时，浏览记录会追踪用户的行为，如果当时没有被记录下来，就没有其他数据来还原用户的行为了。这个有点像拿着相机拍闪电，抓拍很重要，一旦错过，闪电就不可能再重复刚才那一瞬间的光影了。因此，对于用户日志类等不可再生数据而言，必须要有完善的保护措施和严格的权限设置。现在，很多系统都有备份多份数据的功能，理想情况应该是，因为磁盘损坏而造成数据丢失的案例越来越少。但是，因为系统升级失败和误操作等造成的数据丢失在各家公司都屡见不鲜，见怪不怪了。

可再生数据就是通过其他数据可以生成的数据，原则上，指标类数据的衍生数据都是可再生的，只要原始的不可再生数据还在，就可以通过重新运算来获得。不过千万不

能因为“可再生”这个词语的存在，就对可再生数据不重视。有些可再生数据是通过很长时间的积累不断加工而成的，是长时间从海量数据中计算出来的，比如对某个用户在数个月内的连续购买行为产生的规律，如果未做保护，虽然仍然可再生，但是再生的时间却会给企业带来问题。因为即便对于有顶尖计算能力的公司来讲，都可能是数日，甚至是数周、数月，而这个时间过程可能就会对公司的某一项核心业务造成毁灭性的打击。

对不可再生的数据而言，已有的数据要严格保护，想要但是还没有的数据就要及早收集。举个例子，很多电子商务网站是不关注客户在商品详情页面有没有做滚屏操作的。如果这一类型的数据没有被记录下来，企业就无从知道详情页的有效性。当商品页面进行改版，需要对此类数据进行参考时，就没有办法来获得相应的数据支持，最后能做的就只能是等待在页面上进行布点开发，等待数据收集到之后再进行决策，这就造成了决策的延误。

对于可再生数据而言，要及早做好业务的预判和数据处理的规划，这样一来，数据在需要的时候就能够快速地获得应用，人们把这一数据称为数据中间层。

2. 按照数据所处的存储层次来区分，可以分为基础层、中间层和应用层

从数据的存储角度来说，数据有很多层次。基础层通常与原始数据基本一致，也就是仅仅存储最基本的数据，不做汇总，以尽量避免失真，从而用作其他数据研究的基础；中间层是基于基础层加工的数据，通常也被认为是数据仓库层，这些数据会根据不同的业务需求，按照不同的主体来存放；应用层则是针对具体数据问题的应用，比如作为解决具体问题的数据分析和数据挖掘的应用层的数据。

在存储层这个层面上，最大的问题就是数据的冗余和管理的混乱。尤其是对于一些拥有海量数据的大公司而言，数据的冗余问题尤为严重，由此造成了大量的浪费。

在大公司中，进行数据分析、开发、挖掘的人可能有数十甚至是数百人，这些人可能归属于不同的业务团队，为了满足不同的业务各自分析数据应用。这样一来，不同的人可能都从头开始建立起了一套包含基础层、中间层和应用层的数据，而彼此之间又没有合适的交流方式，也就造成了工作的浪费。那是不是应该把所有的数据进行更好的归纳或者管理呢？任何管理方法，无论是集中式管理，还是分散式管理，都各有利弊，而且人和业务多了之后，企业也很难进行集中式管理。专家给出的建议是，基础层必须统一，因为这是最基本的数据，而且基本数据是原始数据。除了备份的需求外，没有必要在各个场合保留多份数据。只要保证这个数据有良好的原数据管理方式，就能极大地降低成本。而对于中间层和应用层而言，则要视具体情况而定：如果公司的业务相对单一但成本压力比较大，则建议集中式管理；如果公司的业务量非常大，则可以由多个数据团队来进行分散式管理和应用，以保证基础层单位有最高的灵活性。

3. 按照数据业务归属来区分，可以分为各个数据主体

按照业务归属分类的意思就是，将数据按照不同的业务主体分门别类地进行归纳。就好像仓库一样，将不同的物料进行分类存放，可以提高其使用和管理的效率。按照业务归属分类的数据在不同公司可能体现出不同的内容，在平台型电商可以分为交易类数据、会员类数据、日志类数据等。交易类数据是指平台型电商的订单流水，其中包含了买家、卖家在什么时间成交了什么商品；会员类数据记录了买家、卖家的身份信息，比如注册时间、身份证号码、信用等级等信息；日志类数据则更多地是指用户的行为，即哪个用户在什么时间段访问了平台的什么页面、点击了什么按钮等。

对于数据的分类则主要根据业务特点进行归类，并没有一个特别的硬性规定。总体的原则就是让数据的存储空间更少，分析及挖掘的过程更简单、快捷。

4. 按照是否为隐私来区分，可以分为隐私数据和非隐私数据

顾名思义，隐私数据就是需要有严格的保密措施来保护的数据，否则会对用户的隐私造成威胁。用户的交易记录属于隐私类数据，对于一家有着良好数据管理机制的公司而言，通常的管理方法是对数据的隐私级别进行分层，数据从安全的角度可以进行两种类型、四个层次的数据分层。两种类型就是企业级别和用户级别。企业级别的数据，包括交易额、利润、某大型活动的成交额等；用户级别的数据就像刚才提到的身份证号码、密码、用户名、手机号码等。四个层次对数据进行分类，分别有公开数据、内部数据、保密数据、机密数据。

当然，也有隐私数据保护得不好的企业，之前很多隐私泄露的案例都对用户造成了很大的损害。比如，某些网站几十万的开房信息泄露、数百万的密码泄露等都是类似的事故。随着拥有大量数据的网站和公司越来越多，数据安全就越来越成为一个核心点，需要投入专门的人和专门的团队来进行数据安全的管理。而数据安全工作的推动，初期往往会受到一线员工的反对，因为任何一个安全系统都意味着已有的权限被收回，也会因为改变工作方法而降低效率。所以，拥有大数据的企业高管必须要关注数据安全，否则数据越大，对“恶人”的吸引力就越大，最终对用户和公司造成损失的风险也就越大。

三、数据的使用

从使用数据的角度来说，电商行业就有很多值得其他行业借鉴的地方，可以让数据真正地使用起来，并且产生实际的商业价值。

不同的运营商对数据有不同的用法，这里，让我们以电商为例，看看它们是如何运用数据的。首先来看现在电商的背景，不论是以阿里为代表的平台型电商，还是以京东为代表的自营型电商，或者以 1 号店为代表的垂直类电商，它们的一个共同特点就是商品非常丰富，商品数量动辄就是百万千万级，而平台类型电商的商品数量可能更多。

对于消费者来说，进入一个电商网站的首页并不需要看到那么多的商品，如果消费者有明确的购物诉求，那么，可能会直接进入电商网站的搜索引擎开始寻找商品；如果没有明确的诉求，则可能是在电商网站提供的类目和活动等区域随意寻找。这个时候问题就来了：页面内容是有限的，消费者的时间是有限的，消费者的需求是有偏好的，但是商品量非常大，电商的目标又是为了能够通过闲逛让消费者产生成交额，那么，如何找到合适的商品放在首页就成了问题的关键。

面对这样的问题，专家给出的解决方案是通过一套数据中间层，来生成用户在特定市场的个性化标签。电商企业不同类目运营的员工通过算法或者人工选品来实现用户标签和商品的匹配，从而实现用户“逛”的效率最优，进而提高用户由游逛到购买的转化率。建立标签，简单地说，就是通过数据的分析来对用户的偏好进行描述，建立标签通常有以下三种方法：

第一是通过业务规则结合数据分析来建立标签。这一类型的标签和业务人员的经验紧密结合，这里可以举几个例子，以便对这类标签的设置有更加直观的感觉。

比如，业务人员可以判断出购买某一个具体车型的人可能就拥有这款车，此时，就可以通过数据进行分类，把用户分为不同类型的车主等，这个时候当用户进入汽车配件类目时，就可以直接为用户推荐相应的汽车配件，直到用户有明确的行为去搜索别的汽车用品时，再进行数据调整。再比如，有些用户平时很少网购，但一到大型节日前就会大量购买商品，这一类用户通常都是企业的采购人员，这时候就可以在礼品等类目进行企业礼品的相关推荐，甚至直接推荐该网站的储值卡。还有，对于中老年人的识别，可以通过用户经常使用的地址和包裹的寄送地址来进行区别。

第二是通过模型来建立标签。比如在婚庆类目上的特定行为，当然，特定行为是通过数据模型识别出来的，此时我们就可以认为其是一个即将结婚的用户，这样可以结合时间来给用户打上婚庆标签，也可以持续观察这一类用户，在未来可能会打上家装的标签和母婴的标签等。结合用户的手机充值和收货地址等行为，可以用数据模型计算出该用户是不是自己购买，还是作为一个网购的中心者为他人购买，如果能判断经常为他人购买，则可以打上类似于“网购影响力中心”这样的标签，可以在不同类目的场景中运用。

第三是通过模型的组合来生成新的标签。任何一个模型都是有生命周期的，或者说企业内部不同的建模人员可能对同一用户会作出不同的判断，所以，我们需要对模型不断地进行整合。通常情况下，可以采用模型投票的方法从多个模型中抽象出合适的标签。比如，在 3 个模型中，两个模型认为宝宝是 3 ～ 6 个月，一个认为宝宝是 12 个月以上，那通过模型的整合，应该可以确定宝宝为 3 ～ 6 个月。

标签的应用是指在电商网站的首页或者具体的类目网页进行标签的使用。标签的使用，最核心的就是数据中间层和前台业务层的对接，并且能够让运营人员非常方便地进行商品的设置。这里涉及两个核心点：一是中间层和业务层的对接，二是中间层的易用性。下面分别就这两个内容来作一些探讨。

一是中间层和业务层的对接。目前，对接是在互联网广告中非常热的概念，典型的应用之一就是数据管理平台（DMP）。在这个系统中，用户以标签化的形式存在，也就是之前给用户打好的标签有了一个管理的平台，终端使用者可以在这个系统中进行用户选择，选择完成之后就会产生一个投放计划。DMP 还会和前台业务平台进行打通，简单地说，就是用户登录首页之后，系统就会认出用户身上的标签，就可以根据 DIM 中设置的计划来产出不一样的内容。

二是中间层的易用性。对于终端用户来说，选择标签需要足够简单，并且能够非常清楚地知道这个标签具体代表的含义是什么。

对于数据从业者来说，让数据变得超级简单是一个非常重要的使命，所以界面的设计和后台的管理等内容都非常重要，否则可能会失去标签系统的价值。

对于大数据来说，“用”是让数据发挥价值的最大一步，在这里我们也只是举了一个数据应用的简单例子——标签系统。这个例子是数据和运营数据紧密结合的一个案例，也是数据运营或者数据驱动的一个典型案例。只有先结合大数据的技术将数据化运营做好，才能让数据从成本转化成利润，才能真正发挥出大数据的价值。

第三节　大数据的价值分析

一、数据的五大价值

（一）识别与串联价值

顾名思义，识别的价值，肯定是唯一能够锁定目标的数据。最有价值的，比如身份证、信用卡，还有E-mail、手机号码等，都是识别和串联价值很高的数据。京东和当当网站识别“你”的方法就是你的登录账号。千万不要小看这个账号，如果没有这个账号，网站就只能知道有一些商品被用户浏览了，但是却无法知道是被哪个用户浏览了，更不可能还原出用户的购买行为特点。

当然，识别用户的方法不止登录账号一种，对用户进行识别的传统方法还包括cookie。所谓的cookie就是你浏览器里面的一串字符，对于一个互联网公司来说，这就是用户身份的一个标记，所以你会发现你在搜索引擎上搜索过一个词语，在很多网站都看到相关的资讯或者商品的推荐，就是通过cookie来实现的。很多互联网公司都非常依赖cookie，所以会采用各种cookie来记录不同的用户类别，单一的cookie没有价值，将用户登录不同页面的行为串联起来才产生了核心价值——串联价值。

如果你想知道日常生活中哪些是很有价值的识别和串联数据，那么可以回想一下你的银行卡丢失后，你打电话到银行时对方会问你的问题。一般来说，当你忘记密码后，对方会问你“你哪天发工资”“你家里的固定电话号码是什么”等类似问题，而这一系列问题就是在把你的个人数据做一个识别和串联。因为在银行怀疑某个人是不是你的时候，生日、固定电话号码是有权重的。有可能在有了2～3个这样的数据后，即使你没有密码，银行还是会相信你，为你重新办卡。

所以，千万不要小看识别数据的价值，经验告诉我们，能够辨别关系和身份的数据是最重要的。这些数据应该是有多少存多少，永远不要放弃。在大数据时代，越能够还原用户真实身份和真实行为的数据，就越能够让企业在大数据竞争中保持战略优势。

（二）描述价值

在通常情况下，描述数据是以一种标签的形式存在的，它们是通过初步加工的一些数据，这也是数据从业者在日常生活中最为基础的工作。一家公司一年的营业收入、利润、净资产等数据都是描述性的数据。在电商平台类企业日常经营的状况下，描述业务的数据就包括成交额、成交用户数、网站的流量、成交的卖家数等，我们就可以通过数据对业务的描述来观察交易活动是否正常。

但是，对于企业来说，数据的描述价值与业务目标的实现并不成正比关系，也就是说，描述数据不是越多越好，而是应该收集和业务紧密相关的数据。比如一家兼有PC平台和无线平台业务的电子商务公司，在PC上可能更多地关注成交额，而在无线平台上更多关注的应该是活跃用户数。

描述数据对具体的业务人员来说，使其更好地了解业务发展的状况，让他们对日常业务有更加清楚的认知；对于管理层来说，经常关注业务数据也能够让其对企业发展有更好的了解，以作出明智的决策。

用来描述数据最好的一种方式就是分析数据的框架，在复杂的数据中抽象出核心的点，让使用者能够在极短的时间里看到经营状况，同样，又能够让使用者看到更多他想看的细节数据。分析数据的框架是对一个数据分析师的基本要求——基于对数据的理解，对数据进行分类和有逻辑地展示。通常，优秀的数据分析师都具备非常好的数据框架分析能力。

（三）时间价值

如果你不是第一次在京东上买东西，你的历史购买行为，就会呈现出时间价值。这些数据已经不仅仅是在描述之前买过的物品了，还展示出在这一时间轴上你曾经买过什么，以便让网站对你将要买什么作出最佳预测。

在考虑了时间的维度之后，数据会产生更大的价值。对于时间的分析，在数据分析中是一个非常重要，但往往也是比较有难度的部分。

大数据一个非常重要的作用就是，能够基于大量历史数据进行分析，而时间则是代表历史的一个必然维度。数据的时间价值是大数据运用最直接的体现，通过对时间的分析，能够很好地归纳出一个用户对于一种场景的偏好。而知道了用户的偏好，企业对用户做出的商品推荐也就能够更加精准。

时间价值除了体现历史的数据之外，还有一个价值是“即时”——互联网广告领域的实时竞价，它是基于即时的一种运用。实时竞价就是当用户进入某一个场景之后，各家需求方平台就会来进行竞价，对用户进行数据推送。比如，用户正在浏览一个和化妆品有关的页面或者正在商场逛街，在这个场景中就会出现和化妆品有关的信息。这个化妆品的广告不是预先设置好的，而是在这个具体的场景中通过实时竞价出现的。

（四）预测价值

数据的预测价值分成两个部分。第一个部分是对某一个单品进行预测，比如在电子商务中，凡是能够产生数据、能够用于推荐的，都会产生预测价值。比如，推荐系统推荐了一款T恤，它有多大的可能性被点击，这就是预测价值。预测价值本身没有什么价值，它只是在估计这个商品时是有价值的，所以预测数据可以让你对未来可能出现的情况做好准备。推荐系统估计今天会有10个用户来买这件T恤，这就是预测。再问一个追加问题："你有多大的信心今天能卖出10件T恤？"你说有98%的可能性，那么这就是对未来的预判及准确度的预估。

预测价值的第二部分就是数据对于经营状况的预测，即对公司的整体经营进行预测，并能够用预测的结论指导公司的经营策略。在今天的电商中，无线是一个重要的部门，对于新的无线业务来说，核心指标之一就是每天的活跃用户数，而且这个指标也是对无线团队进行考核的重要依据。作为无线团队的负责人，到底怎么判断现在的经营状况和目标之间存在着多大的差距，这就需要对数据进行预测。通过预测，将活跃用户分成新增和留存两个指标，进而分析对目标的贡献度分别是多少，并分别对两个指标制定出相应的产品策略，然后分解目标，进行日常监控。这种类型的数据能够对公司整体的经营策略产生非常大的影响。

（五）产出数据的价值

从数据的价值来说，很多数据本身并没有特别的含义，但是把几个数据组合在一起或者对部分数据进行整合之后就产生了新的价值。比如，在电子商务开始初期，很多人都关注诚信问题，那么如何才能评价诚信呢？于是就产生了两个衍生指标，一个是好评率，一个是累积好评数。这两个指标，就是目前在电商平台的页面上经常看到的卖家的好评率和星钻级别，用户能够基于此了解这个卖家的历史经营状况和诚信状况。

但是，仅以这两个指标来对卖家进行评价，会显得略微有些单薄，因为它们无法精确地衡量出卖家的服务水平。于是，又衍生出更多的指标，比如与描述相符、物流速度等，这些指标最终变成了一个新的指标店铺评分系统，可以用它们来综合评价这个卖家的服务水平。

当然，某个单一的商品在电商网站上可能会出现几千条评价，而评价中又是用户站在自己的立场描述的，但是针对某个用户，每次买一样东西都要阅读几千条评价显然是不太可能的，因此就需要把这些评价进行重新定位，以产生新的能够帮助用户作出明智购买决策的数据，这些数据就是关键概念的抽取。

在认识了数据的价值后，我们就能更好地识别出哪些是我们想要的核心数据，就能够更好地发挥数据的作用。精细的数据分类、严格的数据生产加工过程，将让我们在使用数据时游刃有余。

二、大数据价值的具体分析

（一）大数据不一定有大价值

不可否认，很多互联网企业掌握着庞大的数据，如果没有对其进行数据分析，这些大数据就是一个沉重的负担。前面说过，光是采集和储存这些数据就要耗费很多人力资源和时间成本，而采集到的数据不经分析就无法给企业带来利润，企业在这一过程中就只有支出没有收入。

麦肯锡公司调查发现，大数据确实给很多行业带来了价值，比如为美国的医疗行业带来了每年 3000 亿美元的价值，而其他的行业也一样可以从大数据中受惠。

大数据带来大价值，但是大数据不等于大价值，就像一座未开发的金矿不等于黄金万两一样。金矿只有通过开发成为金砖并放到交易市场上之后才能产生价值，而数据只有通过技术和分析工具显现在大家面前，使得数据变成信息，然后分离出有用的信息，才能产生价值。大数据也是一样，无非就是数据的量不同。

大数据就像一座庞大的冰山，大量的数据都隐藏在海面之下，显现出来的只有一点点。如何将这些大量的数据挖掘出价值，这和 IT 技术进步相关。现在，计算机的硬件和软件计算能力都越来越强大，使得我们从大量数据中提取有用信息的速度也越来越快，很多以前我们无法计算的问题现在都能够得到解决。例如，富士通帮日本的医疗机构做数据挖掘，其中一个项目是将很多电子病历、抑郁症患者的 DNA 信息、抑郁症患者的重点发病地都结合起来。它们根据病例、气象、DNA、地域数据，建立数据模型进行验证。这在过去是不可能做到的，但现在有了 IT 技术，可以把假设通过技术很快地运算出来并加以验证，这样，以前没有体现出价值的数据便体现出了价值。另外，过去某些大数据可能也是可以进行分析的，但是因为数据量太大或者计算过于复杂，得到结果的速度实在太慢，等待结果出来时，数据的时效可能已经过了。比如我们要预测第二天的天气，以前的计算机可能需要三四天才能够计算出来，而等到计算结果出来，预测本身已经失去了意义。而现在，同样的计算可能只需要几个小时，这样，预测本身的价值就体现出来了。

大数据不等于大价值，但大数据分析作好后，就会带来大价值。随着大数据技术的发展，一些现在将大数据视为负担的企业将越来越多地感受到大数据分析带来的甜头。

（二）大数据也会有价值遗憾

因为数据给人带来的实际用途是优劣并存的，所以大数据的价值到底有多大，目前没有谁能给出准确的计量。

在大数据时代，数据就是金矿，而创造数据的用户便是产生金矿的原材料。脸谱的主要产品是社交网络，而造就一个良好社交网络的最重要因素是它的内容。为脸谱提供内容的，正是一个个用户。用户提供的内容使网站变得美好，而他们的个人信息使得网站变得有价值。

如今，大数据能在各行各业发挥其他工具完全无法代替的作用，但大数据并不是万能的，并不是任何时候、任何场合都适用。大数据本身也有局限性，在大数据成为一个热门话题的今天，我们不能迷信大数据，而是需要弄清楚状况，知道什么时候需要使用大数据，什么时候需要使用其他工具。

几年前，世界爆发金融危机时，意大利一家大银行的 CEO 做出了一个让很多人都觉得不符合常规的决定。考虑到经济的疲软以及未来欧元危机的前景，很多人认为他应该会退出意大利市场，可是他最终决定留在意大利挺过任何潜在的危机。做决定前，这位CEO让手下的智囊团预测出可能发生的一系列不利情况，计算出这些情况对于公司意味着什么。但是最终，他还是根据价值判断做出了决定。他的银行已经在意大利经营几十年，他不想让意大利人觉得他的银行是一个不可以共患难的朋友，他也想让银行里的员工觉得时局艰难时公司不会转移，即便这样做会有一些短期的成本损失。他在做决定时没有忘记参考数据分析，最终，他遵循了另外一条思路。结果表明，这条思路无疑是正确的。

商业有赖于信任，信任是带有感情的互惠行为。在艰难时期仍然坚守诚信的公司和人会赢得别人的好感和尊重，即便这些不易通过数据来衡量，也是极有价值的。

大数据在解决很多领域的重大问题方面也有局限。一个公司可以做一个随机对照试验来判断到底是哪一封促销邮件勾起了用户的购买欲，但一个政府不能用同样的办法来刺激萧条的经济，因为没有另外一个政府作对照。怎样能够刺激经济增长，这个问题经济学家和政府官员都很关心，也引发过很多争论。关于这个问题，我们有堆积如山的数据可用，但是没有哪位参与争论的人会被数据说服。

而且，大数据分析更偏向分析潮流和趋势，对一些突出的、特异的个例则毫无办法。当大量个体对某种文化产品迅速产生兴趣时，大数据分析可以敏锐地侦测到这种趋势，但其中一些可能非常杰出的东西从一开始就被数据摒弃了，因为它们的特异之处并不为人所知。

另外，数据本身也有局限。纽约大学教授丽莎・吉特曼有一本学术著作名为“原始数据只是一种修辞”，书中指出：数据从来都不可能是原始存在的，因为它不是自然的产物，而是依照一个人的倾向和价值观念而被构建出来的。我们最初定下的采集数据的办法已经决定数据将以何种面貌呈现出来。数据分析的结果看似客观公正，但其实价值选择贯穿了从构建到解读的全过程。数据会掩盖价值，没有任何数据是原始的，往往是根据人的倾向和价值观构建起来的。最终的结果看起来很无私，但实际上从构建到演绎的整个过程一直伴随着价值选择。

这并不是说大数据就没什么了不起的，而是说数据和其他工具一样，在一些方面有价值，而在另一些方面则存在着遗憾。

（三）旧数据也会有新用途

企业、政府乃至个人都积累了不少各方面的数据，这些数据有些是几十年前的，有的甚至有数百年的历史。那么这些数据除了偶尔被历史学家们考证使用外，还能派上其他用场吗？答案是肯定的。

人们在看待数据时，常常会犯一个常见的错误：他们喜欢新的数据，认为新的数据更及时、更全面，而那些陈旧的数据似乎没什么用处。而事实远非如此。很多旧的大数据里，也蕴含着不少我们没有发觉的金矿。这些数据被整理分析后，一样能得到非常有用的信息。

三、大数据分析平台

大数据技术的战略意义不在于掌握庞大的数据信息，而在于对这些含有意义的数据进行专业化处理。换言之，如果把大数据比作一种产业，那么这种产业实现盈利的关键，在于提高对数据的“加工能力”，通过“加工”实现数据的“增值”。人们常说：数据隐含价值，技术发现价值，应用实现价值。问题的关键是大数据怎样才能被有效地利用，以促进企业健康有序地发展。在企业的经营管理中越来越多地应用大数据，每日激增的业务数据和市场信息数据等都呈现了大数据不断增长的多样性和复杂性，大数据分析方法显得尤为重要，可以说是判断最终信息是否有价值的决定性因素。

大数据分析可以沿用传统数据分析算法、一般性描述统计、时间序列分析、线性回归分析、曲线回归分析、多目标分析、序贯分析、仿真分析和包括在数据挖掘中的聚类算法、分类算法、关联规则和人工神经网络等，这些方法都可以在一定程度上对数据进行处理。考虑到大数据的流动性和异动性，利用新的大数据算法分析不管是在成本和效率上都更有优势，下面介绍一些大数据分析挖掘的平台。

（一）商用大数据分析平台

开源的大数据分析平台一般来说对技术要求高，实时性比较差，而商用的大数据分析平台费用昂贵，但是能为客户提供技术支持。常用的商用大数据分析平台有以下几类。

1. 一体机

一体机是指通过标准化的架构集成了服务器、存储、网络、软件等配置，简化了数据中心基础设施部署和运维管理的复杂性的一体化设备。大数据一体机即通过一体机的产品形态，解决了大数据时代基础设施的持续扩展问题、数据处理的个性化和一体化需求问题、海量数据的存储成本问题。

大数据一体机是一种专为大量数据的分析处理而设计的软件、硬件结合的产品，由一组集成的服务器、存储设备、操作系统、数据库管理系统以及一些为数据查询、处理、分析用途而特别预先安装及优化的软件组成，为中等至大型的数据仓库市场（通常数据量在TB至PB级别）提供解决方案。从技术特点上看，大数据一体机的主要特征如下：（1）采用全分布式新型体系结构，突破大数据处理的扩展瓶颈并保障可用性。采用全分布式大数据处理架构，将硬件、软件整合在一个体系中，采用不同的数据处理的架构来提供对不同行业应用的支撑。通过全分布式大数据处理架构和软硬件优化，使得平台能够随着客户数据的增长和业务的扩张，可通过纵向扩展硬件得到提升，也可通过横向增加节点进行线性扩展，即使在达到4000个计算单元重载节点情况下，也还能够实现相接近线性的扩展性和低延迟、高吞吐量的性能，同时保证业务的连续性。(2)覆盖软硬一体全环节，满足个性化定制需求。采用软硬件一体的创新数据处理平台，针对不同应用需求融合硬件到软件的一系列的手段实现数据采集、数据存储、数据处理、数据分析到数据呈现的全环节覆盖，为用户提供整体方案，用户可以根据各自应用特点选择不同系列的产品，实现按需定制。

除了以上两点之外，由于大数据产品的专业性和其不同于传统的解决方案，产品提供商针对用户在整个数据处理环节提供全方位的专业化服务，帮助用户明确应用需求，选择适合的软硬件架构，提供开发方面的支持，并帮助客户把程序从原有的模式移植到大数据处理模式下，从调优直至上线应用提供整体一条龙的服务。

2. 数据仓库

数据仓库由数据仓库之父比尔·恩门提出，主要功能仍是将组织透过信息系统的OLTP经年累月所累积的大量资料，通过数据仓库理论所特有的资料储存架构，作系统的分析整理，以利于各种分析方法如OLAP、DM的进行，并进而支持如决策支持系统（DSS）、主管资讯系统（EIS）的创建，帮助决策者能够快速有效地从大量资料中分析出有价值的信息，辅助决策拟定及快速回应外在环境变动，帮助建构商业智能（BI）。

数据仓库是在数据库已经大量存在的情况下，为了进一步挖掘数据资源，为了决策需要而产生的，它并不是所谓的“大型数据库”。数据仓库方案建设的目的，是为前端查询和分析作基础，由于有较大的冗余，所以需要的存储也较大。数据仓库往往有如下几个特点。

（1）效率足够高

数据仓库的分析数据一般分为日、周、月、季度、年等，可以看出，日为周期的数据要求的效率最高，要求24小时甚至12小时内，客户能看到昨天的数据分析。由于有的企业每日的数据量很大，设计不好的数据仓库经常会出问题，要延迟1～3日才能给出数据，这样显然是不行的。

（2）数据质量

数据仓库所提供的各种信息，肯定要准确的数据，但由于数据仓库流程通常分为多个步骤，包括数据清洗、装载、查询、展现等，复杂的架构会有更多层次，那么由于数据源有“脏”数据或者代码不严谨，都可能导致数据失真，客户看到错误的信息就可能导致做出错误的决策，造成损失。

（3）扩展性

之所以有的大型数据仓库系统架构设计复杂，是因为考虑到了未来3～5年的扩展性，这样的话，未来不用花太多钱去重建数据仓库系统，就能稳定运行。主要体现在数据建模的合理性，数据仓库方案中多出一些中间层，使海量数据流有足够的缓冲，不至于数据量大很多就无法运行。

3. 数据集市

在为企业建立数据仓库时，开发人员必须针对所有的用户，从企业的全局出发，来对待企业需要的任何决策分析。这样建立数据仓库就成了一个代价高、时间长、风险大的项目。因此，更加紧凑集成、拥有完整应用工具、投资少、规模小的数据集市就应运而生。

数据集市是一种更小、更集中的数据仓库，是具有特定应用的数据仓库，主要针对某个具有战略意义的应用或具体部门级的应用，从范围上来说，数据是从企业范围的数据库、数据仓库，或者是更加专业的数据仓库中抽取出来的。它支持客户利用已有的数据获得重要的竞争优势或找到进入新市场的解决方案，是为企业提供分析商业数据的一条廉价途径。数据集市的特征有：①规模小，面向部门，而不是整个企业；②有特定的应用，不是满足企业所有的决策分析需求；③主要由业务部门定义、设计和实现；④可以由业务部门管理和维护；⑤成本低，开发时间短，投资风险较小；⑥可以升级到企业完整的数据仓库。

（二）开源大数据生态圈

1. 高扩展性

Hadoop 是一个高度可扩展的存储平台，因为它可以存储和分发横跨数百个并行操作的廉价的服务器数据集群。传统的关系型数据库系统不能扩展到处理大量的数据，而 Hadoop 是能给企业提供涉及成百上千 TB 的数据节点上运行的应用程序。

2. 成本效益

Hadoop 还为企业用户提供了极具成本效益的存储解决方案。传统的关系型数据库管理系统的问题是，它并不符合海量数据的处理器，不符合企业的成本效益。许多公司过去不得不假设哪些数据最有价值，然后根据这些有价值的数据设定分类，如果保存所有的数据，那么成本就会过高。虽然这种方法可以短期内实现工作，但是随着数据量的增大，这种方式并不能很好地解决问题。Hadoop 的架构则不同，其被设计为一个向外扩展的架构，可以经济地存储所有公司的数据供以后使用，节省的费用是非常惊人的，Hadoop 提供的是数百 TB 的存储和计算能力，而不是几千块钱就能解决的问题。

3. 灵活性更好

Hadoop 能够使企业轻松访问到新的数据源，并可以分析不同类型的数据，从这些数据中产生价值，这意味着企业可以利用 Hadoop 的灵活性从社交媒体、电子邮件或点击流量等数据源获得宝贵的商业价值。此外，Hadoop 的用途非常广，诸如对数处理、推荐系统、数据仓库、市场活动进行分析以及检测。

4. 速度更快

Hadoop 拥有独特的存储方式，用于数据处理的工具通常在与数据相同的服务器上，从而能够更快地处理数据，如果用户正在处理大量的非结构化数据，Hadoop 能够有效地在几分钟内处理 TB 级的数据，而不是像以前那样处理 PB 级数据都要以小时为单位。

5. 容错能力强

使用 Hadoop 的一个关键优势就是它的容错能力。当数据被发送到一个单独的节点上，该数据也被复制到集群的其他节点上，这意味着在故障情况下，存在另一个副本可供使用。

第二章 大数据时代的企业财务管理

第一节 财务管理基础认知

一、财务管理的概念

英文“finance”一词有财务、金融、财政、筹措资金、理财等许多含义，但都与“钱”的获取、运用和管理有关，即理财。通常，当涉及微观层面的内容时，人们习惯上称“finance”为财务，如公司财务、财务公司、财务状况、财务报表、财务决策等；而当涉及宏观层面的内容时，习惯上则称其为金融、财政，如金融市场、金融中心、金融中介、金融期货等。

财务管理是在一定的整体目标下，关于资产的购置（投资），资本的融通（筹资）和经营中现金流量（营运资金），以及利润分配的管理。财务管理是企业管理的一个组成部分，是根据财经法规制度，按照财务管理的原则，组织企业财务活动，处理财务关系的一项经济管理活动。简单地说，财务管理是组织企业财务活动，处理财务关系的一项经济管理工作。

在现实经济社会，资源是稀缺、有限和多用途的，而钱又是最灵活的一种资源，因此绝大多数人都对钱感兴趣，都与钱打交道。概括地说，财务是一门涉及决定价值和制定决策的学科，其功能是配置资源。财务有以下三个主要方面：公司财务管理、投资者的投资、金融市场与金融中介，它们从不同角度处理与理财有关的交易活动。

财务管理是财务的一部分，通过决策制定和适当的资源管理，在组织内部应用财务原理来创造并保持价值。从企业的角度看，财务管理就是对企业财务活动过程的管理。具体地说，就是对企业资金的筹集、投向、运用、分配以及相关财务活动的全面管理。其目的是有效地利用资源，以便实现企业的目标。

财务管理具有以下几个特点。

（一）涉及面广

首先就企业内部而言，财务管理活动涉及企业生产、供应、销售等各个环节，企业内部各个部门与资金不发生联系的现象是不存在的。每个部门也都在合理使用资金、节约资金支出、提高资金使用率上，接受财务的指导，受到财务管理部门的监督和约束。同时，财务管理部门本身为企业生产管理、营销管理、质量管理、人力资源管理等活动提供及时、准确、完整、连续的基础资料。其次，现代企业的财务管理也涉及企业外部的各种关系。在市场经济条件下，企业在市场上进行融资、投资以及收益分配的过程中与各种利益主体发生着千丝万缕的联系。主要包括：企业与其股东之间，企业与其债权人之间，企业与政府之间，企业与金融机构之间，企业与其供应商之间，企业与其客户之间，企业与其内部职工之间等等。

（二）综合性强

现代企业制度下的企业管理是一个由生产管理、营销管理、质量管理、技术管理、设备管理、人事管理、财务管理、物资管理等诸多子系统构成的复杂系统。诚然，其他管理都是从某一个方面并大多采用实物计量的方法，对企业在生产经营活动中的某一个部分实施组织、协调、控制，所产生的管理效果只能对企业生产经营的局部起到制约作用，不可能对整个企业的营运实施管理。财务管理则不同，作为一种价值管理，它包括筹资管理、投资管理、权益分配管理、成本管理等，这是一项综合性强的经济管理活动。正因为是价值管理，所以财务管理通过资金的收付及流动的价值形态，可以及时全面地反映商品物资运行状况，并可以通过价值管理形态进行商品管理。也就是说，财务管理渗透在全部经营活动之中，涉及生产、供应、销售每个环节和人、财、物各个要素，所以抓企业内部管理以财务管理为突破口，通过价值管理来协调、促进、控制企业的生产经营活动。

（三）灵敏度高

在现代企业制度下，企业成为面向市场的独立法人实体和市场竞争主体。企业经营管理目标为经济效益最大化，这是现代企业制度要求投入资本实现保值增值所决定的，也是社会主义现代化建设的根本要求所决定的。因为，企业要想生存，必须能以收抵支、到期偿债。企业要发展，必须扩大收入。收入增加意味着人、财、物相应增加，都将以资金流动的形式在企业财务上得到全面的反映，并对财务指标的完成产生重大影响。因此，财务管理是一切管理的基础、管理的中心。抓好财务管理就是抓住了企业管理的牛鼻子，管理也就落到了实处。

财务管理不是简单地强调降低成本、费用和支出，不是账面利润的最大化，而是让企业实现价值的最大化的管理。

二、财务管理的目标

财务管理目标就是通常所说的理财目标，是指企业进行财务活动所要达到的根本目的，它决定着企业财务管理的基本方向。关于企业的财务管理目标，在财务理论界有不少提法，也一直存在一些争论。随着财务经济学的发展和企业管理实践的变革，财务管理的目标也在不断演化。本节着重介绍在理论和实践中具有广泛影响，并曾经被人们普遍接受或认同的三种主要观点，并对与财务管理目标相关的一些问题，如企业的社会责任、代理问题等作一简单的介绍。

（一）利润最大化

利润最大化的观点，在经济学中根深蒂固，在理论和实践中具有相当广泛的影响。自亚当·斯密以来，经济学家就把人类行为界定为追求财富最大化，即假设人是具有理性的经济人，个人追求自身利益的最大化，而市场通过“看不见的手”机制自发协调经济运行。利润最大化是新古典经济学的基本假设之一，新古典经济学在分析微观个体的经济行为时，假设个人追求效用最大化，而厂商追求利润最大化。在完全竞争的市场中，当边际成本等于边际收益时，厂商就实现了利润最大化，而实现利润最大化的要素组合，就实现了资源的最优配置。因此，许多经济学家都以利润最大化来分析企业的行为和评价企业的业绩。经济学中的利润，指的是经济利润而非会计利润，而且是长期利润。

利润最大化曾经被认为是企业财务管理的正确目标。这种观点认为：利润代表企业新创造的财富，利润越多则企业财富增加越多。以利润最大化作为企业财务管理目标有其科学成分，企业追求利润最大化，就必须不断加强管理、降低成本、提高劳动生产率、提高资源利用效率。追求利润最大化反映了企业的本质动机，也为企业的经营管理提供了动力。同时，利润这个指标在实际应用中简单直观，容易理解和计算，经营收入减去经营成本就是利润，在一定程度上也反映了企业经营效果的好坏。

利润最大化观点在实际运用中存在以下缺陷：（1）利润最大化模糊不清。利润有许多含义，例如是指会计利润还是经济利润，是短期利润的最大化还是长期利润的最大化。（2）利润最大化忽略了所获货币的时间差异，即没有考虑货币的时间价值。（3）利润最大化忽略了不同方案之间的风险差异，没有考虑所获利润应承担的风险问题。可能导致财务管理者不顾风险的大小而去追求更多利润。（4）利润最大化中的利润，是一个绝对数，它没有反映出所获利润与投入资本额的关系。(5)如果片面强调利润的增加，有可能诱使企业产生追求利润的短期行为，而忽视企业的长期发展。这在中国国有企业的经营绩效考核中尤为突出。

常有学者把每股收益最大化目标作为利润最大化的改进而提出来。然而，它也不是一个完全正确的公司目标。首先，它没有确定预期回报发生的时间或时期。其次，使用传统收益率，如投资收益率，没有考虑风险因素，并且没有考虑股利政策对股票每股市价的影响。如果公司的唯一目标是每股收益最大化，则公司将永远不支付股利，因为可以把收益留在公司内部，以投资于任何收益率为正的项目。

（二）股东财富最大化

股份公司是现代企业的主要形式，其典型特征是所有权与经营权的分离。股东不直接参与企业的经营管理，而是委托给经营者，委托代理就成为一种普遍现象。根据现代委托代理理论，企业经营者应该最大限度地谋求股东或委托人的利益，而股东的利益是要增加投资回报，增加股东财富。因此，股东财富最大化这一目标就自然受到人们的关注。

股东作为企业的所有者，其财富就是他所持公司股票的市场价值。如果以未来一定时期归属股东权益的现金流量（如每股收益或每股红利），按所要求的最低收益率折为现值，可得到股东投资报酬的现值，这就是股东财富的具体体现。许多经济学家主张选择股东财富最大化作为企业财务管理的目标，理由如下：（1）股东财富非常明确，它基于预期流向股东的未来现金流量，而不是模糊的利润或收入。（2）股东财富明确地取决于未来现金流量的时间，股东财富最大化在一定程度上能克服企业在追求利润时的短期行为。因为不仅目前的利润会影响股票价格，预期未来的利润对企业股票价格也会产生重要影响。（3）股东财富的计量过程考虑了风险因素，风险的高低会对股票价格产生重要影响。（4）股东财富最大化目标比较容易量化，操作方便、简单。

股东的财富由其拥有的股票数量和股票的市场价格来决定。当股票价格达到最高时，股东财富也就达到了最大。所以，股东财富最大化通常演变成公司股票价格最大化。

公司理财强调股票价格最大化的原因如下：（1）股票价格在所有的衡量指标中最具有可观察性，能被用来判断一家上市公司的表现。与不经常更新的收益和销售不同，股票价格不断地更新以反映来自公司的最新消息。（2）在一个理性的市场中，股票价格趋向于反映公司决策所带来的长期影响。与会计衡量指标不同，如收入、销售或市场份额，这些指标都只是着眼于公司决策对当前运作产生的影响，而股票的价值则是公司前景与长期状况的函数。在一个理性的市场中，就投资者而言，股票的价格趋向于反映它本身的价值。（3）公司股票价格是所有市场参与者对公司价值判断的集中反映。公司股价受很多因素的影响，包括现在及可预期未来的每股收益、收益发生的时间安排、收益的期间和风险、公司的股利政策以及其他影响股价的因素。因此，公司的股价是公司经营情况的“晴雨表”，显示了公司的良好管理带给股东的利益。（4）如果股东对公司管理业绩不满意，可以出售手中的股票。如果众多不满意公司管理的股东都出售持有的股票，该公司的股票价格就会下降。这样，管理者就将面临压力，就必须为改进公司的管理而努力，积极为股东创造价值。

以股东财富最大化作为公司财务管理目标的观点，具有十分广泛的影响，是目前国外理财学和财务管理教科书中提及最多的主流观点。虽然在理论上还存有争议，但股东财富最大化还是为越来越多的人所接受或认同。在实际中，也有许多大企业以股东财富最大化作为自己的追求目标。

（三）企业价值最大化

企业价值最大化，又称公司价值最大化，是股东财富最大化的进一步演化。所谓公司价值，是指公司全部资产的市场价值。这里的企业价值有别于股东财富，是指通过经营者的经营管理，采用最优的财务政策（如资本结构决策和股利政策等），在考虑货币时间价值和风险的情况下，不断增加企业的财富，使企业的总价值达到最大。以企业价值最大化作为财务管理的目标，其优点与股东财富最大化相类似，其基本估价思想也一致。

在现代企业经营管理实践中，存在众多的企业“利益相关者”。受企业行为影响或可影响企业行为的任何个人、群体和组织，都是企业的利益相关者，包括顾客、供应商、竞争对手、政府、所有者、债权人、企业员工、社区等。企业与利益相关者的关系是客观存在的，没有了这种关系，企业也就不复存在了。现代企业理论中的利益相关者理论认为，公司的目标不是追求股东价值最大化，而是应满足各利益相关者的不同需求和利益。因此，企业的目标应该是追求企业的内在价值和长期价值。企业价值最大化目标，不仅考虑了股东的利益，还考虑了债权人、经理层、企业员工等利益主体的利益。

以企业价值最大化为目标的最大困难，就是企业价值的估价方法问题。目前理论上常用的价值评估方法有现金流量贴现法、超常收益贴现法、基于价格乘数的估计方法等，但对于用什么方法、折现因子和估价时期如何确定等问题，都还没有一个统一的标准或结论。

（四）其他目标与企业的社会责任

1. 其他目标

企业的财务管理目标，除了上述三个最大化目标外，还有不少其他提法，如经济效益最大化、市场份额最大化、产量最大化、收入最大化、社会利益最大化、就业最大化、权益资本收益率最大化、成本最小化等。

在这些其他目标中，有的目标是股东财富最大化或企业价值最大化的中间目标（如市场份额最大化、产量最大化、收入最大化），而不是终极目标。中间目标与终极目标有时一致，有时不一致；有的目标是政府企业或非营利组织的目标，如社会利益最大化、就业最大化、成本合理负担等。但这些目标可能缺乏经济效率，因为当稀缺的资源用于竞争性用途时，可能导致资源的错误配置；有的目标只是我国学者根据我国企业实际，针对上述三个目标的缺欠而提出的，不具有普遍意义。

2. 企业的社会责任

在探讨企业的管理目标时，企业如何处理与利益相关者的关系，是一个无法回避的问题。

在企业经营中，存在着与人性假设同等重要的假设：企业经营道德性假设。它是企业及其管理者持有的关于企业经营与伦理道德关系的假设，或者说是关于有效地处理企业与利益相关者关系的假设。其基本特征是道德经营以社会为前提：企业通过对社会作出贡献的方式谋求自身利益的最大化，企业在满足所有者利益的同时，还要考虑其他利益相关的利益；企业经营活动与社会的伦理规范有关，可以用社会的伦理规范来评价企业的经营活动；法律是最低限度的道德标准，企业应当按照高于法律要求的伦理规范从事经营活动。

支持企业道德经营假设的观点认为：企业是社会的一分子，是社会资源的受托管理者。同时，企业也使用、消耗大量的社会资源，如社会为企业提供了必不可少的法律及监管环境、公平竞争的市场环境、良好的公共基础设施、环境保护、经营管理所需要的各类人才等。因而，企业在谋求自身利益的同时，应该为增加社会福利作出贡献。而且，企业对社会有巨大的影响力，根据权责相符的原则，企业必须承担与此相称的社会责任。

企业与利益相关者存在着休戚与共的关系，只有考虑了利益相关者的利益，企业的利益才可能得到保障；由于存在着市场失灵（如不完全竞争、外部性、信息不对称），所有者利益最大化不一定能给社会带来最大的好处，而可能带来较大的负外部性（社会成本）；法律是人们必须共同遵守的最低行为规范，法律只规定什么是不应该做的，而没有指明什么是应该的、受鼓励的。社会是不断发展变化的，法律往往滞后于现实，仅仅守法不太可能激发员工的责任感、使命感，不太可能赢得顾客、供应商、政府、社区、社会公众的信赖和支持，也就不太可能取得卓越的发展。

股东财富或公司价值最大化并不意味着管理者可以忽视公司的社会责任，如保护消费者权益、向雇员支付薪金、保持公正的雇佣和安全的工作环境、支持职工教育保护环境等。公司唯有承担社会责任而别无选择，股东的财富，甚至公司的生存都依赖于它所承担的社会责任。

强调企业的社会责任，并在此基础上追求企业的利益最大化，这是许多经济学家和管理学家所持的共同观点，也是当前国际上许多著名的大公司所奉行的理念之一。

三、财务管理的内容

企业生产经营的过程，从购买生产要素开始，到投入生产过程，生产出中间产品和最终产品，再进入销售过程，最后取得销售收入和利润；然后进行质或量的扩张，进入下一个再生产过程。这是一个资本不断运动变化的过程，也就是企业财务活动的过程。资本是企业财务活动的基本要素，企业财务活动的基础是资本的运动。资本的运动过程及内容，决定了企业财务活动的内容。而企业财务活动的内容，就是企业财务管理的内容。

根据企业财务活动的内容，企业财务管理的主要内容可概括为筹资管理、投资管理、营运资本管理、收入与分配管理。财务管理实际上是一种决策，财务管理决策主要有以下几个方面。

（一）投资决策

决定企业是否应该购买长期资产，企业将投资于哪些资产，是否进行新项目投资等。企业长期投资的计划与管理过程，称为资本预算，即对未来现金流的大小、时间和风险的评估。

（二）融资决策

决定如何获得企业所需要的资金，融资成本有多大，如何安排企业长期债权与股权的比例结构才能使公司的价值最大，如何使融资成本最小等。

（三）营运资本管理决策

企业的营运资本管理是一项日常活动，以保证企业持续经营、避免生产中断以及由此带来的巨大损失。营运资本管理决策包括企业应该持有多少现金和存货，是否应向顾客提供信用销售，如何获得必要的短期融资等内容。

（四）收入与分配决策

即决定公司采取什么样的股利政策，在公司股利分配与留存收益之间如何进行选择，并分析公司股利政策对企业资本结构、公司价值、股票价格的影响等。

除了上述四项决策以外，财务管理决策还包括企业的并购、重组、破产清算、跨国经营财务管理、财务分析与财务计划等内容，它们一起构成了企业财务管理的完整内容。

四、财务管理的职能

（一）财务部门管理职能履行现状分析

随着市场经济的改革以及现代企业的不断发展，财务部门的管理职能实现了重心的转移，从注重监督职能上转移到了注重服务职能上来，这不仅是企业适应社会发展的需要，同时也是整个社会发展的大趋势，随着人们生活水平的不断提升，更加注重服务的质量，所以服务的好坏是很重要的。财务监督职能和服务职能表面上是矛盾的，但是其本质都是为了促进企业的发展和企业经济利润的提升。下面就管理职能中的监督和服务谈一谈其中存在的问题，以促进管理职能的不断提升。

监督职能仍占据主要地位。虽然企业的管理职能的重心已经发生了转移，但是效果却不是很好，监督职能的地位仍较突出。监督职能主要是指对财务管理以及财务核算阶段的各种监督，因为这个阶段涉及的资金数额较大，没有一个合理的监督模式达不到我们想要的公开透明的效果，这就说明监督不能少，更不能缺少的是服务职能的落实，主要体现在与其他部门之间的交流沟通方面，我们知道财务部门主要是为其他部门服务的，所以就必须注重与其他部门之间的沟通交流，只有这样才能为企业的发展创造更加优越的条件。

过度强调服务职能的重要性。虽然管理职能的工作重心已经实现了转变，这说明服务职能是很重要的，但是部分企业却做得过于极端，以至于出现了忽视财务部门其他职能的现象，这种现象的出现会极大程度地降低财务部门的工作效率，因为其监督职能是财务公开透明的保障，同时也是企业发展的重要依据，同时其分析管理也是很重要的，所以过度地重视服务职能会令财务部门失去其存在的意义。

（二）财务管理职能的有效提升措施

合理地发挥出财务部门管理职能的效果，是我们一直关心的问题，对于企业而言，财务部门中的核算等任务大多已经转移到计算机软件等高端电子产品上，而要想提升其管理职能就必须从我们发现的问题着手，合理协调监督职能和服务职能两者之间的关系，只有这样才能最大限度地发挥出财务管理职能的效果，我们可以从管理环境和财务工作人员的素质两方面着手，切实提升财务管理职能。

1. 为财务管理职能履行创造良好管理环境

对于现代企业而言，复杂的市场和企业环境为企业的发展带来了各种阻碍，财务部门的管理职能的提升必须依赖于良好的管理环境。一方面企业领导要明确财务部门管理职能的重要性，只有这样，领导才能给予其更大的生存发展空间。企业领导的认可是财务部门发展的根本保障，在现代社会主义市场经济的大背景下，企业要想生存下去，领导者就必须对本企业有一个清晰的认识，在决策上作出有利于企业发展的决定，要全局化、多角度地看待问题，不能仅仅因为财务部门的短期效应而忽视了其管理职能的重要性，要以清晰的头脑去认识。另一方面，对于企业的非财务人员也要给予一定的培训，要让其加深对财务部门的了解，这样非财务人员在工作过程中会更加重视财务工作，更加配合财务工作人员的工作，为财务管理职能的提升营造良好的环境。各个部门的工作人员认识到财务部门不仅仅是具有核算职能，更重要的是分析管理以及监督职能，这样工作人员就会自觉遵守财务管理的规章制度，企业为财务管理部门职能的提升创造了一个更加和谐有效的工作环境，使其提升速度更快。

2. 提升财务工作人员的素质

财务工作人员和财务管理职能的提升有着直接的关系，素质的高低直接决定职能的提升，所以提升财务工作人员的素质至关重要。首先要转变工作人员的工作观念，提高其对自身工作变化的适应能力，在工作过程中要突出服务意识，注重与其他部门员工的沟通和交流，达到相互密切配合的目的，同时也要树立相互尊重的意识，包括同事以及客户，这样才能实现更好的沟通；其次一个科学管理的观念也是必不可少的，任何一个部门缺乏有效的管理是生存不下去的，所以员工要积极配合部门领导的管理，以促进财务部门管理职能的提升；最后，还要提升财务工作人员的综合能力，这是根本的最重要的，综合能力的提升包括自身的财务方面的工作能力，同时也包括其他方面的能力，达到全面发展的目的。企业要定期进行相关培训，主要是财务管理相关知识的学习，同时员工个人要注重自身其他能力的提升，例如信息技术、企业制度方面等知识，不断拓宽自身的知识面。

现代企业的发展离不开财务管理部门，这两者是相互依存的。只有不断提升财务管理职能才能为现代企业的发展不断注入新的活力，在实际工作中，要明确目前财务管理职能的履行现状，从中找出问题所在，只有这样才能找到解决方法，注重对环境和员工自身素质两方面的提升，充分提升财务管理职能。

五、财务管理的环境

环境是个相对的概念，它是相对于主体而言的客体。任何事物都是在一定的环境条件下存在和发展的，是一个与其环境相互作用、相互依存的系统，作为人类重要实践活动之一的财务管理活动也不例外。在财务管理活动中，财务管理主体需要不断地对财务管理环境进行审视和评估，并根据其所处的具体财务管理环境的特点，采取与之相适应的财务管理手段和管理方法，以实现财务管理的目标。因此，企业财务管理环境就是影响企业财务主体的财务机制运行的各种外部条件和因素的总和。不难看出，由于影响企业财务主体的财务机制运行的外部条件和因素错综复杂，且变幻莫测，因此，财务管理环境本身就构成了一个复杂多变的系统。

财务管理环境，或称理财环境，是指对企业财务活动和财务管理产生影响作用的企业内外各种条件的统称。环境构成了企业财务活动的客观条件。企业财务活动是在一定的环境下进行的，必然受到环境的影响。企业的资金的取得、运用和收益的分配会受到环境的影响，资金的配置和利用效率会受到环境的影响，企业成本的高低、利润的多少、资本需求量的大小也会受到环境的影响，企业的兼并、破产与重整与环境的变化仍然有着千丝万缕的联系。所以，财务管理要获得成功，必须深刻认识和认真研究自己所面临的各种环境。

（一）环境的构成

企业财务管理环境是指财务管理以外的，并对财务管理系统有影响作用的一切因素的总和。它包括微观理财环境和宏观理财环境。

1. 微观理财环境

微观理财环境指企业的组织形式、企业的生产、销售和采购方式等。中国的经济体制改革由政策调整转向企业制度创新的过程中，建立了适应市场经济的产权清晰、权责明确、政企分开、管理科学的现代企业制度。企业的生产经营方式也由生产经营型向资本运营型转变，在这种方式下，财务管理处于企业经营管理的中心，企业财务管理目标决定着企业经营管理的目标。在微观理财环境下，企业不仅要获得最大利润，而且要争取企业价值有所增加。

2. 宏观理财环境

宏观理财环境主要是指企业理财所面临的法律环境、金融市场环境、经济环境和社会环境等。

（1）法律环境

指企业和外部发生经济关系时应遵守有关的法律、法规和规章。企业的理财活动，无论是筹资、投资还是利润分配，应当遵守有关的法律规范。

（2）金融市场环境

金融市场与企业的理财活动密切相关。金融市场是企业筹资和投资的场所，金融市场上有许多资金筹集的方式，并且比较灵活。企业需要资金时，可以到金融市场选择适合自己需要的方式筹资。企业有了剩余资金，也可以灵活地选择投资方式，为其资金寻找出路。并且在金融市场上，企业可以实现长短期资金的转化。金融市场为企业理财提供有效的信息。金融市场的利率变动，反映资金的供求状况；有价证券市场的行市反映投资人对企业经营状况和盈利水平的评价。这些是企业经营和投资的重要依据。

（3）经济环境

指企业进行财务活动的客观经济状况，如经济发展状况、通货膨胀状况、经济体制等。

经济发展的速度对企业有重大影响。随着经济的快速增长，企业需要大规模地筹集资金，需要财务人员根据经济的发展状况，筹措并分配足够的资金，用于调整生产经营。经济体制是指对有限资源进行配置而制定并执行决策的各种机制。

（4）社会环境

社会舆论监督对企业价值的影响，主要体现在企业对社会的贡献方面，如满足就业、增加职工福利、保护环境、节约资源、创新意识等。这些直接影响企业的经营目标和投资方向，对企业理财目标有重大影响。

（二）财务管理环境主要内容

1.财务管理一般环境

这里的一般财务管理环境就是指企业治理契约或公司治理结构以外的其他影响财务主体财务机制运行的外部条件和因素，主要包括政治环境、法律环境、经济环境、社会文化环境、科技教育环境等。其中，影响最大的是政治环境、法律环境、经济环境。

（1）政治环境

一个国家的政治环境会对企业的财务管理决策产生至关重要的影响，和平稳定的政治环境有利于企业的中、长期财务规划和资金安排。政治环境主要包括社会安定程度、政府制定的各种经济政策的稳定性及政府机构的管理水平、办事效率等。

（2）法律环境

财务管理的法律环境是指企业发生经济关系时所应遵守的各种法律、法规和规章。国家管理企业经济活动和经济关系的手段包括行政手段、经济手段和法律手段三种。随着经济体制改革不断深化，行政手段逐步减少，而经济手段，特别是法律手段日益增多，把越来越多的经济关系和经济活动的准则用法律的形式固定下来。与企业财务管理活动有关的法律规范主要有企业组织法规、税收法规、财务法规等，这些法规是影响财务主体的财务机制运行的重要约束条件。

在经济体系中对企业的经济行为有着最根本性制约的因素，就是国家制定的各种法律法规。市场经济是以法律法规和市场准则为特征的经济体制，其实质是一种法制经济、信誉经济和契约经济。广义的法律包括各种法律、法规和制度，法律规定了企业经营活动的空间，也在相应的空间内为企业的自主经营提供了法律保护。

企业是一个“契约关系的联结体”，企业的经济行为与各利益相关者的利益或一致或冲突。在实际的经营管理过程中，企业既要遵守国家及地方的法律法规，又要利用法律保护自己的合法权益；既要追求自身利益的最大化，实现自己的经营管理目标，又要充分考虑到利益相关者的利益，而不能损害利益相关者的利益。否则，就将受到法律的制裁，最后被市场淘汰。

企业经营的法律与监管环境，对于企业的各种经济活动是一个约束和规范。企业的一切经营管理活动，必须在法律法规的框架内，受到法律的制约和保护，也必然受到有关部门的监管和市场的监督（如公众及媒体）。企业的财务管理者，必须充分了解有关法律法规对企业行为的规范及要求，以法律法规为基本行为准则，必须知法、懂法、守法、依法行事，并依法最大限度地保护自己的合法权益。

影响企业经营和财务活动的法律及监管环境，涉及企业经营管理的各个方面。这里只根据企业的行为类型做一简单介绍，如果读者想要了解这些法律规章的详细内容，可登录到相关网站查阅和下载：①企业组织形式与公司治理方面的法律法规。这方面的法律法规是为了规范公司的组织和行为，保护公司、股东和债权人的合法权益，维护社会经济秩序。特别是新修订的《公司法》，是关于公司的最新和最全的一部法律，对公司的创立、组织形式、公司治理、股东权利和义务、企业破产与清算等，都做了明确的规定。②税收征管方面的法律法规。在税法中，关于税种的设置、税率的高低、征收范围、减免规定、优惠政策等均有明确的规定。有关税收的法律法规，直接或间接影响企业的经营活动，影响着企业的融资决策、投资决策、现金流量、利润及其分配。③公司上市交易与信息披露方面的法律法规。新修订的《证券法》规定了上市公司及其交易规则、信息披露规范，目的是规范上市公司的证券发行和交易行为，保护投资者的合法权益，维护社会经济秩序和社会公共利益。这些部门规章涉及一系列发行监管、上市监管、机构监管、公司监管、技术与信息监管等，对上市公司的行为既是一个规范，又是一个约束和监督。④会计核算与财务管理方面的法律法规。以法律、规章、制度等多种形式，对企业的会计核算、价值计量、财务报告、财务管理、会计监督、内部控制、法律责任等加以规定和规范。主要有《会计法》《企业财务会计报告条例》《会计基础工作规范》等。其目的是规范企业会计行为、确保会计资料真实完整，强化会计、监督及管理等职能，促进企业提高财务管理水平。⑤规范企业各种交易行为的法律法规。在实际经营管理及运作过程中，企业作为经济行为主体，必须遵守市场交易规则，必须独立承担刑事与民事责任。其各种交易行为一方面受到相应法律法规的约束和规范，另一方面也受到法律的保护。这样才能使市场有效率地运行，才能在实现企业自身利益最大化的同时，实现其利益相关者的价值。⑥企业应遵守的其他法律法规。企业所处的社会环境、资源及自然环境是企业发展的前提之一，企业应承担相应的社会责任。因此，企业在经营和发展过程中，除了必须遵守的各项法律法规外，还必须遵守《劳动法》《安全生产法》《产品质量和消费者权益保护法》《环境与资源保护法》《统计法》《水污染防治法》《大气污染防治法》《矿产资源法》《土地管理法》等。只有这样才能回报社会，与社会和谐共生。这些都直接或间接地与企业的理财活动相联系。

除了上述国家和部门的相关法律法规外，企业的经营管理及其财务活动还受到许多地方性法规或规定的影响及限制。

（3）经济环境

经济环境是指企业在进行财务活动时所面临的宏观经济状况。主要包括以下几个方面：经济发展状况、政府的经济政策、通货膨胀和通货紧缩、金融市场、产品市场、经理和劳动力市场等。

（4）理财环境

企业是市场经济的主要参与者，是理财活动的主体，它的生存和发展离不开其赖以生存的客观环境。理财环境又称财务管理环境，是指对企业运行和财务活动产生作用和影响的各种条件或因素。它是企业财务活动赖以生存的土壤和条件，对企业的运营和财务管理等都具有重要影响，主要表现在以下几个方面：①理财环境的好坏对企业的运营和发展至关重要。理财活动所依赖的各种条件或因素发生变化时，可能制约、影响着企业的财务决策，从而影响企业的经营活动。因此，企业在理财过程中必须充分了解、适应和利用所处的理财环境。②包括理财环境在内的客观环境总是变化的，而且充满了不确定性，理财环境内诸因素的相互作用、相互影响，对企业的财务活动，进而对财务管理决策也将产生重要影响。所以，企业在进行财务管理决策时，必须深入分析各种条件、因素的变化及其可能产生的影响，及时调整企业的战略和目标，作出有利于企业长远发展的决策。

从一定意义上说，理财环境是关于企业理财活动的一系列制度安排（包括正式规则和非正式规则），它们对企业的行为和决策具有制约、激励、监督、导向等作用。在既定的制度框架下，企业会最大化自己的利益。而制度的形成、变迁则是各经济当事人利益最大化博弈的结果，企业的行为对理财环境的形成也将产生重要影响。因此，企业的行为既受环境的制约，又对环境产生影响。企业有责任来维护、营造一个良好的经营环境。

企业的理财环境涉及企业赖以生存和发展的各个方面，可按不同的标准对企业的理财环境进行简单划分。如按理财环境的性质不同，可分为政治环境、经济环境、法律环境、文化环境、自然与社会环境等；按对企业财务活动产生影响的范围，可分为宏观环境和微观环境；按与企业的关系划分，可分为外部环境和内部环境；按理财环境的稳定性划分，可分为相对稳定的理财环境和变化的理财环境；按理财环境是否可控来划分，可分为可控制的环境和不可控制的环境。

（5）社会文化环境

社会文化环境是指人们在特定的社会环境中形成的习俗观念、价值观念、行为准则和教育程度以及人们对经济、财务的传统看法等。

社会文化环境包括教育、科学、文学、艺术、新闻出版、广播电视、卫生体育、世界观、习俗，以及同社会制度相适应的权利义务观念、道德观念、组织纪律观念、价值观念和劳动态度等。

（6）市场环境

完善的市场体系包括资金市场、劳动力市场、技术市场、信息市场、产权交易市场等，各种市场都会对企业的生产经营和财务管理活动及其结果产生不同程度的影响。

（7）科技环境

科技发展的新成果产生新的财务管理方法和观点，科学技术的发展也影响财务管理技术方法的革新。

（8）道德环境

道德环境是指社会上人们逐渐形成或自觉遵守的观念、信念、道德规范等。

2. 财务管理具体环境

财务管理具体环境是指对财务主体的财务机制运行有直接影响的那部分外部条件和

因素。具体财务管理环境的主要内容可以用企业治理契约或公司治理结构来概括。当以所有者和经营者作为财务主体进行分析时，具体财务管理环境的构成要素主要有以下几个方面。

（1）债权人

债权人是企业资金的重要提供者，他们的利益要求决定了企业筹集和使用资金成本的高低。除此之外，债权人还对企业的筹资决策、投资决策和利润分配决策有直接影响。他们通过与企业签订具有保护性条款的契约的方式对企业所有者和经营者的财务决策施加影响，以促使企业保持较强的偿债能力、变现能力。在企业无力偿还债务时，债权人还可取得对企业的财务控制权。一般财务管理环境中金融市场环境的作用主要通过该要素得以体现。

（2）供应商和顾客

供应商包括原材料、机器设备等生产资料的提供者，顾客则是吸收本企业产出的主体。良好的与供应商和顾客的关系是企业增加价值的重要源泉，其对企业降低成本、赢得竞争起着举足轻重的作用，是企业最重要的经济资源。不同类型的与供应商和顾客的关系所导致的成本、利润、存货、应收账款、现金流量等有显著的差异。因此，供应商和顾客是企业营运资金管理、成本管理、利润管理及战略财务管理等需要考虑的最重要环境因素。20 世纪 90 年代以来，风靡全球的业务流程再造、供应链管理、客户关系管理等管理理论和方法的出现，则是企业管理主动营造良好财务管理环境的典型例证。一般地说，产品市场、通货膨胀及经济周期等一般财务管理环境的作用主要通过该具体财务管理环境因素得以体现。

（3）政府

政府对企业财务机制运行的直接影响主要体现在以下两个方面：一是作为社会管理者所制定的政策法规、管理制度，直接限定了企业作为财务主体开展财务活动的范围；二是作为征税者的政府运用税收手段直接参与企业的利益分配，取得税收收入。一般认为，作为征税者的政府与投资者、供应商、顾客等一样，其对企业管理的目的是足额征收企业应交的税金，满足作为征税者的政府自身的利益。从这一意义上说，作为征税者的政府也是企业的利益相关者之一，是公司治理的重要参与主体，是企业具体财务环境中一个非常重要的组成部分。政治环境、法律环境、税收环境等一般财务管理环境的作用主要通过该要素得以体现。

（4）职工

职工是企业经营的主体，是企业治理契约或公司治理结构的重要组成部分。对于所有者、经营者来说，他们相互之间及各自与职工在财权和利益分配等方面进行博弈，始终是其财务管理的重要内容，对职工的财务激励和约束也始终是财务管理的难题之一。除此之外，企业职工的素质和精神风貌也直接影响着企业财务管理的目标，而且对企业财务目标的实现程度有着直接的影响，因此在财务决策时必须认真考虑企业职工这一环境因素。教育、科技、文化及经济和劳动力市场等一般财务管理环境的作用主要通过该要素体现出来。

财务管理活动总是依存于特定的财务管理环境。但是，不论是一般财务管理环境，还是具体财务管理环境，都不是一成不变的。恰恰相反，不断发生变化是它们的基本特点。因此，每一个财务主体必须随时关注其具体财务管理环境的变化，并注意一般财务管理环境可能发生的变化及其所产生的潜在影响，以便尽快适应财务管理环境的变化。只有这样，才能做到在变幻莫测的财务管理环境中得心应手，运营自如。当然，财务管理活动对财务管理环境特别是对具体财务管理环境也有一定的反作用。科学的财务管理应当使财务管理环境不断改善，从而更有利于财务主体财务目标的实现。

第二节 财务管理与大数据的基本关系

一、大数据时代下的财务决策的新思维

大数据时代下的财务决策是基于云计算平台，将通过互联网、物联网、移动互联网、社会化网络采集到的企业及其相关数据部门的各类数据，经过大数据处理和操作数据仓储（ODS）、联机分析处理（OLAP）、数据挖掘／数据仓库（DM/DW）等数据分析后，得到以企业为核心的相关数据部门的偏好信息，通过高级分析、商业智能、可视发现等决策处理后，为企业的成本费用、筹资、投资、资金管理等财务决策提供支撑。在大数据的时代背景下，财务决策需要新思维的产生。

（一）重新审视决策思路和环境

财务决策参与者及相关决策者在大数据的背景下依然是企业发展方向的制定者。但是大数据的思想颠覆了传统的依赖于企业管理者的经验和相关理论进行企业决策模式，拥有数据的规模、活性以及收集、分析、利用数据的能力，将决定企业的核心竞争力。而以前企业的经营分析只局限在简单业务、历史数据的分析基础上，缺乏对客户需求的变化、业务流程的更新等方面的深入分析，导致战略与决策定位不准，存在很大风险。在大数据时代，企业通过收集和分析大量内部和外部的数据，获取有价值的信息。通过挖掘这些信息，可以预测市场需求，最终企业将信息转为洞察，从而进行更加智能化的决策分析和判断。

（二）基于数据的服务导向理念

企业生产运作的标准是敏锐快捷地制造产品、提供服务，保证各环节高效运作，使企业成为有机整体，实现更好发展。企业不断搜集内外部数据，以提高数据的分析与应用能力，将数据转化为精练信息，并由企业前台传给后台，由后台利用海量数据中蕴藏的信息分析决策。数据在企业前台与后台间、企业横向各部门间、纵向各层级间传输，使得企业运作的各个环节紧紧围绕最具时代价值的信息与决策展开。同样，大数据使得全体员工可以通过移动设备随时随地查阅所需信息，减少了部门之间的信息不对称，使

企业生产运作紧跟时代步伐，在变化中发展壮大。在社会化媒体中发掘消费者的真正需求，在大数据中挖掘员工和社会公众的创造性。

（三）采用实时数据以减少决策风险

多源异质化的海量数据来源打破了以往会计信息来源单一、估量计算不准确的情况，使企业能够实时地掌握准确的市场情报，获得准确的投资性房地产、交易性金融资产等公允价值信息。同时，云会计对数据信息具有强大的获取与处理能力，且一直处于不断更新的状态。通过对市场信息的实时监控，可及时更新数据信息，从而保证会计信息的可靠性和及时性，有效地避免由于信息不畅造成的资金损失。

二、大数据引发的无边界融合式财务管理

（一）大数据时代对财务管理的影响

大数据的“4V”特点对社会有着极大的影响，并且也使得社会做出了深刻的变革，财务管理也随之发生一定的改变，财务管理利用大数据的特点找到了自身新的创新驱动力。大数据时代来临时，财务管理不再仅仅局限于财务自身领域的一隅之地，而是可以渗透到各个不同的领域，其中包括了研发、生产、人力资源、销售等不同的领域，可以说大数据时代的来临使财务管理的影响力扩大且作用范围也在不断增加。财务部门从原本的单纯的财务管理活动向数据的收集整理、处理分析方向转变，在未来财务部门的最大任务可能不再是对金钱和资产的单纯管理，而是向着对于各类与财务有关的信息分析的方向发展。具体而言，大数据对财务管理的影响主要体现在以下四个方面。

1. 大数据时代使财务信息的处理难度增大

大数据时代的来临使得各种信息以爆炸式的速度发展，并且信息的边界正在逐渐模糊，使得许多原本不属于财务信息但是的确会对财务造成一定影响的信息逐渐转化为财务信息，这就使得财务信息的数量变得更为庞大，并且也变得更加多样化。因此，以财务信息为工作基础的财务管理工作变得相对困难起来，面对如此庞大且多样化的财务信息，财务信息的处理平台需要扩大并且其所涉猎的范围必须增加。

2. 大数据时代使得财务管理的广度与深度发生改变

在大数据时代下财务管理的管理范围被极大地扩大，除了原来的管理范围还管理着很多非财务数据包括销售信息、研发信息以及人力资源信息。这仅仅是财务管理的广度发生的变化，而在深度方面也发生着变化，其原本只是对大量的结构性信息进行管理，而在大数据时代下，财务管理还必须对一些非结构性信息进行处理与分析，并且因为大数据时代的信息质量较高，所以要求财务管理分析的精准性也变得越来越高。

3. 大数据时代使得财务管理的效率得以提升

在大数据时代下，由于其财务信息收集的便利性和大数据对于财务数据分析的精准性，使得财务管理的效率得到了显著的提高，很多以往可能需要很久才能够收集并分析出的财务管理论证结果，在大数据时代下可能仅仅需要几个小时，这种几何倍数的效率

提升是有目共睹的。

4. 大数据时代使得财务管理的风险控制能力得以增强

在大数据时代的背景下企业在作重大决定时，可以通过对相关数据进行深度挖掘从而减少一些常识性错误以及可预估性错误的发生，从而使企业发生系统性财务风险的概率大大降低，并且由于大数据的存在也可以让企业对未来的预测变得更加精准。

（二）大数据时代下的无边界融合式财务管理

1. 无边界融合式财务管理的含义

随着信息技术的进步和管理理念的发展，企业的内外部边界在不断扩展，财务管理的内涵和外延也在不断扩大。大数据时代，企业的所有部门都必须根据新环境的变化做出调整甚至变革，财务管理也不例外，将体现出多部门、多领域、多学科融合的特点。

企业根据产品和市场不同细分为多个业务单元，决策者如何有效地进行资源配置，很难通过经验来判断，最终还要依赖于数据分析。大数据是根据大量真实的最新业务数据进行计算预测，在加工处理信息上利用独特优势，能够有效进行数据挖掘，帮助企业根据自身需求定制财务决策支持系统，对企业进行科学合理的决策建议。借助大数据实现财务信息与非财务信息的融合后，财务决策过程将更加科学合理，避免了单纯依靠财务信息决策带来的不可控风险。此外，大数据的便捷性也使得财务信息的提取更加智能化，充分挖掘潜在信息辅助决策，将资源更好地配置在优势增长领域，提高财务处理效率。

无边界管理理念最早由通用电气原 CEO 杰克·韦尔奇提出，该理论并不是指企业真的没有边界，而是强调组织各种边界的有机性和渗透性，以谋求企业对外部环境的改变能够作出敏捷并具有创造力的反应。无边界融合式财务管理是以企业战略为先导，强调财务以一种无边界的主动管理意识，突破现有工作框架和模式，在价值链的各个环节进行财务理念的沟通与传导，形成财务与其他各个部门的融合，促进企业整体价值可持续增长的财务管理模式。无边界融合式财务管理通过将财务理念渗透到生产经营的各个环节，使信息沟通能打破部门和专业的壁垒，提高整个组织信息传递、扩散和渗透的能力，实现企业资源的最优化配置及价值的最大化创造。

2. 打破财务管理的边界

根据杰克·韦尔奇的描述，企业组织中主要存在垂直边界、水平边界、外部边界、地理边界四种类型的边界，这四种边界将对组织职能的实现造成阻碍。要实现无边界融合式财务管理，必须打破财务管理的这四种边界，然而需要注意的是，此处提到的打破并不是指消除所有边界，而是要推倒那些妨碍财务管理的藩篱，具体内容如下所述。

（1）打破财务管理的垂直边界

财务管理的垂直边界是指组织内部严格的管理层次。传统的财务管理组织架构普遍具有严格的内部等级制度，界定了不同的职责、职位和职权，容易造成信息传递失真和响应时间迟滞。无边界财务管理则要求突破僵化的定位，采用一种部门内部的团队模式，上下级之间彼此信任、相互尊重，力争最大限度地发挥所有成员的能力。此外，减少财务部门的管理层次、实现组织的扁平化管理、建立富有弹性的员工关系、营造创新的文化氛围等都是打破财务管理垂直边界的路径。

（2）打破财务管理的水平边界

财务管理的水平边界是指财务部门与其他部门之间的分界线。现代企业的组织结构往往围绕专业来安排，如分成研发部、制造部、销售部、财务部、人力资源部等。在严格的水平边界下，由于每个职能部门有其特有的目标和方向，都在各自的领域内行使职责，久而久之各个职能部门可能会更多地考虑本部门的利益而忽视企业的整体目标，甚至会因为互相争夺资源而内斗不断。无边界模式下的财务管理则强调突破各个职能部门之间的边界，使财务部门与其他部门互通信息，实现企业价值链和财务链的同步。例如，构建不同部门间的工作团队、进行工作岗位轮换等都是对打破水平边界的有益尝试。

（3）打破财务管理的外部边界

自20世纪早期以来，价值链上的大多数企业一直从独立、分割的角度看待自己的地位，企业间更多的是斗争而非合作。然而如今，战略联盟、合作伙伴以及合资经营的发展速度大大超过了以往任何时候，企业单凭自身的力量已经很难在市场中竞争。作为企业信息管理最重要的部门，财务管理不能只局限于企业内部分析，还要将财务管理的边界进行外部扩展，实现价值链上的财务整合。如将相关企业的信息变动纳入财务管理系统，为产业链上的供应商和客户提供财务培训等帮助，与合作伙伴共享信息、共担风险。

（4）打破财务管理的地理边界

随着企业规模的扩大和全球化进程的加快，企业各个分部的地理位置越来越分散，财务部门的分散也随之形成。而作为整体战略和节约成本的需要，要打破各个地区的财务边界，形成新的财务管理模式——财务共享服务，将企业各业务单位分散进行的某些重复性财务业务整合到共享服务中心进行处理，促使企业将有限的资源和精力专注于核心业务，创建和保持长期的竞争优势。

3. 无边界融合式财务管理的创新

（1）价值链财务管理理念

在价值链管理体系当中，一个应用价值链会计管理的企业其实处在一个核心区域，以自身为中心向左右与上下延伸，上可以延伸到企业的最初供应商，下则到了最后总的企业客户，左延伸到了企业的事前决策，右延伸到了企业的事后评估。这种上下左右全范围的价值链理念会计管理会使企业与价值链当中的企业共同获利实现一种双赢，而与此同时，也使得企业本身的事前决策与事后评估变得更加精准明确。在这里要说明的是，这种价值链理论的存在使得企业的营业目标发生了改变，原本企业的价值目标通常都是以利润最大化为前提的，而如今却变为价值最大化，这一转变对于企业而言尤其是中国企业而言是极为重要的。它能使企业在进行各类决策时多考虑其价值而非其利润，使得企业的目光更加长远而非局限于一时。这种价值链理念使财务管理的职权范围得到了空前的提升，其从通常的内部管理变为一种可以直接影响到企业决策的管理活动。

（2）业财融合下的财务管理体系

实际上价值链财务管理理念其本身就是一种促进业财融合的手段。业务和财务进行融合其本身并不是单纯地将财务人员派遣到业务部门，而是一种结合业务知识与人才培养来重新塑造财务体系与财务流程的方法，这是一种对业务全流程进行财务管理的手段，这样的手段一方面可以降低财务风险，另一方面企业在作决策时可以通过业财联动来获取相关的管理信息，从而作出更加精准的决策。总体来说，业财融合包括了业务流程的全面财务管理，公司决策的业财信息提供以及合理有效的绩效考核机制。

（三）无边界融合式业财融合下的财务管理体系

1. 以价值文化为先导的目标融合

企业的财务管理目标经历了从利润最大化、股东价值最大化向企业价值最大化的演变。业财融合模式下，企业所有的管理活动仍要以价值最大化为目标，将战略管理与财务管理紧密结合，更加注重财务目标的高度和远度。财务文化作为财务管理的文化精髓，在管理实践中所显现的导向、凝聚、激励、约束、协调、教化等作用，是推动财务管理进步的强劲动力。在价值最大化目标下，财务文化也应凸显价值观念。因此企业要以价值文化为驱动，在业务活动和财务活动中都以追求价值为目标实现融合，使业财融合对公司战略推进和业务发展的决策支持与服务功能得以充分发挥。

2. 以全业务流程业财联动为纲领的流程融合

业财融合最主要的特点就是将财务触角深入公司经营的各个方面，因此需要重塑财务流程，实现全业务流程的业财联动，保证业务信息和财务信息的及时转化。在业务流程中，预算是一切活动的开始，预算与业务流程的融合能够制定出更切实可靠的预算方案；收入是业务流程的核心，通过梳理各个业务环节所涉及的收入点并绘制收入风险地图，能够监控收入全程，保障收入实现；成本管控与业务流程的融合则更能体现精益财务的思想，借助信息系统能够对成本发生点进行监控，并及时调整资源的分配；资产是一切经营活动的基础，资产管理与业务流程相结合能够获取更详细准确的资产使用和需求状况；风险控制与业务流程的融合则更加满足了全面风险管理的要求。从预算管理、收入保障、成本管控、资产管理、风险控制等多角度出发，能够全方位管理企业经营活动，为管理层提供决策支撑，成为企业财务价值管理和风险防御的有力保障。

（1）预算管理

业财融合下，企业应将预算管理建立在提升企业价值的基础上，建立基于价值链的全面预算管理体系。首先，要求以战略为导向，将具有长远性和综合性特征的战略目标层层分解，落实到具体的业务规划以及具体的责任中心和经营期间，使战略目标具有可操作性。其次，预算管理要紧紧围绕价值活动中的增值活动，寻找增值作业的关键驱动因素，将企业关键资源配置给增值作业。再次，预算管理不仅要覆盖价值链中的每个环节，更要体现不同活动之间的业务逻辑，强调业务驱动预算，从而实现预算的闭环管理。最后，预算管理要适合企业的经营环境和价值链上的各项活动的动态变化，并及时修正预算或业务活动，保证战略目标的顺利实现。

（2）收入保障

收入是企业价值实现的源泉，收入保障是围绕流程和数据进行监测、分析、控制、改进的一系列活动，找出业务流程、系统功能、组织架构等方面可能导致收入流失的风险点，并采取相应的改进控制措施，使收入流失最小化。业财融合下的收入保障更具现实意义，业财团队通过细化业务中的财务问题，开展业财风险诊断工作，能够挖掘公司收入链条里的“失血点”，通过持续优化业务管理流程与系统支撑能力，有效地解决收入“失血”问题，最终防范收入流失、保障公司价值的实现。

（3）成本管控

近年来，诸多企业已逐步从以市场扩张与收入提升的成长期过渡到注重效益与创新发展的成熟期。为使企业持久保持核心竞争力，必须通过加强成本管理，贯彻实施低成本高效运营策略。业财融合下的成本管控凸显了精细化的特点，使成本管理贯穿于企业的各项业务活动和管理活动。在财务人员深入了解业务活动的业财融合过程中，能够对业务成本进行细化，迅速找到成本松弛点，进而对成本管控提出合理建议。此外，受益于业财融合的信息化建设，各级业务和财务部门依托成本分析共享平台，行动更加协同。

（4）资产管理

公司整体资产管理水平关系到公司资产的利用效率，对资产的有效管理是提升企业价值的重要方式，如提高固定资产管理效率能够增大企业的投入产出比；而对金融资产的管理更是能够使企业直接从金融市场上获利。在业财融合实践中，财务人员能够深入价值链的各个环节，了解到企业的资产状况，有利于提高资产使用效率，也能够为资产购置和资产投资提供建议。

（5）风险控制

在 COSO 发布的《企业风险管理框架》下，内部控制已经由合规型内控、管理型内控向价值型内控（全面风险管理）演变。业财融合不仅要求财务在发挥会计监督职能过程中与业务部门紧密协作沟通，对发现的问题及时传递给业务部门整改，更要求业务和财务协同处理跨部门、跨地市的风险问题，有效推动风险问题的整改与解决。业财融合下的风险管理体系应以业财人员为风险管理主体，以价值异常变动为风险着眼点，以价值保障为风险管理目的。

3. 以决策支撑为核心的系统融合

企业的财务状况和经营成果直接反映了企业的经营管理状况，为企业未来规划提供决策依据。但是传统的财务管理体系存在诸多弊端，业财融合下的系统融合则强调通过企业信息系统建设实现决策支撑功能，通过业务数据化提升财务管理的重要性。在促进业财系统融合时，应通过全面梳理和优化现有财务和业务系统，支撑业务数据自动生成财务数据，使财务数据能够穿透追溯到业务数据，实现业务财务数据顺畅流转及全面共享，为价值管理进行量化评估提供数据平台。

4. 以业财团队为保障的人才融合

业财融合的实施需要专业的业财团队来完成，团队中的业务人员需要具备相应水平的财务知识，财务人员要具有主动获取需求和深入分析并持续推动的能力、全面的财务知识、较强的宣讲技能和沟通技巧，并且要具备很好的主动思维能力和团队协作精神。为了打造优秀的业财团队，企业可通过举办各种技能培训、读书会、内部技能认证等方式来加强人才培养，从而保障业财融合工作的顺利进行。

5. 以绩效考核为激励的制度融合

业财融合下的制度融合强调建立合理有效的绩效考核制度，为业财团队的高效运作提供监督和激励作用。业财团队分别接受来自财务部门和业务部门的双向领导，因此也应受到这两个部门的双向考核，这种双向激励的政策有助于业务财务人员深入业务，真正从业务单位的角度思考问题，提供符合业务单位需求的财务支持。

综上所述，无边界融合式财务管理响应了大数据时代对财务管理的要求，为财务管理创新提供了系统化的发展路径。基于此，企业需要不断优化和创新自己的财务管理体系，尝试打破部门和专业壁垒，推行业财融合等新模式，从目标、流程、系统、人才、制度等多维度完善体系，使财务管理全程参与企业经营的整个过程，为管理者提供多维度、精细化的财务支撑信息，从而增强企业价值创造能力。

三、大数据背景下企业的财务决策框架

（一）企业财务决策的基础

大数据影响着企业整个架构和企业的分析战略结果。其中，财务数据是大数据中影响企业战略决策的重要因素之一，所以企业在制定战略决策时必须考虑现有资产、负债的总量等财务数据。财务数据对市场营销管理影响很大，在考虑大数据分析的时候不仅仅要从公司的整体层面去考虑，还要参考财务报表情况，进而优化企业决策结果。大数据下的财务决策是基于云计算平台，将通过互联网、物联网、移动互联网、社会化网络采集到的企业及其相关数据部门的各类数据，经过大数据处理和操作数据仓储（ODS）、联机分析处理（OLAP）、数据挖掘 / 数据仓库（DM/DW）等数据分析后，得到以企业为核心的相关数据部门的偏好信息，通过高级分析、商业智能、可视发现等决策处理后，为企业的成本费用、筹资、投资、资金管理等财务决策提供支撑。

（二）大数据在财务决策中的应用价值

1. 提供公允价值支持，提高会计信息质量

多源异质化的海量数据来源打破了以往会计信息来源单一、估量计算不准确的情况，使企业能够借助大数据实时掌握准确的市场情报，获得准确的投资性房地产、交易性金融资产等公允价值信息。同时，云会计对数据信息具有强大的获取与处理能力且一直处于不断更新状态，通过对市场信息的实时监控，可及时更新数据信息，从而保证会计信息的可靠性和及时性，有效地避免由于信息不畅造成的资金损失。

2. **集成财务与非财务信息，提高财务决策效果**

科学有效的财务决策往往需要财务与非财务信息相融合，这个过程过去一般依赖于管理人员自身经验，故具有不确定性。而企业根据产品和市场不同细分为多个业务单元，决策者如何有效地进行资源配置，很难通过经验来判断，最终还要依赖于数据分析。大数据是根据大量真实的最新业务数据进行计算预测，在加工处理信息上利用独特优势，能够有效进行数据挖掘，帮助企业根据自身需求定制财务决策支持系统，对企业进行科学合理的决策建议。借助大数据实现财务信息与非财务信息的融合后，财务决策过程将更加科学合理，避免了单纯依靠财务信息决策带来的不可控风险。此外，大数据的便捷性也使得财务信息的提取更加智能化，充分挖掘潜在信息辅助决策，将资源更好地配置在优势增长领域，提高财务处理效率。

3. **及时响应市场变化，实现预算动态管理**

全面预算是对企业未来一定时期内生产经营活动的计划安排，通常以过去数据为基础制定预算。然而，市场处于不断发展变化过程中，依赖企业自身历史经营数据构建的全面预算存在着很大的不确定性，最终通常流于形式，不能切实有效地执行。大数据能够帮助企业及时掌控企业目标市场中的用户、产品、价格、成本等信息，辅助企业高效实施全面预算管理，并根据市场变化及时调整预算，真正实现企业的个性化经营，提高对市场风险的应对能力。

4. **多渠道获取数据，实现精准成本核算**

成本核算是对于企业经营数据进行加工处理的过程，传统的成本核算通常发生在生产过程之后，会计人员将一定时期内生产经营的费用总额进行核算，根据产品生产情况对费用进行分配。借助大数据技术，企业能够从多渠道获取成本数据，根据实际生产数据分析制定生产工艺流程标准及材料用量标准。工资明细、进销存单据和制造费用等，结构化和非结构化数据能够在信息系统中实现实时共享，使成本核算更加细致、精确，便于进行更深入的品质成本分析和重点成本分析，实现精准成本核算。

（三）大数据下的财务决策框架

大数据下的财务决策框架由数据来源、数据处理、数据分析和企业财务决策组成，自下向上构成一个完整的财务支撑体系。财务决策的数据源主要从企业、工商部门、税务部门、财政部门、会计师事务所、银行、交易所等数据部门获取。这些数据包括结构化、半结构化和非结构化三种类型。其中，结构化数据主要以数据库和 XBRL 文件的形式体现；半结构化数据主要由机器和社交媒体生成；非结构化数据主要包括文本、图像、音频和视频等。这些数据基于云计算平台，通过互联网、物联网、移动互联网和社会化网络等媒介进行采集。物联网将企业生产运营的各个环节联结成一个整体，采购、库存、生产制造等流程的数据信息通过云计算平台直接接入数据库。互联网、移动互联网和社会化网络通过云计算平台实时采集企业办公、销售和服务等流程中各种类型的数据信息，并存储到分布式文件系统（HDFS）、非关系型数据库（NOSQL）中，或者形成各种格式的文件。

借助物联网、移动互联网等媒介实现财务和非财务数据的实时化收集，可以有效避免由于结算滞后和人工操作带来的会计信息失真，增强财务数据的可信性，提高财务决策的效率和效果。

大数据进行数据分析和提取，形成以企业为中心，覆盖工商、税务、财政、会计师事务所、银行、交易所等相关数据部门的有价值的偏好信息。企业财务决策层主要是对各数据部门的偏好信息，借助文本分析和搜索、可视发现、高级分析、商业智能等决策支持工具，实现面向企业的生产、成本费用、收入、利润、定价、筹资、投资、资金管理、预算和股利分配等财务决策。

大数据下的财务决策除了有益于企业，还可为会计师事务所、工商部门和税务部门等数据部门提供业务支撑。基于云计算平台收集和处理数据，将运营数据保存在各个云端而不是企业自己的服务器上，这给会计师事务所的外部审计带来了方便，减少了企业临时篡改数据的可能性，使审计结果更加可靠。同时，企业在运营过程中产生的财务数据和非财务数据可实时接受工商和税务等政府部门的监管，从根本上避免了做假账和偷税漏税等违法行为的发生。

四、“大数据”背景下加强企业财务管理的对策

（一）建立与“大数据”概念相融合的财务管理观

这要求财务管理人员将“大数据”概念融入财务管理观，以适应大数据时代对财务管理的挑战。其一，正确认识到大数据时代下转变传统财务管理观念的重要性，在激烈的竞争环境中，订单管理、客户信用评价、供应商信息、税务部门信息等与企业生产销售息息相关，这些重要信息均来自数据分析，因此可以说企业的生存与发展离不开大数据思想。其二，将大数据的理念与技术融入日常财务管理活动中，形成科学有效的管理方式，最大限度地规避企业财务风险，防止短期行为，在动态平衡的角度追求企业长期的价值最大化，树立集人本、共赢、风险、信息、战略为一体的财务管理观念。

（二）提高财务管理人员的综合素质

在如今大数据的发展趋势下，数据的丰富多样性要求财务管理人员不仅是一个具备扎实财务处理能力的专业人士，满足核算反映监督的职能，同时应当具备管理会计知识与实践经验，在短时间内通过对数据的加工分析出有价值的信息。熟悉企业的流程和业务，在企业的整个价值链角度谋求企业价值最大化，是大数据时代下财务管理人员综合素质的发展目标。实现这一目标需要从以下三个方面作出努力：在客户与业务方面，需要财务人员对客户的资金流程进行再造，最大限度地发挥财务的参谋作用，以实现产品、客户资源的最优化配置；在战略方面，需要对财务管理进行创新，以价值提升为理念，运用产业价值链、商业模式等管理知识分析，积极构建企业整体战略；在运营方面，需要财务人员集中管理财务，减少管理层级，增强企业管理力度。

（三）推进企业财务信息管理一体化

避免“信息孤岛”现象的有效途径是推进企业信息管理平台一体化。一体化的意义在于连接企业所有的价值链，包括基本活动和辅助活动。任何部门的日常活动都离不开资金的使用，财务信息管理一体化使企业能够多层次、全面地进行财务查询与反馈，而非人为地将各个部门的财务信息汇总，避免了财务漏洞的出现。建设大数据资源储备与共享体系，使财务管理能够及时有效地掌握连续、精准的企业运作信息，进行统一的财务核算、资源分配以及资本管理，实现财务资源的高效运转。同时，企业财务信息管理一体化建设，要求企业对资金进行统一高效的管理，这使得企业财务管理的内容、责任传递到各个具体的部门和人员中间，达到责、权、利三者的平衡，有利于加强企业深化改革、优化财务管理人员结构、规范现代企业制度的国家宏观战略目标。

（四）防范财务管理信息安全隐患

互联网大数据时代，经济生活的方方面面都离不开网络的支持，信息存储交换，数据处理分析，网络的安全问题是头等大事。没有安全的网络环境，就不会有健康的经济秩序和经济发展。相关部门要提高网络安全的技术水平，不断开发新的防范措施。企业应当增强网络安全意识，防范财务管理信息安全隐患。建立用户身份安全印证和访问控制机制，防止对数据系统的恶意攻击；开发以政府为主导、各服务商参与的财务管理信息系统，为企业提供数据处理服务；建立以企业为单元的会计信息安全管理系统，保证大数据采集的安全和完整。

（五）加强财务控制能力，增强风险意识

市场经济竞争激烈，存在各种经营风险。企业要借助大数据和云计算手段，进行市场分析；利用财务杠杆的作用，加强财务控制能力，化解风险，保持稳定发展；开发新产品，要充分调研市场状况，理性分析，避免盲目上马；注意财务评价指标的动向，关注资产负债率、流动比率、速动比率是否在正常范围内，避免财务风险的出现。进行投资活动，要有充分的论证过程，在认真分析市场状况、投资风险、投资回报、资金成本基础上进行决策。企业经营要有长远意识，不能存在走一步看一步情况。

总之，大数据时代下的财务管理不再是简单的记账核算机构，财务人员的工作将聚焦于价值管理和创造，其角色也将变为提供决策支持的管理者、企业变革的领导者和可咨询相关业务的合作伙伴。

第三节 大数据时代对企业财务管理的影响

一、大数据时代对企业竞争优势的影响

（一）大数据与战略论

战略论大致可以分为以下两种：以哈佛商学院教授迈克尔·波特为代表的“定位论”；以密歇根大学商学院教授普拉哈拉德与伦敦商学院客座教授哈默尔为代表的“核心竞争力理论”。

定位论认为，企业或者以产品种类为基础，或者以用户需求为基础，或者以与用户的接触方式为基础，确立其成本领先、差异化或目标聚集的竞争优势模式，进而制定防御型或进攻型战略。

核心竞争力理论主张企业关注客户长期价值，明确自身独树一帜的优势，并沿着这两个相对稳定的主线去拓展产品和业务。

两者的思维模式均是在准确预测和判断未来的基础上制定战略，在战略框架内抓落实，两者的决策主体都是商业精英而非员工和社会公众，两者的决策依据均是相对静止的、确定的结构化数据。

殊不知，社会化媒体和大数据动摇了战略论的决策基础。一是决策主体正从商业精英转向社会公众。社会化媒体的出现加速了信息传播的范围和效力，社交网络的普及增进了知识的共享和信息的交互，社会公众已经成为企业决策的中坚力量。他们通过意见的表达、信息的传递，迅速形成信息共同体和利益共同体，成为商业经营决策的依据，也成为其决策的外部压力。二是决策的依据正从结构化数据转向非结构化、半结构化和结构化混合的大数据。在互联网经济时代，原材料、生产设备、顾客和市场等因素的定义越来越不固定，科技正走向跨领域融合，产业界限正在模糊，充斥其中的则是大量的非结构化数据。

大数据将成为竞争的关键性基础，并成为下一轮产品生产率提高、创新和为消费者创造价值的支柱，这把数据的重要性提升到了竞争性要素的高度。

信息时代的竞争，不是劳动生产率的竞争，而是知识生产率的竞争。企业数据本身就蕴藏着价值，企业的人员情况、客户记录对于企业的运转至关重要，但企业的其他数据也拥有转化为价值的力量。一段记录人们如何在企业的商店浏览购物的视频、人们购买服务前后的所作所为、如何通过社交网络联系客户、是什么吸引合作伙伴加盟、客户如何付款等，所有这些场景都提供了很多信息，将它们抽丝剥茧，通过特殊的方法观察，将其与其他数据集进行对照，或者以与众不同的方式分析解剖，就能让企业的业务拓展发生翻天覆地的转变。因此，数据是所有管理决策的基础，带来的是对客户的深入了解

和竞争优势。

（二）竞争战略是否过时

1. 竞争战略的概念

企业的战略管理主要是通过对企业及社会市场的变化进行管理来实现的。企业的战略管理者往往也是不断寻找和发现变化的人，他不仅需要寻找变化，还需要能够快速适应这种变化，并且不断地告诫企业中的所有人这样一个理念：变化是必然的，不可避免的并且时刻存在的。从20世纪初，西方的战略管理研究领域就已经开始了对企业战略变化问题以及由其引起的企业组织变化问题展开了细致深入的研究，并且始终是战略管理领域中的研究热点，而在大数据时代背景下，社会的需求、经济市场的变化可谓瞬息万变，竞争日益激烈，在这样的发展现状面前，加强对企业战略管理变化的研究就显得十分重要和必要了。

以竞争为本的战略思维的产生，源于20世纪80年代以迈克尔·波特教授为代表的学者提出的竞争战略理论。迈克尔·波特基于影响企业的五种作用力的假设，即新进入者的威胁、供应商的议价能力、替代品或服务的威胁、客户的议价实力，以及产业内既有厂商的竞争，提出了三种竞争优势模型，包括成本领先、差异化和目标聚集。在该理论的指导下，竞争成为企业战略思维的出发点。竞争战略理论认为，行业的盈利潜力决定了企业的盈利水平，而决定行业盈利潜力的是行业的竞争强度和行业背后的结构性因素。因此，产业结构分析是建立竞争战略的基础，理解产业结构永远是战略分析的起点。企业在战略制定时，重点分析的是产业特点和结构，特别是通过深入分析潜在进入者、替代品威胁、产业内部竞争强度、供应商讨价还价能力、顾客能力这五种竞争力量，来识别、评价和选择适合的竞争战略，如低成本、差异化和集中化竞争战略。在这种战略理论的指引下，企业决策者认为企业成功的关键在于选择发展前景良好的行业的战略思维。

2. 大数据时代的商业生态

传统的企业战略管理模式是一个解决问题的正向思维模式，先发现问题再通过分析，找到因果关系来解决。但是，大数据环境下企业战略模式则不同，其是按收集数据、量化分析、找出相互关系、提出优化方案的顺序进行。它是一个使企业从优秀到质的飞跃的积极思维模式，是战略层次的提高。

大数据环境中基于互联网的连接、海量数据的存储和云计算平台的融合，使得商业生态系统在数据获取、传递、处理、共享和应用方面，更加频繁与便利，更有助于知识溢出和协同创新。对企业战略决策而言，不仅要适应系统内环境，参与系统内开放性竞争，而且还能进一步影响和改变环境。大数据环境中商业生态系统的企业实体网络与虚拟网络相融合，随着数据与交易网络效应的放大，促进数据量能和用户数量的迭代增加，实现资源共享和优势互补，进一步强化商业生态系统的盈利模式和可持续发展。

（1）市场洞察的实时与精准

大数据的实时处理与反应已经覆盖商业生态系统各个链条的各个节点，在既竞争又协同的非线性相互作用下，对于某一方所产生的任何需求及供给都能及时地作出反应，实时并精准地洞察市场的需求和用户的变化，指导企业提升产品与服务创新速度，缩短产品生命周期，基于个性化和差异化数据实现目标市场的细分，与行业耦合。

（2）企业运作的竞合与协同

商业生态系统内企业边界、行业边界越发模糊并几乎融合，开放性也更加明显。大数据背景下，以互联网和电子商务为平台的企业合作伙伴选择范围更广，商业生态系统的成员结构具有动态性，其合作关系表现为非线性的网络化企业运作，一方面体现在传统的大规模企业群体以原有的供应链为基础，向网络生态价值链转变，企业间分工协作、互利共生；另一方面体现在基于协同商务模式构建企业间的密切合作关系，使地域上异地分布、结构上平等独立的多个企业共同组成动态的“虚拟企业”或“企业联盟”。大数据环境下深入剖析商业生态系统新型企业间协同组织形式和运作机制，从而实现商业生态系统资源的优化、动态组合与共享。

（3）社会公众的互动与反馈

大数据背景下商业生态系统各成员之间竞合关系的非线性作用更加具有不确定性，其网络结构也更具脆弱性，以用户参与为核心要素的创新模式对商业生态系统涨落的冲击力更大。大数据环境中海量数据主要来源于由互联网用户自主创造的信息和数据，新的产品或服务从最初的创意设计、生产制造、质量保证、营销策划、销售等价值创造环节都会注重公众的参与、互动和反馈，从而促进产品与服务的持续改进与迭代创新，实现企业与社会化群体的和谐一致与共同发展，全面摒弃传统的“闭门造车”管理模式，进而推动商业生态系统的持续优化和协同发展。

二、大数据时代对企业财务信息挖掘的影响

（一）数据挖掘技术在企业中的应用

1. 数据挖掘技术在企业投资管理中的应用

数据挖掘技术在企业投资管理中的应用能有效提升投资收益，降低投资风险，因此，企业应该加大数据挖掘技术在企业中的应用。首先，投资前应该对投资企业各方面的数据信息进行深入调查，通过数据挖掘技术深入地分析投资企业的财务情况以及未来的发展潜力，精确地估算企业投资的收益率，从多方面综合比较投资对象的情况，从而帮助企业做出正确的投资决策。其次，企业的财务人员可以利用数据挖掘技术对整个市场环境进行分析，从而帮助企业判断在目前的经济大环境下是否应该投资，如果适合投资，投资什么样的行业以及企业才能使企业的风险性最小，收益性最大。

2. 数据挖掘技术在筹资决策中的应用

企业在日常的经营过程中，难免会出现资金紧张的情况，因此需要从外界获得资金，

进行筹资。然而，筹资的渠道多种多样，各个筹资方式都有其自身的优势与劣势，企业在如何选择筹资方式时非常头疼，即使经过仔细研究也不能保证其最终确定的筹资方式符合企业发展需求。应用数据挖掘技术，企业就可以根据自身筹资数据、筹资的时间要求等多方面的条件对市场中的筹资方式进行深入的分析和了解，然后选择一种与企业筹资需求最为接近的方式，既能满足企业的筹资需求，又能节省企业的筹资成本，对于企业长期稳定的发展非常有帮助。

3. 数据挖掘技术在产品销售中的应用

企业都是通过销售产品最终确定企业的经营利润的，如果企业不能顺利地实现销售，那么企业存在的意义将不能实现，很快就会面临倒闭，由此我们可以非常清晰地知道销售对于企业生存的意义。数据挖掘技术能够有效地分析市场的供求关系，帮助企业确定市场上最好销售的产品类型，让企业获得更多销售机会。企业在应用数据挖掘技术帮助企业进行销售的过程中，首先应该建立趋势分析模型，帮助企业做好销售规划，让企业的产量与销量实现动态平衡。其次，企业应该利用数据挖掘技术分析出哪些产品具有长期的发展潜力，通过对产品市场潜力的挖掘扩大企业的生产，使得企业能够充分地抓住发展机遇，获得更好的发展。

4. 数据挖掘技术在财务风险分析中的应用

企业在日常运行的过程中会面临各种各样的风险，数据挖掘技术能够通过数据分析有效地控制企业的经营风险，帮助企业获得更加稳定的发展。企业在应用数据挖掘技术进行财务分析的过程中，首先，应该注意对企业各个方面的数据信息进行全面的收集，确保数据分析结果的全面性与准确性。其次，企业应该建立风险预测模型，把相关数据录入风险预测模型中，利用风险预测模式对企业可能面临的风险进行准确的预测，提前防范风险的出现，如果不能很好地防范风险应该立即停止相关活动的进行，一切以保证企业的正常运行为根本出发点。

（二）大数据时代的企业财务信息

1. 大数据时代企业财务信息的问题

（1）财务信息的相关性与及时性

目前，各企业财务人员多是在一个会计期间结束后才会提供具体的财务数据。这些财务数据更多地反映企业前一阶段的具体经营成果。而财务信息数据不能很好地在企业运营阶段的各个环节及时、有效传递，造成财务信息经常变成“事后诸葛亮”。

如今的财务信息提供的是标准版的三大主表、各类财务比率。这些数据对企业使用者来说相关性不大，成本中心关注的是生产成本，销售部门关心的是不同区域、不同产品的销售情况。在大数据日益变动的时代，简单的三大主表及各种财务比率已不能满足内部使用者需求。

（2）企业财务信息处理难度不断增加

在大数据时代下，企业财务不仅要面对外部带来的信息交换压力，还要处理好内部各类数据信息的交换处理问题。大数据导致信息化面临高度分散和高度非结构化的数据源，对财务信息和业务信息的内部配合提出了新要求。同时，数据越来越多，要从财务、业务、内部控制、政策等多种多样的数据中提取及时、有效的财务数据，难度更高。

（3）专业人才队伍较为缺乏

大数据时代下的财务信息要求专业信息技术较强的相关人员在企业内部控制制度的指导下，借助不断升级的网络技术，采集、加工和处理企业内部与外部的各类数据，以得到具有针对性、时效性的财务信息。由此可见，取得更有效、更有针对性的财务信息是一项既需要具备财务专业知识，也需要涉猎计算机等其他专业领域知识的综合性工作。对这种专业性强、复杂度高的综合性工作，只有具备相关领域的专业知识和操作技能，才能提供更有价值的财务信息。然而，从实际情况来看，当前很多企业的财务专业人才较为缺乏，且对工作人员的综合素质培养存在一定缺陷。

2. 大数据时代提升企业财务信息化的措施

（1）强化对财务信息的重视程度

大数据时代下的财务信息在一定程度上打破了当前企业的财务运作模式，财务信息将从订单、采购、生产到库存、销售等整个环节提供信息支撑。及时、准确的财务信息将在很大程度上提升企业应对市场变化的适时性和有效性。

对企业决策者来说，应充分认识财务信息工作改变的迫切性，财务信息带来的改变将是一项影响企业长远发展的战略性改变。只有打破传统财务信息提供模式及数据类型，才能建立适用于自身的大数据时代下的财务信息管理系统，并最终有效作用于企业整体战略目标的实现。

（2）设立单独的财务信息管理机构

在大数据时代，设立单独的财务信息管理机构十分必要。企业的核心资源不再局限于货币资金、土地和知识产权等，商业数据也具有同等地位，数量巨大、形式多样的商业数据最终会通过各种形式在财务数据中体现。因此，设立单独的财务信息管理机构并配备具有高度综合素养的财务管理人员来处理商业数据等相关信息数据十分必要。将财务信息管理机构从会计部门中独立出来，配备具有丰富经验的从业人员，可以在体制上使财务信息管理人员从繁杂的会计核算中解脱出来。同时，该部门应配备擅长数据分析的专业人员，专门负责数据解读，实现优势互补。

建立科学的管理框架和流程是提高企业财务信息化、收集数据、处理数据能力的关键。为使企业财务信息化得到有效贯彻，企业决策及管理人员要正确理解信息为管理、为经营服务的本质意义，将科学决策信息支持的工作理念引入经营的各方面。作为企业管理信息化的中心环节，企业财务信息化要和企业基础数据信息化、业务流程信息化、内部控制过程信息化等多种环节交织。财务信息化系统需要实现企业中心数据库与事业部门子系统相互关联，使经营过程中的采购、生产及销售系统中物资流信息与财务信息相关联，从而使企业经营决策具有科学性和实效性。为此，建立科学的管理框架，梳理出科学有效的业务流程，就成为确立企业信息化系统如何筛取重要数据的基础。

（3）建立科学合理的财务信息分类制度

大数据技术可帮助企业建立快速、实时的分析工具，实现产品周期无缝、无差别分析，为企业产品发展提供有效信息支撑。同时，通过大数据技术，财务可为企业发展的各环节提供不同的且有针对性的财务信息，使财务信息不再是公众化的三大报表及财务比率。

在大数据时代，科学技术不断提升，财务人员可根据具体的产业链环节建立财务模型，针对具体环节提供对应的财务数据。例如，实时提供给成本中心需要的产品成本单价，成本中心根据单价情况及时调整工艺或原材料，确保价格优势；提供给销售部门不同区域、不同产品、不同利润率及回款率，使销售部门作出更及时、更有效的反应，确保企业获得最大利润。

（4）提高财务信息化人才队伍的能力与素质

日益复杂的财务环境对企业财务管理提出了更高要求，培训是提高员工综合素质的有效手段，企业需结合自身实际情况，聘请经验丰富的专家指导财务管理人员工作，激发其学习积极性，提高其业务能力。财务数据是企业财务管理的基础，大数据时代财务数据更多的是电子数据。因此，财务管理人员应熟练掌握计算机技术，集中处理数据，提取数据中对企业有利的信息，建立企业需要的新的数据分析模型，合理存储和分配财务资源，进而作出最优的财务决策，及时为企业提供有效财务信息。

（三）财务领域中的数据挖掘应用

1. 数据挖掘与大数据时代的关系

数据挖掘主要是指财务人员利用科学有效的方法，从大量的数据信息中提取出一些有用的信息帮助企业进行财务管理的一项新兴技术。通过数据挖掘技术能够有效提升企业财务管理水平，强化企业各方面的资金运行管理能力，帮助企业获得更加长远稳定的发展。数据挖掘技术在应用过程中需要应用数据库以及人工智能等多方面的知识，因此，企业财务人员想要把数据挖掘技术应用于财务领域必须要加强对各方面综合知识的学习与掌握，只有这样，数据挖掘技术才能充分发挥其自身作用，企业的财务管理水平才能获得实质性的突破与进步。大数据为数据挖掘提供了充分展示的舞台，同时数据挖掘也使得大数据有了更为重要的价值。主要表现在以下几个方面。

第一，数据挖掘能够有效地降低管理成本。大数据有效地推动着知识竞争的深度和广度，构成了知识竞争的重要基础。对企业而言，可通过数据分析优化各个运营环节，辅助决策；还可以通过对海量、精确的客户数据进行分析，或者借助第三方数据分析平台，了解客户的消费行为，预测销售，进行精准营销。

第二，数据挖掘能够实现过去无法或者难以实现的功能。对于一些特殊行业，比如通信行业，通过定位对个人位置信息进行分析挖掘，能够与其他一些公司合作，实现针对性服务，创造新的利润增长点。

第三，数据挖掘创新了管理模式。大数据将会改变组织传统的管理模式和运营模式，成为组织的神经系统中心，有效地降低管理成本，提高快速反应能力。通过对大数据的分析与挖掘，能够实现管理流程的优化，将粗放式、经验式的管理变为精细化、数据驱动的管理。

2. 数据挖掘技术应用于财务领域的重大意义

（1）提高了企业财务信息的利用率

企业的财务管理水平之所以不高主要是对企业相关信息的利用率低造成的，很多企业为了提高财务管理水平而盲目地学习西方先进的财务管理理论，却忽视对企业自身实际情况的结合，因此，一些企业即使使用了国际上非常领先的财务管理理念，其财务管理水平依然是停滞不前。企业使用数据挖掘技术以后能够通过数据挖掘技术对现阶段企业各方面的实际情况进行清晰的了解，企业财务人员根据企业的实际情况制订符合企业的财务计划，实行切实可行的财务管理，能够有效提升企业的财务管理水平，增加企业信息的利用率，让企业信息被充分地利用起来，发挥其自身的作用。

（2）减少财务人员的工作量，提升财务人员的工作效率

数据挖掘技术的应用需要使用人工智能技术。人工智能能够为企业财务管理提供更加方便快捷的财务运行流程，降低财务人员的工作量，提升财务人员的工作效率。数据挖掘技术在应用的过程中还需要应用数据库技术，因此，财务人员在应用数据挖掘技术的过程中能够有效地提升数据分析的工作效率，增加财务数据分析的准确性。由此我们可以看出，数据挖掘技术是一项综合性非常强的技术，它集多种先进技术于一身，对于提升我国企业财务管理水平作出了非常大的贡献，为企业长期稳定的发展奠定了坚实的基础。

（3）极大地满足了财务信息智能化需求

财务计划一般都是按照企业以前的财务数据进行分析后制订的，在财务计划具体的实行过程中，还会受到实际情况的影响，企业还需要针对实际情况调整财务计划。传统的财务分析都是通过设置机械化的程序来帮助企业进行财务管理。随着我国市场经济的发展，机械的程序化作业已经不能满足企业对于财务管理的要求。数据挖掘技术能够实现对财务的动态管理，通过人工智能对企业实际中出现的问题进行动态管理。企业管理者能够随时查询自己需要的财务信息，与此同时，数据挖掘技术还能利用数据信息获得更多更有价值的信息，增加企业信息的利用效率，满足企业财务管理的需求。

（4）有效地降低企业的经营成本数据

数据挖掘技术是目前较新型的技术，它极大地满足了现阶段企业财务管理的需求，有效地降低了企业的经营成本。首先，数据挖掘技术是利用计算机技术来完成的，它省去了大量的人工分析整理工作，有效提高了财务工作人员的工作效率，降低了企业的人工成本。其次，数据挖掘技术的准确性非常高，这就使得财务人员不用浪费大量的时间寻找财务管理中的错误，降低了财务数据的错误率，增加了企业管理者决策的准确性，最大限度地降低了企业因为决策失误造成的损失。最后，财务模型的建立使得企业减少

了财务管理的工作量，使企业财务活动更加规范化，间接提高了财务人员的工作效率，降低了企业的经营成本。

3. **大数据时代财务信息管理应用数据挖掘技术**

根据数据挖掘技术的性质、功能及其应用条件，结合财务信息管理的发展趋势与环境，以及财务信息管理技术创新的迫切需求，以论证财务信息管理相关领域应用数据挖掘技术的可行性。

（1）财务信息管理技术方法创新的需求

20 世纪 70 年代以来，尤其是最近 10 年，企业的外部环境发生了许多新的变化，如何在变幻莫测的环境中求得生存和发展，成为企业面临的重大问题，战略管理理论由此产生并发展起来。而后，以注重环境适应性为特征的战略管理会计也应运而生，对原有的管理会计技术方法提出了挑战，因此就产生了财务信息管理技术方法创新的需求。

财务信息管理原有的技术方法由于其数学假设过强，解决问题的思路过于结构化，大部分方法面向的主要是确定性的管理问题，因此在新的商业环境中显得力不从心。面对新的竞争环境和经济形态及企业经营管理的新思维，财务信息管理的原有技术有些难以胜任，技术方法创新的需求日益迫切。

（2）数据挖掘技术能够满足财务信息管理技术方法创新的需要

财务信息管理本身就是一门多学科交叉的边缘学科，其在发展过程中不断吸收相关学科的技术方法来丰富和发展本学科的技术。数据挖掘技术在处理海量数据方面、数据的深入加工和隐含知识的发掘方面，具有特殊的功能与技术优势。无论从财务信息管理兼收并蓄的特征出发，还是从数据挖掘的技术优势考虑，财务信息管理与数据挖掘技术的融合都是自然而然的。

大数据时代的数据挖掘较之前的传统数据分析的优势在于能够对数据进行全量级而非样本级的分析，能够进行混杂数据类型而非精确类型的数据分析，能够进行相关关系而非因果关系的分析。这三大方面不仅是区别于传统数据分析的特征，同时也是现代财务信息管理所需要的技术特征。

（3）财务信息管理职能的变化

财务信息管理是为企业经营管理服务的。企业的经营管理，是指企业的管理人员对企业的生产经营活动过程进行计划、组织、领导、协调和监督的一系列活动的总称。作为向企业管理提供服务的决策支持系统，财务信息管理要针对企业管理的每一个具体步骤采取措施与之相配合。财务信息管理的职能一般可分为三个方面：成本确定和成本计算，决策与规划财务，控制和评价财务信息管理。在大数据时代我国企业的财务管理发展与变革下，财务信息管理的职能必然发生变化。

①成本确定和成本计算

在财务信息管理提供的各种信息中，成本信息是核心。企业经营活动的各个环节都离不开成本信息的运用，财务信息管理在参与企业决策、编制计划和预算等过程中处处贯穿着成本确定和成本计算，因此，成本确定和成本计算是管理会计内容的重要方面。目前的成本确定和成本计算所提供的信息仅限于企业的内部信息，即成本确定和成本计算的数据来源只是由企业内部提供，这对于大数据时代的企业需求是远远不够的。企业需要外部信息，即需要产品竞争对手的信息、行业供应链供应商的信息、本企业和购买商之间的各种竞争与合作的企业外部信息。那么这些企业外部的信息结构就不是企业所能控制的，即外部信息多为半结构化或非结构化的，对这些数据的分析就需要大数据的数据挖掘技术，将这些混杂的非精确的以及机构化的数据进行全量的相关关系分析。因此，基于数据挖掘的企业成本确定和成本计算所能提供的信息，远远超出了传统的成本确定和成本计算的内容，能够为企业的生产、销售活动降低更多的风险，提高企业的管理水平。

②决策与规划财务

在企业进行决策的过程中，现代财务信息管理的职责主要是以企业价值可持续稳定增长为目标，着重于以顾客为中心，多种类型的管理会计信息为依据，综合评价各个方案的得失，从而选择最佳方案。在企业的经营决策中，包括：短期经营决策、长期经营决策、企业战略目标的决策，以及企业的其他一些重要决策。显而易见，这些决策的产生必须要有大量甚至海量的数据分析支持，尤其是在这个越来越以数据为主的时代，对大量甚至海量数据的分析恰恰是数据挖掘技术的优势所在。预测作为决策的前提和基础，必须要有精确的分析。现有的预测都是基于企业内部的生产活动和管理进行的，对外部市场的变动信息依赖不多。以销售预测为例，一般地，企业基于历史销售数据和预期销售，通过现有模型的分析，最后得出销售预测。但是，由于技术的局限性，企业没能把同类产品信息、天气、客户消费习惯、目标市场的人文地理和其他一些因素进行分析，这就使得预测的准确性大打折扣。而在数据挖掘技术的支持下，这些因素都是可以进行分析的。

③控制与评价财务信息管理

控制与评价管理是经营管理者的基本职能。在企业内，经营管理活动都是在各个不同组织单位进行的，这些组织单位一般根据作业场所或职能不同来划分。一般来说，所谓管理，首先要确定作为依据的基准原则，然后再对下属单位进行指导或监督。控制与评价管理也是这样，在控制与评价管理中适当确定控制与管理的基准或应该达到的目标是十分重要的。控制与评价管理的实施能否做到首尾一致，关键就在于能否确定适当的基准。前面讲到，数据挖掘的主要功能就是把数据进行类别化，关联化，找出内在的联系，这种功能对于确定控制与评价管理的基准能够提供很大的帮助。

④财务信息管理展望

随着社会与技术的不断进步，财务信息管理的职能必然在不断地增加，其中对财务知识的管理必然会是管理会计职能的一个重要内容。首先，数据挖掘技术本身就是知识发现的一个重要过程，在对财务数据和非财务数据的大量分析中，知识将会不断地积累，从而成为财务信息管理的一个重要内容，把企业的财务知识保存起来，成为企业的核心能力。其次，财务信息管理绝非纯技术性工具，要更深层次研究，财务信息管理涉及人的价值观念和行为取向问题。因此，行为财务信息管理也有可能成为未来财务信息管理的一个组成部分。在财务信息管理的产生、传递和适用过程中，如何解释、预测和引导各有关人员的行为，使财务信息管理的行为职能在企业组织得到有效的发挥，将会成为未来财务信息管理研究的内容。

三、大数据时代对企业财务管理精准性的影响

（一）大数据时代下的企业财务精细化管理要求

1. 增强精细化财务管理理念

目前，市场经济发展迅猛，企业之间的竞争激烈，企业要想获得长远发展就必须提高管理水平，其中财务管理工作占有重要地位。目前，有些企业的管理者没有注重改革财务管理方式，没有建立全面财务管理体系，导致财务管理工作的片面性，影响了企业的经济效益。基于此，企业财务管理工作应该增强精细化财务管理理念。精细化财务管理是一种现代化的财务管理机制，更加适应企业的发展，企业建立科学的管理，通过业务流程的各个环节分解，然后再向企业内部推行计划的精确化、决策制作的精确化、成本控制的精确化、员工考核的精确化等，从而最大限度地节省资源，降低管理成本，实现最深层次的挖掘企业价值。精细化财务管理要求企业深化对财务工作职能的认识，将财务工作由记账核算型向经营管理型进行转变。

2. 提高对财务分析的重视程度

企业管理者要帮助和支持财务分析人员熟悉本企业的业务流程，尊重财务分析的结果，组织和协调各部门积极配合财务分析工作，这样才能发挥财务分析在企业经营管理中的重要作用。管理者应当定期或不定期地召开财务分析活动会议，肯定成绩、明确问题、提出建议或措施、落实责任，使得财务分析在实际经营管理中发挥应有的作用。另一方面财务管理人员要切实做好财务分析工作，不断提高分析质量，为改善经营提高经济效益提供科学依据。

3. 改进财务分析方法

财务分析应多用定量的分析方法，以减少因为分析人员的主观偏好而发生财务分析失真情况的出现。在财务分析中可以较多地运用数据模型，既可以推广运用电子计算机处理财务信息，又可以进一步改进财务分析的方法，增强财务分析的准确性和实用性。还可以按照国家财务制度，联系相关法规政策，考虑不可计量因素进行综合论证，并实际修正定量分析的结果。定量分析与定性分析的结果必须结合起来综合判断，修正误差，使结果更趋于客观实际。对于那些有条件的企业还可以聘请外部人员进行财务分析，以减少分析的主观性。

4. 完善财务精细化管理机制

建立健全企业财务管理监督机制。财务管理监督机制是促进财务管理工作顺利开展

的基础保障，主要针对的是企业资金的预算、拨付、核算等工作，要全面作好监督管理，确保财务信息的真实有效性，确保企业资金合理应用，确保整个企业财务管理的有序，建立健全内部控制制度。完善的财务内控制度有利于约束财务管理行为，保障财务管理成效。一方面，财务内控制度需要注重增强财务审计的独立性，通过财务审计确保财务管理的质量。另一方面，还要充分考虑外部市场环境，优化和完善内控制度，提高财务管理水平。建立财务管理考核评价机制，这样有利于约束财务人员的行为，通过奖惩措施，增强财务工作人员的工作积极性和主动性。

5. 充分利用大数据

在大数据时代，数据管理技术水平不断提高。在财务管理的数据管理中，就可以充分利用大数据，从数据收集、数据存储、数据分析、数据应用等几个方面有效地进行管理。需要注意的是，要保障财务数据的真实性、准确性，这样才能更好地体现数据的价值。此外，如果数据收集不到位，就会导致财务管理工作捉襟见肘。由此可见，在大数据环境下，企业财务精细化管理的首要工作就是财务数据的收集，不断拓展数据收集渠道，综合考虑企业发展的各方面财务信息，满足企业财务管理需求。再者，数据快速增长也给数据管理带来更大的压力，需要做好数据存储工作。这就要求企业加强内部硬件设施和软件设施的建设，并且根据企业的发展情况，完善财务数据库，系统地进行数据整合和储存，为企业财务分析提供良好的数据基础。另外，为了应对大数据的发展，企业还要加强财务人员能管理和培训，提高财务管理人员的数据分析能力和数据应用能力，保障合理地对数据进行整合、归纳、分析以及应用。

6. 提高财务人员的整体素质

随着信息技术的普及推广，目前会计电算化不断发展，会计电算化只是分析的手段和工具，财务分析人员是财务分析工作的真正主体，财务人员素质的高低直接影响财务管理的质量。因此企业应当选拔一批优秀的财务人员担任这项工作，同时在企业内设立专门的财务分析岗位，培养适应本企业的专业分析人员。在选拔财务分析人员的过程中应同时注重基本分析能力、数据的合理修正能力、综合分析能力，切实提高分析人员的综合素质。再者，为了让决策者不做出错误或者过于追求短期效益的结论，要求财务分析人员应不断提高自身的专业技能水平和职业道德素质，加强对财务报表分析人员的培训及职业道德素质建设。

7. 企业财务管理信息化

在企业财务管理中引进先进信息技术，可以确保企业财务管理工作的有效性和准确性。目前，我国企业已经采用和推广信息化管理技术，并取得了一定的成效。和传统的财务工作相比，企业财务管理信息化具有很多优点：一是可以利用信息技术对基础数据进行收集、整理和分析，提高财务数据的准确性，还有利于避免企业管理人员对财务工作的干涉，有利于确保财务管理的公正性、真实性和准确性。二是通过利用信息技术，财务工作的效率大大地提高，节省了人力和物力。

（二）大数据时代下如何提高企业财务管理精准性

1. 企业财务管理应加强贯彻会计制度，夯实会计基础

结合企业财务管理的特点和现实需要，在企业财务管理过程中，加强贯彻会计制度，并夯实会计基础，对于企业财务管理而言意义重大。从当前企业财务管理工作来看，鉴于财务管理的专业性，在财务管理工作中，应对财务管理的相关法律法规引起足够的重视，并在实际管理过程中加强贯彻和落实，保证会计管理取得积极效果。

除了要做好上述工作之外，企业财务管理还要对会计基础引起足够的重视，应在实际工作中强化会计管理的基础性，通过建立健全会计管理机制，优化会计管理流程，使会计管理质量和准确性得到全面提升，有效满足企业财务管理的实际需要，达到提高企业财务管理质量的目的。为此，作好会计制度的贯彻，夯实会计基础，是提高会计管理质量的具体措施。

2. 企业财务管理应强化企业内部协调机制，加强财务管理与业务工作的融合

现代市场竞争环境和财务工作在企业管理中的地位，决定了财务工作必须采取与时俱进的基本态度，财务管理应结合企业组织结构、产品特点、业务流程、管理模式等具体情况，将真正适合企业的管理新方法、新工具应用到实际工作当中去，使企业财务管理工作能够在管理理念、管理流程和管理方法上满足实际需要，达到提高企业财务管理水平的目的。

基于这一认识，企业财务管理工作应积极建立内部协调机制，使企业财务管理工作与其他业务工作能够得到全面有效开展，充分满足企业财务管理的需求，实现对企业财务管理工作的有效监督，确保企业财务管理在手段、内容和管理流程上处于严格的监管之下，保证企业财务管理的准确性，使企业财务管理工作能够在整体水平上满足实际需要。

因此，企业财务管理工作并不是单一的工作内容，要想提高企业财务管理工作的整体质量，就要将财务管理工作与其他业务工作结合在一起，实现企业财务管理工作与其他业务工作的融合，使企业财务管理工作能够成为其他业务工作的促进因素，保证企业财务管理工作取得实效。

3. 企业财务管理应将资金管理作为主要内容，满足企业资金需求

在企业财务管理中，资金管理是主要内容，只有做好资金管理，才能提高企业财务管理的实效性。基于这一认识，企业财务管理应从实际出发，制定具体的资金管理策略，提高企业资金管理质量，满足企业资金需求，达到提高资金管理效果的目的。

首先，企业要加强管理，提高自身信誉度，注重内部资金节流，加强存货和应收账款的管理，减少产品在企业内部停留的时间，使企业内部资金管理实效性更强，对企业经营管理的支撑效果更好。所以，资金管理对企业的经营管理产生了重要影响。

其次，企业要建立自身的诚信形象，主动与金融机构互通信息，建立良好的银企关系，通过交流体现出企业的主动、诚意、实力所在，这样才会获得在银行融资的成功。这一工作已经成为企业财务管理的重要内容，对企业的经营管理产生了重要影响，是企业提高整体效益的关键。

最后，企业应强化资金使用效率，提高资金管理质量。保证资金管理工作能够全面有效的开展，使企业的资金管理工作能够取得实效。

通过分析可知，鉴于财务管理的重要性，提高企业财务管理的精准性和实效性，是提升企业整体效益的重要手段。为此，企业财务管理应从加强贯彻会计制度、夯实会计基础、强化企业内部协调机制、加强财务管理与业务工作的融合、将资金管理作为主要内容、满足企业资金需求等方面入手，确保财务管理工作能够得到全面有效开展，满足企业经营管理的现实需要。

四、大数据时代对企业财务管理人员角色的影响

（一）大数据时代对财务管理人员角色的影响分析

大数据时代随着信息网络和企业一体化管理软件的普及，财务管理人员从账簿的束缚中解放出来，更多地参与企业的管理和辅助决策工作，这样的角色变化，更加凸显会计的“管理”职能。

1. 大数据时代为财务管理人员“管理”职能的发挥提供了条件

会计主要有核算、反映和监督三大职能，财务管理人员收集数据、陈列信息，并对企业的宏观管理施加影响，都是以信息为基础，分别对应不同的信息处理层次，财务管理人员应当扮演起“管理”方面的角色，但由于各方面的原因，财务管理人员的“管理者”角色一直没有得到承认，其“管理性”被忽略，大数据使得财务管理人员为企业提供多样化的决策信息，并为日常的企业经营活动提供管理，使财务管理人员的“管理者”角色日渐突出。在大数据时代各种管理工具的支持下，财务管理人员将进一步发挥基于信息的管理职能，财务管理人员将从“核算者”变成“信息人”，并进一步走向“管理者”的角色。

2. 数据生产方式的转变

数据生产方式的转变是财务管理人员角色转变的动因，随着大数据浪潮在全球范围内漫延，信息的“生产”工作变得非常简单便捷，财务管理人员脱离数据信息，“直接生产者”的角色势在必行。并且，大数据时代的企业会计数据随时都处于动态当中，是动态实时会计数据，“大数据”真正价值在于通过收集、处理庞大而复杂的数据信息从中获得新的知识。此时的财务管理人员应该从收集和处理会计信息的工作中分离出来，交给专门的信息中心去解决，财务管理人员更重要的工作是对会计信息进行分析和判断，对企业的运营提出预测、给出建议、帮助决策及监测企业战略的实施，扮演好“顾问”“预测者”“风险监测和管理者”等角色，成为专业技能、多面管理的企业运行管理者。

（二）大数据时代财务管理人员角色转变的趋势

大数据时代，各种信息网络技术、企业一体化智能化管理工具的应用，财务管理人

员由原来的直接财务信息生产者，变为利用财务信息的管理者。在这种实质性的改变中，尤其是高级财务管理人员群体，将在大数据时代不由自主地利用企业的相关财务信息为企业的管理服务。

1. 企业发展的预测者

在财务管理信息化的过程中，财务部门朝着灵活性和快速响应的目标发展是一个渐进的过程，财务管理人员从静态的报表和财务信息数据管理，转移到为决策者提供动态业务信息的预测性角色，这是财务工作在大数据时代发展的必然趋势。财务部门掌握着企业最全面的原始业务数据，并在企业数据处理工具的辅助下，掌握了获取各方面信息的最有效途径，是企业的“触觉”。对于现代企业而言，大数据为企业提供了面向未来的途径，企业更多关注点从“现在”转移到“未来”。财务管理人员完全可以利用专业和信息方面的优势，通过系统的优化和技能的提升，对企业运行的方方面面做到实时响应，具备更多经验和管理职能的高级财务管理人员可以利用财务部门掌握的各项数据，对未来的发展趋势和各种可能的风险、市场等做出预测，并对企业的决策和发展提出建议。只有财务管理人员群体在预测性工作方面做出更多的努力，企业才能做出更为长远的规划，避免短视行为。另外，预测工作的有效实施，是企业建立一整套问题的解决方案、应对未来可能发生的突发或重大事件的重要保障。当然，财务管理人员要成为企业预测者角色，离不开有效全面的数据信息和对多种数据信息工具的应用。

2. 企业顾问和其他部门的合作者

大数据时代，核算职能在整个财务工作中的重要性减弱，财务管理人员更侧重于反映和监督职能，并强调其“管理”功能。“反映”职能由原来强调财务信息的客观、透明性，逐渐转变为强调在客观性的基础上，借助信息工具，为企业的管理和决策提供更多符合多样化的需求。财务工作不再过多地强调财务人员现实做账的能力，更深层次地讲，财务管理人员其实正在逐渐成为企业的顾问，随时对企业的经营状况做出评价和总结，并结合其他预测性辅助工具，为企业的经营提供建议。从这个角度来讲，财务管理人员应该充分利用好信息工具，扮演好“顾问”的角色。无论财务管理人员作为“顾问”为企业提供哪些方面的经营评价和建议，财务管理人员的定量职能都是不能取代和取消的，所有这些充分发挥财务管理人员能动性反映作用的角色，都需要以客观、全面的数据作为基础。尽管如此，大数据时代财务管理人员扮演好顾问角色，为企业提供更多的评价和建议，将成为财务管理人员走向管理和辅助决策职能的必经之路，也是现代企业发展的必然要求。

3. 企业风险的预警者

在全球化浪潮中，所有企业都难以避免地要融入更加复杂多变的世界市场，也使得企业自身面临许多更加不确定的问题。财务管理人员掌握了财务及各个业务方面的信息，对企业的运行和决策产生极为重要的影响，在全球大数据形势下，理应扮演起风险管理者的角色。世界市场充满风险，企业需要完备的风险管理计划，并促进整个企业内部的信息集成，建立高度整合、标准化的财务管理组织，更容易察觉企业所面临的风险。可以看出，“风险管理”是财务管理人员扮演“预测者”角色的一个延伸，要想成为优秀的“风险管理者”，财务管理人员需要通过采用某些智能化信息工具做到实时监控，如设定特定风险阈值，通过热图、仪表盘、记分卡反映风险情况，通过预测性分析和建模检测风险情况等。

4. 信息系统的维护者和个性化信息工具的开发者

大数据时代，财务工作最明显的一个变化，莫过于计算机和各种信息工具的广泛应用，财务管理人员以上各项职能的转变都离不开各种自动化、智能化信息工具的支持。长期以来，财务部门所使用的财务管理软件都是由专业的企业管理软件公司开发，并作为商品卖给需要的公司，当然，也有的企业采取自主开发或者委托开发的方式。在这些方式下，财务管理软件的维护多由这些软件公司或者开发人员来实现，这种维护方式曾经较好地适应了企业的需求，但在企业未来的信息化道路上，信息软件工具的概念呈现一种“淡化”的趋势，即：一方面，更多的员工更深层次地接受并熟练使用这些信息工具，并伴随这些工具在企业中更为普遍地使用；另一方面，企业对信息工具的需求呈现多样性，并非一套或几套解决方案就能够满足企业的所有需要，于是，财务管理人员在解决问题的过程中，不断地发现针对新问题的局部化信息工具的需求，这种需求处处存在，并需要开发者更具针对性、创新性。这就促使财务管理人员应该成为信息化软件的管理者和维护者，并在一定程度上具备开发实用性、个性化信息工具的能力，原来的较大规模和专业性较强的管理系统可以继续交给专业公司或团队去开发，但应该由经过适当培训的财务管理人员来进行维护；对于应用范围相对较小、针对性很强、开发难度相对较小的软件，财务管理人员应该成为首要的开发者和维护者。这种模式不仅减少企业的运行成本，也为企业的财务工作提供更为便捷可用的信息工具、在日常应用中减少对专业软件公司或信息部门的依赖，使财务管理人员在工作中能够更加独立地完成其他管理角色。

（三）大数据背景下企业财务管理人员角色转变策略

1. 改变财务管理人员观念，提高其综合素质

财务管理人员实现以上角色的顺利转变，自然离不开自身观念的改变和综合素质的提高。首先，观念的转变。大数据时代财务管理人员掌握着企业发展的关键信息，因而需要更加主动地参与到企业的决策中来，财务管理控制已从事后走向事中乃至事前，相应地，财务管理人员的观念也有必要从“被要求”转变为“主动”为决策提供便利。其次，应该全面提高自身素质。具体包括 IT 技能的提高和事务惯例处理能力两大方面。大数据时代，财务管理人员要想更好地使用信息工具做好预测、辅助决策等工作，扮演好顾问、预测者等角色，必须具备一定的 IT 技能。同时，也只有财务管理人员做到透彻理解、正确运用，才能正确使用和维护财务管理信息系统，提升系统以及企业信息的安全性，保障企业的利益，大数据时代更多变复杂的外部环境迫切要求财务管理人员更加敏捷、全面地对企业运行状况做出分析，并使用创新、安全、高效手段将这个辅助决策过程变

成程序化、自动化的过程。

2. **为财务管理人员建立统一的信息平台**

财务管理人员应该适应信息生产集中化、自动化的趋势，整合财务管理部门的资源，实现“信息生产”功能的独立。在未来的财务管理工作中，部分财务管理人员将自己的注意力更多地放在解决一些更加前瞻、更加灵活多变的非结构化问题上，比如投资分析、年度规划、决策支持、风险管理等，以便于在财务管理工作中充分利用和发挥“数据”和“信息技术”的作用，实现“财务管理”和“信息数据”的更好结合，进行数据分析。

信息中心的独立和统一信息平台的建立，对企业的信息管理有重要意义：统一信息中心的建立，可以让有用的信息通过一个覆盖整个企业的信息平台和网络在企业内部自由流动实现管理的高效，同时还可以降低信息的收集和处理成本，在财务管理部门的领导下，信息部门的信息获取和加工更加围绕企业的战略和需要开展。统一信息平台的建立及财务管理信息获取的集中化，不仅可以利用信息资源和信息工具提高企业经营效率，也使整个企业连成一体，信息自由流动，各业务部门全部活动都以提升企业价值为核心，实现“1+1 ＞ 2”，达到以大数据促进企业价值提升的作用。

3. **改善组织结构和优化工作流程**

财务管理人员角色实现转变的道路上，统一的信息平台、信息数据的自由流动、财务管理人员承担多重复合角色并主动发挥更大作用，其实都需要以企业组织、结构工作流程的改善为前提。组织结构方面，扁平化、柔韧化和灵活性是现代企业组织结构发展的要求，企业需要集灵活性、安全性与创新性于一体的组织形式。为了便于财务管理人员更好地发挥其顾问、预测者、价值链整合管理者等新的角色，企业需要在整个企业范围内，建立扁平化的组织结构，并采用多维制和超事业部制的结构，以实现在沟通上更顺畅、管理上更直接、合作上更灵活、运行上更高效。另外，针对一些特殊的情形，还可采用虚拟化的结构，把不同地点乃至不属于本企业的人才资源联系到一起，实现跨越时空的合作联盟。企业需要进一步规范和优化工作流程，并将其制度化，确保企业的各项流程无缝衔接，并确保各流程都在企业信息系统和风险管理系统的可控范围内，这样，才能实现信息中心所获得的各项信息的全面性和完整性，便于企业风险控制措施的更好实施。

4. **加强企业内部控制，明确财务管理人员权责**

大数据时代，由于信息的收集、处理工作更加自动化、流程化，非结构化问题在财务管理人员工作中占据更大的比例。在解决这些问题的时候，需要财务管理人员更好地发挥主观能动性，财务管理人员也因此拥有更多的自主权。然而自主权放宽的一个重要问题就是，可能导致财务管理人员不适当地使用权限而对企业的利益造成损害。因此，加强内部控制，保障系统和信息安全性、杜绝财务管理人员滥用职权的行为，也是财务管理人员角色得以顺利转变的重要方面。针对财务管理人员权限规范问题，企业应至少做到以下几点：一是对每一个职位进行完整的职位说明，将职位说明书交由在岗人员学习，并在日常的工作中，结合工作实际不断地将其补充、完善；二是完善各项工作的工作流程，将所有的步骤都纳入内部控制体系的范围；三是建立完善的内部控制体系，将各项措施以制度的方式规范化、确定化，为各项措施的实施提供切实的依据。在实施方面，着重从内部控制的三个环节入手：事前防范，要建立内控规章，合理设置部门并明确职责和权限，考虑职务的不兼容和相互分离的制衡要求，还应建立严格的审批手续、授权批准制度，减少权力滥用和交易成本；事中控制，如财务管理部门应采取账实盘点控制、库存限额控制、实物隔离控制等；事后监督，如内部审计监督部门应该按照相应监督程序及时发现内部控制的漏洞。

第三章　大数据时代的企业预算管理

第一节　预算管理基础认知

一、预算管理的含义

预算控制也称预算管理。预算管理最初只包括计划、协调生产发展等简单功能，而现今已成为一种能综合贯彻企业经营战略方针，并具有控制、激励、评价等多功能的预算，因此，也称为全面预算。

全面预算管理起源于20世纪初。随着社会生产力的不断发展、社会生产组织形式的多样化和日益激烈的市场竞争，一些国家的企业为了加强企业内部管理和控制，提高自身市场竞争能力和抵御风险能力，实现企业经营战略目标，全面预算管理制度应运而生。该制度作为一种内部会计制度，经过几十年的发展和演变，已发展成为一种现代企业管理模式，成为大型现代工商企业的标准作业程序，处于企业内部控制系统的核心位置。著名管理学教授戴维·奥利认为，全面预算管理是为数不多的几个能把组织的所有关键问题融合于一个体系之中的管理控制方法之一。

全面预算管理制度是在狭义财务预算和广义财务预算的基础上形成的。狭义财务预算是指企业在预算期内反映有关货币资金收支和财务状况的预算，主要包括货币资金收支预算、预计资产负债表、预计现金流量表等。由于企业财务是企业经营过程各个方面资金变动的综合反映，因此，财务预算还应包括销售预算、生产预算、产品成本预算、直接材料预算、直接人工预算、制造费用预算、销售费用预算、管理费用及财务费用预算，这就是所谓的广义财务预算。无论是狭义财务预算，还是广义财务预算，这些预算对企业某一个部门或生产经营过程中的某一个环节来说是独立的、具体的，但对企业财务管理的整体目标来说则是相互关联的，构成了一个企业理财的有机整体。这种以货币形式体现，反映企业财务目标，控制企业财务活动，保障企业财务目标顺利实现的各种具体预算的有机整体，就称为全面预算管理。可见，全面预算管理是按照企业制定的发展战略目标，层层分解，下达于企业内部各个经济单位，以一系列的预算、控制、协调、考核为内容，建立的一套完整的、科学的数据处理系统，自始至终地将各个经济单位经营目标与企业发展战略目标联系起来，对其分工负责的经营活动全过程进行控制和管理，并对实现的业绩进行考核与评价的内部控制会计管理系统。

全面预算管理是按照“目标倒逼，责任到位，环环控制，偏差管理”的思路，对生产经营中各种资源消耗和费用开支，按照预定的目标进行控制，并对脱离目标的不利差异，及时采取纠正措施，使整个企业的生产活动处于受控状态，保证预期的目标成本实现。

二、对预算管理内涵的把握

（一）预算不等于预测

预测是对未来不可知因素、变量及结果的不确定性的主观判断，当然这种判断应是科学基础上的主观。预测是基础，而预算是根据预测结果提出的对策性方案。由于预测具有风险性，且其风险大小取决于据以预测的基础（如环境或变量因素）和方法是否科学牢靠，因此，不可知因素越少，方法越恰当科学，其风险性也就越小；反之，不可知因素越多，或者方法相对不科学，其风险性也就越大。预测的风险性大小决定了预算水平及预算质量的高低。应该说，预算是针对预测结果而采用的一种预先的风险补救及防御系统，预测结果越确定，预算的过程越简单，准确性也就越高；预测结果越不确定，预算的过程越复杂，预算的方法选择也就越多样化（如针对不同因变量变动下的弹性预算及敏感性分析预算等），准确性也就越低。

用一个形象的比喻，预测好比是天气预报，天气预报的准确性有赖于先进的技术和信息资料，以及科学的预测方法。天气预报说“明天有雨”是一种预测结果，但这一结果具有风险性，因为明天是否真的下雨现在不得而知；这种不得而知的状态也许只有借助概率来判断，如预报明天下雨的概率是 70%，言下之意是不下雨的可能性为 30%。明天即将外出上班的人，得知天气预报“明天将下雨”的第一反应就是，明天上班最好带伞或者改乘公共汽车，否则将会面临淋雨的风险。而上班族在盘算或决定明天如何外出上班时，所做的任何计划方案（如带伞、改坐公共汽车或打车、请假不上班等），都是基于预测的结果，也是基于对未来不确定的一种风险防范行为。

上述例子很好地说明了预算与预测的关系，而为什么要有预测，则完全源于经济事件的不确定和风险。基于上述认识，我们至少可以得出以下结论：①预测是预算的前提，没有预测就没有预算，未来经济事项的后果越不确定越需要使用预算方法；②预测源于风险，而企业所面临的风险主要来自市场风险，包括经营风险和财务风险等，通过预测并进行有效的预算是防范风险的一项非常重要的措施。正因为如此，市场经济越发达，市场风险越高，也就越离不开预算和预算管理。可以说，风险无处不在、无时不有，因此预算及其管理也应无处不在、无时不有，这也正是西方企业为什么大行预算管理之风的原因。

（二）预算不等于财务计划

预算从其本质上看属于计划的范畴，但不等于财务计划，这是因为以下几个原因。①从内容看，预算是企业全方位的计划，它并不仅仅包括财务计划，西方全面预算概念的提出，首先明确预算是贯穿企业生产经营活动始终的，它集生产预算、销售预算、财务预算等各种预算于一身，而销售预算是生产预算的前提和基础，没有销售预算就没有生产预算（包括采购预算、成本费用预算等），进而也就不可能产生财务预算（包括预计资产负债表、预计损益表和预计现金流量表等）。可见，财务计划只是企业预算的一部分，而不是全部。②从预算形式看，预算可以是货币式的，也可以是实物式的，而财务计划则是以价值形态所表现的计划，不含非货币形态。③从预算组织及执行过程控制看，预算是由企业不同科层、组织的当事人或参与人共同组织执行的，它是一个综合性的管理系统，具有极强的内部协调功能，而且执行过程、反馈与考评过程等都是基于不同组织和不同科层体制下进行的，在日常管理中代表着管理事务的大部分或全部，预算管理取代了企业管理；而财务计划主要是由企业财务部门组织编制并执行控制的，财务部门在其中起决定性作用，财务计划的编制、执行及日常控制、事后考评均成为财务部门日常管理事务的大部分或全部。可见，两者的范围是不同的。

从上述分析可以得出以下结论：①预算是企业预算，而不是财务预算，因此预算管理是企业整体管理的重要组成部分，而不是企业财务管理的主要组成部分（当然，财务部门在从事企业预算管理工作中扮演着十分重要的角色）；②预算管理及其预算组织是一个庞大的系统工程，企业内部各要素（包括人、财、物、信息等）都置于这一组织系统之内，要保证预算管理的正常运转，预算及其管理必须由企业内部最具权威性的管理部门或经营者来亲自推动，离开权威性，离开最高行政管理组织和人员的介入与推进，预算及其管理不可能搞好，即使预算编好了，由于缺乏具有权威性的组织来协调，其执行情况也不会太好。如果说预算及其管理成功的话，那么最大的经验在于由于有企业高层经管人员的推动，失败的话，可能最主要的教训也在于没有经营者及高层经管人员的介入和支持。

（三）预算管理是一种管理机制

作为一种管理机制，预算管理一方面与市场机制（风险机制）相对接，另一方面与企业内部管理组织及其运行机制相对接。前者是指预算管理以市场为起点，一切围绕市场做文章，割裂市场与企业内部管理的关系，企业管理不可能成功，这方面的教训不在少数。市场代表着效益，没有市场就没有效益，忽视市场就等于忽视效益，企业也就无效益可言。可见，作为一种机制，市场是预算管理的出发点，也是判断预算管理是否成功的试金石，“预算管理出效益”就是从这一层面衍生出来的。同时，预算管理又必须与企业内部管理组织及其运行机制相对接。预算管理是一个系统，系统的组织由预算编制、预算执行、预算控制与预算考评等构成，不同的组织程序，预算管理结果是不同的，从管理原则来看，这一组织结构体系应当满足两个基本原则：一是各组织权责利对等原则，这是十分重要的；二是不同组织在权限上立足于决策权、执行权、监督权三权分立的原则，以保证权力的制衡并保证系统的有序运转。在实际工作中，预算编制不论采用自上而下或是自下而上体制，其决策权都应落在内部管理的最高层——经营者手中，由这一权威组织进行决策、指挥与协调；预算的执行层由各预算单位（如分车间、分店、事业部等）负责组织实施，辅之以对等的责、权、利关系；监督权则由更为独立的内部监督机构（如审计部门、预算管理仲裁委员会或监事会）负责，从而形成独立的权力制衡系统，这种制衡本质上就是运行机制。正是从这一角度，我们认为，预算管理不应单独地看成是企业内部管理的一种方法，而应看成是内部管理的一种新机制，一种围绕市场展开内部计划管理的全新机制，它不同于计划管理，而是一种自平衡系统，是一种制度装置——管理机制。

三、预算管理的作用

（一）预算的积极作用

预算管理是一种非常有效的管理制度，在企业经营管理中的积极作用主要体现在以下几个方面。

1. 预算具有科学管理的作用

企业财务预算主要反映资金收支情况。其中，现金流量预算把每月、每周甚至每天的现金收入和支出列出明细计划，以便使管理者能确保某一时期目标的实现。利用现金预算控制方法，便于企业掌握多余现金的使用情况，避免企业可观的利润以库存、机器或其他非现金形式积压下来，从而为剩余现金编制投资计划提供依据。投资预算主要反映购买新厂、新机器设备、新技术专利、地产等方面的投资计划。营业预算反映了一个企业某一时期收入和支出的内容与数量。资产负债表预算能起到衡量所有其他预算的精确度的作用，预算汇总表向最高主管部门表明公司在总体上实现其目标的进展情况，也就是说，预算反映了经营管理的方方面面。

首先，预算管理要为高层经营管理者提供决策信息，以衡量效益与风险的关系，制定企业长远发展战略；为中层管理人员提供详细的管理信息，以实现投入与产出的最优配比；为基层管理人员提供及时准确的成本费用信息，以达到预算标准、控制成本费用的目的。其次，预算管理要充分考虑企业的需要与企业的软硬件环境相结合，最大限度地提高企业预算体系的运作效率，通过规范的预算管理实施业务流程，降低预算实施风险。最后，预算管理从企业的角度来协调与控制企业财务和运营风险，通过完善的信用机制、付款机制及库存资金占用机制，重点解决企业在经营中所遇到的应收款难以收回、存货积压和资金短缺并存等问题，有意识地将企业运营财务风险控制在合理的范围之内。最后，预算管理中的较大部分是开展现金流量的计划与分析，通过对现金流量的计划与分析，企业能够有效地控制现金的流入与流出情况，掌握资金动态。

总之，根据企业经营目标而制定的企业预算，贯穿于企业经营全过程，着眼于企业全局。只要经过科学的预测，制订出最佳预算方案，合理挖掘现有资源潜力，有效控制预算的执行，即可达到科学管理，进一步提高企业综合盈利能力的目的。

2. 预算具有细化指标的作用

企业通过预算管理，可将预算目标分层次、分部门地分解到企业各个职能部门，并细化到每个员工，每个部门、每个员工将本部门、本人的预算指标作为自己在预算（计划）期间的奋斗目标。而预算目标又与激励机制挂钩，激励机制应当在预算体系中体现，使每个员工都了解本部门的经济活动与企业整个预算目标之间的关系，激励每个员工努力为实现预算目标而奋斗。由于企业预算须经过自上而下、自下而上的编制过程，企业预算所要达到的意图及为之应采取的方法、激励措施在编制过程中得到充分讨论，因此，预算目标是可以经过一定的努力而达到的，具有一定的激励作用。

根据企业总体预算目标分解和细化以后的各个分级、分部门的预算指标，是对部门、员工进行奖惩、人事任免的主要依据之一。企业通过将实际状况与预算进行比较，了解各个部门预算执行情况的好坏，对各个部门及每位员工的工作业绩进行评价和考核，全面、综合分析预算执行差异的原因，分析其中的历史变化趋势因素，分析其中的客观环境因素及各部门（员工）自身的主观因素。科学合理地预算业绩评价方法会促使企业在市场竞争激烈、企业环境多变的情况下努力改进管理，使每个部门能认真思考自己的功过得失，不断地改进自己的工作。

企业的经营计划也可以通过分项的预算指标进行细化，并将预算指标、预算项目和预算执行权力作为一个整体下发给各预算执行主体。比如，公司授予某部门一定金额的预算指标，该部门也应被授予在该额度内开展此项业务的权力，并在此笔金额的限度内进行决策，享有具体事项的选择权力。期末，该部门应将用于该项业务的实际数与预算数进行比较，在具体分析差异的基础上，对该部门从事该业务的绩效进行评估，并据此进行奖惩。从这一意义上说，预算是公司组织结构中的一个部分，它能够对决策权进行划分，并进行相关的行为控制。

3. 预算有助于决策

在预算体系中，知识和信息被重新分类总结，并通过向拥有决策权的管理人员传递这些知识和信息的方式来协助决策的制定。这是因为，企业的预算要建立在各种预期值的基础上，这种预期大多数是针对公司各类战略性元素进行的。但是，这些战略性元素的预测必须建立在对业务的准确把握的基础上，可能企业的管理人员并不一定拥有对业务进行准确预测的相关信息和知识，这就需要将位于企业较低管理级次的知识和信息向拥有决策权的管理人员进行传递。此外，在这些预期基础上，管理人员还必须运用一些关键性的假设来编制企业预算。关键性计划假设在某种程度上反映了那些超出管理人员的控制能力的因素，并且对公司的总体活动设定了一个限制范围。预算则是将这些关键性的计划、假设通过数据的形式进行归集并向管理人员传递这一信息，从而帮助管理人员做出相关决策。与此同时，预算的制订往往要经历反复的由下而上和由上而下的过程，在这一过程中也涉及对专门知识和信息的归集、整理。预算是一项各方协商、调整并达到一致的结果，也就是说，预算是决策管理过程的一部分，预算控制则是管理决策在日常运营过程中的延伸。

4. 预算具有控制的作用

控制贯穿于企业预算管理全过程中。预算目标一经确定，就应成为其执行责任主体的财务控制目标。预算的事前控制体现在企业预算目标的测算、确定和编制上；预算的事中控制体现在预算的执行过程中；预算的事后控制是企业对预算差异的评价和考核，以及寻求改进、调整企业经济活动的措施。企业预算一经确定，任何部门、每个员工都必须严格遵照执行。预算控制有了标准，控制工作将在整个预算管理工作中得到强化，进而完善考评依据和组织安排，为实现企业预算目标保驾护航。

预算实际发挥的控制作用，应包括以下各项要求：①对组织所有部门在未来一段时间中的经营情况，以预测数值的方式列出有关计划及财务资源需求。②以上预测数据在组织层面上应得到整体的协调。③期初应对公司上期实际业绩和预算业绩进行对比，并对差异进行分析，当这些差异表明需要对计划的假设基础进行调整时，应对本期预算的编制基础进行调整；期末也应对实际业绩和预算业绩进行对比，作为当期考核的基础，并且当本期差异表明需要对计划进行修正时，还应对原始计划进行调整，以之作为下期预算编制的基础。

（二）预算的消极作用

虽然预算是一项非常有效的管理制度，在企业的经营管理中发挥着其他管理制度不可替代的积极作用，但是预算管理也存在着一些不易察觉的消极作用，主要体现在以下几个方面。

1. 预算的目标偏差

由于预算是以定量的形式反映企业的详细经营计划，事无巨细，都要安排，因此预算有可能忽视一些重要的因素，如费用控制的效果，而只关注次要项目，如费用控制。也就是说，它能够反映出花费在服务上的财务资源，但不能反映出这种服务为客户带来的价值。

2. 预算的导向偏差

由于预算的执行结果是各部门进行业绩评价的主要内容，因此，各部门和管理人员常常被预算所控制，预算自身对企业管理的控制作用被大大削弱。

3. 预算的效率偏差

由于资源是有限的，在对限制性资源做出选择性决策时，预算有可能失去效率。例如，如果选择销售数量的业务预算指标作为考核销售人员业绩的主要指标，并以此为基础设计销售人员的薪酬方案，那么销售人员有可能为了吸引边缘性客户而把价格降得过低，这会影响预算管理的效率。

四、预算观及其种类

预算观是指企业管理部门在进行预算管理和创新时应遵循的逻辑思维方式和基本观念。通常，预算观可以分为任务导向的预算观和结果导向的预算观。

（一）任务导向的预算观

任务导向的预算观是许多企业在预算管理实践过程中所采用的基本观念，它从企业日常经营管理工作出发，并在此基础上做出资源分配决策和评价相应责任中心的工作业绩。

1. 任务导向预算观的特点

任务导向预算观关注的重点是预算体系应支持的工作或任务。它从企业预算期应完成的目标出发，将之以预算指标的形式细化分解为各个下属责任中心的工作目标。从这一意义上讲，任务导向的预算体系在很大程度上表现为一套预算指标，它以企业管理部门设定的企业目标为起点，在此基础上形成整个企业的预算目标，并自上而下地将之层层分解为各基层责任中心的工作任务和预算目标。总的来说，它更多体现的是行政命令式的自上而下的目标下达过程。

2. 任务导向预算管理的一般步骤

一般来说，任务导向的预算管理应大体遵照以下几个流程：①了解市场状况，并以企业设想的目标来设立预算期企业经营的总目标和战略规划。②围绕企业经营目标和战略规划确定企业整体的预算目标。③确定各基层部门的任务目标和预算目标，并加以综合平衡。④对预算的完成情况进行阶段性的检查评估，评估的主要依据就是工作任务的完成情况。⑤如果阶段性评估工作比较令人满意，则按原定目标继续执行预算；如果阶段性评估结果不尽如人意，则应针对各基层部门的工作任务目标对预算进行调整，以确保任务目标和企业整体预算目标的实现。

（二）结果导向的预算观

结果导向的预算观是从企业价值创造的根据即顾客需求的满足和顾客价值的创造出发，设定各责任中心的绩效指标，并在此基础上确定其预算目标，经企业综合平衡后即下达执行。

1. 结果导向预算观的特点

结果导向预算观关注的重点是企业最终价值的创造，它要求企业各级责任部门树立顾客价值导向的理念，在其预算目标设定和执行过程中始终以顾客价值的创造为导向。从这一意义上讲，结果导向的预算观可以有效地避免仅仅关注企业内部运作和工作目标而给各部门工作带来的不协调，它将顾客价值创造的理念以预算的形式纳入组织运作过程中。一般来说，结果导向的预算观较能接纳来自价值创造基层部门的意见，参与式预算和上下结合的预算制订方式较能支持此种预算观念的落实。

2. 结果导向的预算管理的一般步骤

一般来说，结果导向的预算管理应大体遵照以下几种流程：①从顾客的角度出发确定顾客价值创造的重点。②分析各责任中心有可能影响顾客价值创造的各类因素，并确定其预算期内的工作重点和改进目标。③制定具体的任务业绩目标，并提出支持顾客价值创造和部门任务业绩的预算草案。④企业最高管理当局综合平衡各部门的预算草案，以顾客价值创造为标准对之进行综合平衡并下达执行。⑤对预算执行过程和结果进行定期评估，并酌情适时进行调整。

第二节 大数据时代的企业预算管理

一、传统预算管理

传统全面预算管理自20世纪20年代在美国杜邦、通用汽车等公司产生之后，作为一种标准作业程序一直沿用至今，并对现代工商企业的成熟与发展起到重大的推动作用。而随着经济全球化的推进和行业竞争的加剧，企业组织的核心正由财务控制逐步转变为战略管理，这种基于授权和问责的适应性组织相应需要一种全新的管理程序，如果仍然依赖僵化的传统预算程序及相关的命令控制型文化，显然会束缚企业自身的发展，甚至成为管理的障碍。

20世纪末，“国际高级制造业协会”专门成立了一个研究论坛——“超越预算圆桌会议”（Beyond Budgeting Round Table，BBRT）。BBRT视预算为阻碍公司有效运作的主要祸根，并提出一套“超越预算”模式的原则和方法，构造新的组织管理控制系统。为什么传统预算管理招致如此严厉的批评呢？关键在于企业的环境发生了巨大变化，而现今大多数公司所采用的预算方法与早期没有什么重大的区别。在早期，公司经营的环境与现在人们熟知的环境大相径庭，那时市场处于供方占主导地位，不需要聆听顾客的选择，典型就是亨利·福特的名言：“只要是黑色，他们就能得到想要的任何颜色。”另外，在局部地区几乎没有业务活动，财务环境相对稳定，因此不存在全球化问题。商业运作中的主线是控制，企业组织高级管理层制订计划，员工则被告知严格遵循常规、重复的步骤执行控制报告中描述的与那些仔细编制的计划之间的差异，它们将需求链的信息反馈给企业组织的高层，从而需要制订新的规则来处理这些缺陷。而今天，我们的经营环境发生了巨大的变化，全球化意味着在所有行业范围的激烈竞争，顾客的选择不再受到限制，他们可以自由获得信息，至少我们可以说当前的经营环境不够稳定，变化速度过快，人们也尝试从控制的时代发展到授权的时代。在这种环境下，预算通常刚刚制定出来就已经显得过时了。

越来越多关于传统预算的批评不断出现，通用前总裁杰克·韦尔奇对预算深恶痛绝，他说：“预算是美国公司的祸根，它根本不应该存在。”大名鼎鼎的财务专家麦克·詹森也曾谈到，以传统预算为基础进行评价并实施奖惩，实际上是“付钱让员工说谎”。这些实务界和理论界的顶尖人物的批评说明，预算在新的经济环境中确实已呈现出一定程度的不适应，这些不适应表现在以下几个方面。

（一）战略的体现力度欠佳

预算是战略与执行的桥梁，预算要体现战略、支持战略。传统预算在体现战略方面有以下三个问题。第一，预算柔性欠佳。在多变环境下，“规划型”战略需要向明茨伯格提倡“适应型”战略转变，战略管理的重心已经不在于长远的规划和安排，而是要保证多变环境中的柔性和尽可能消除发展过程中的不确定性。战略模式的转变呼唤预算模式的创新。而传统预算模式的一般情况是在年度的10月或者更早的时间里就开始制定下一年度的预算，年度预算是年度经营的“总纲”，也是年底对经营者实施考核的主要标准。传统模式强调预算的“刚性”，尽管也有“预算调整”这种使预算具备柔性的手段，但除非是预算所依赖外部环境的巨大变化，“预算调整”不会轻易使用，而即便进行调整，烦琐的“中报——研讨——批准”流程也往往使战机丧失。第二，预算目标往往是“内向型”的，缺乏对竞争对手的关注，不利于竞争战略的贯彻落实。传统预算目标的制定，往往倾向于“看后、看自己”，而不是“看前、看对手”。预算年度目标往往是以上一年完成数为基础向上浮动若干，对未来市场和竞争对手的关注过少。一个企业的市场地位决定于对竞争对手的相对优势，纵向的历史对比有时可能是没有意义的。第三，过度侧重于“财务数字”的预算，而忽略“非财务数字”的预算。预算是计划的数字化形式，但多年来实务界一直有把预算等同于财务预算的倾向，原因就在于非财务指标很难与财务指标建立数量联系，而且非财务指标内部之间也缺乏这种联系。这种数量关系的缺乏使得有着“提起来是一串儿，连起来是一片儿”要求的传统预算将非财务指标排除在主流之外。战略需要体现在企业多个层面，如人力资源、内部流程、客户服务等，也正因为如此，传统预算在体现战略方面并不十分得心应手。

（二）预算自身功能之间的矛盾

传统的预算管理被用来同时满足两方面的需求，一是通过计划与预测，在组织内部合理分配资源（主要是资金资源），实现物流、资金流在组织各个环节的平衡，从而有效降低资源使用成本；二是根据组织战略，制定相应的预算目标体系，并通过对预算目标完成情况的评价激励，保证目标的实现。然而，包括齐莫尔曼在内的学者们的研究和一些企业的实践表明，预算的上述两种职能会相互抵消。第一，用来进行资源配置的预算首先要求的是准确性，应当是现实的、最有可能实现的预算，这样才能避免资源配置的失误和浪费，这种职能下的预算注重的是“客观实际”，但业绩目标应该是“紧的但又可通过努力实现的”，如果预算要承担考核评价的职能，预算的侧重就应该是“主观要求客观实际”。第二，当预算用于资源配置时，预算必须随着环境的变化而不断调整，资源规划预算特别强调“柔性”，但考核目标一旦确定，就必须保证严肃性，除非内外部环境的重大变化，一般目标不会更改，因此，根据预算来进行考核时，就必须有一定的“刚性”要求。在产品经济时期，厂商的支配力强、消费者的选择余地小，企业的内外部环境相对稳定，预算的资源配置功能与考核评价功能的矛盾并不突出，预算在两个方面都能起到很好的作用。在早期的杜邦公司和通用公司，预算体系的两大作用均合二为一，且起到了较好的作用。但是，随着技术进步和市场竞争的日益激烈，消费者的主导地位开始显现，原本稳定、可预测的经营环境变得不确定了，企业经营的不稳定性明显增强，现代企业要在不断变化的环境中有效地发挥作用，就需要灵活和柔性，要具有对意外的变化不断反应及适时根据可预期变化迅速调整的能力，这种背景下，预算如果同时用于资源规划和考核评价，不协调就会变得非常明显。

（三）预算余宽

当以预算作为业绩评价标准时，通过“董事会提战略要求—经理人申报预算—董事会批复”的基本程序，经过“由下到上”再“由上到下”的几经反复的预算制定过程，董事会和经理人会“博弈”出一个预算目标，这一预算目标就被当作考核的基准。如果说股东的期望目标带有一些主观色彩的话，经理人在预算目标的博弈中更多地是考虑其实现的可行性。经理人的行为预期可以概括为在尽可能多地占有各种资源的条件下，完成其预期尽可能低的目标。“宽打窄用”是经理人预算行为的最好体现，这就是所谓的“预算余宽”。“预算余宽”不但存在于股东与经理人的博弈之中，也存在于任何管理层级的上下之间。预算目标确定事实上是一个讨价还价的过程，是涉及各方面权利和利益调整的政治过程。韦尔奇之所以讨厌预算，也是因为“你永远只能得到员工最低水平的贡献，因为每个人都在讨价还价，争取制订最低指标”。“预算余宽”不仅使预算功能大打折扣，也破坏了组织内部的诚信文化。

二、大数据应用和预算管理的关系

（一）大数据应用为企业提供了更多的信息和资源

运用大数据，将全面提升企业全面预算管理体系，从根本上改变企业获取信息的方式、分析信息的手段、传递信息的途径及处理信息的方法。大数据并没有改变全面预算的流程，但促使了其基础数据及数据来源发生了根本性的变化，将使全面预算的编制更加多元化。而大数据时代的全面预算管理，能够利用互联网将企业的大数据进行存储、抽取、分析等一系列流程操作，也能利用云会计服务平台，比对同行业的数据信息形成企业的行业数据、历史执行、对标数据等重要数据的基础。

（二）大数据能保障全面预算的管理和实施

首先，大数据能提高企业预算编制水平，在大数据云会计服务端，能将企业的所有经营数据、财务数据进行整合和处理，并分析出更加合理的、切合实际的预算计划。同时，企业在编制全面预算时利用大数据云系统，也能提升其效率，充分发挥系统作用。其次，大数据能优化企业全面预算的流程，实现相互结合的作用，建立起企业的宏观系统规划，加强有效的控制，完善统一的云数据处理中心。最后，大数据与全面预算也能相互促进，大数据促进企业建立起全面预算的数据中心，而企业也能推动大数据云会计的进一步发展和应用。

另外，全面预算也能帮助大数据更有效地运作，为其提供更多的数据来源，两者是相辅相成、相互结合、相互实现的关系。

三、大数据时代下传统预算到现代全面预算的改革

在市场经济的推动下，大数据时代即将到来，各行各业的数据资源呈现逐年上升的发展趋势，数据越来越复杂，规模也在不断扩大，企业如何从海量的数据资源中挖掘出有效的数据信息已成为企业战略决策的重要因素。企业在管理数据信息时，不能只局限于数据的整理和收集，还需要加大数据信息挖掘，将精确的数据信息融入预算管理中，降低数据信息的低频性和滞后性，确保企业各项经营活动的顺利开展及有效组织，以实现企业战略目标。因此，在大数据时代，企业加强全面预算管理改革具有必要性。

（一）大数据时代财务数据的特点

1. 财务数据定义困难

在大数据时代，财务数据拥有海量的数据信息，数据集群和规模逐渐向高速方向扩张。现阶段，传统的财务数据定义已经不能直观地展现出财务数据的特点，但是财务数据又处于不断的变化之中，导致在给财务数据下定义时存在困难。

2. 财务数据整合难度大

大数据时代，企业产生的数据多且速度快，数据的整理、搜集及处理仍然存在很多问题。随着企业的快速发展，预算管理数据的涉及面越来越广，在同一时间内，财务数据的生成量较大，有效数据和无效数据杂糅在一起，增加了人们辨别及整合数据信息的难度，降低了数据信息的使用价值。

3. 财务数据信息处理要求高

大数据时代，企业的财务数据信息表现出类型多、体积大、价值密度低等特点，增加了财务数据信息的处理难度，对财务信息处理的精确性和及时性提出了更高的要求。现阶段，面对财务数据的瞬息万变，企业要想做好财务信息预算管理工作，就必须对财务数据信息处理提出更高的要求。

（二）大数据时代应用传统预算管理存在的问题

1. 忽视战略整体目标

传统的预算管理重视财务目标，预算管理体系中的执行、编制及控制都以财务结果目标预算为导向，不重视现金流指标、成本指标、利润指标等战略整体目标。这些指标自身具有一定的战略性，企业将实现目标价值最大化作为核心发展目标，但传统预算管理目标未体现出企业的整体战略思想，在预算目标上难以展现以顾客为导向的战略思想。

2. 预算编制方法不合理

传统预算编制方法是在历史数据的基础上对数据进行增量、减量，但对如何正确增量和减量没有科学合理的方法，思维及逻辑也不清晰。同时，企业因受市场变化的影响，致使各项管理活动也随之受到较大影响，导致企业的预算编制方法与实际经营情况相脱节，预算执行效果不好，难以提升企业预算管理的效果，不利于企业实现预算管理目标。

3. 预算执行难以全面落实到位

预算编制时间跨度长、涉及面广，通常以年为单位，受市场经济影响较大，难以准确预测下年的所有问题。同时，预算编制还受企业预算管理水平影响，以月为单位的财务预算频率存在信息反馈滞后、预算执行措施调整不及时等问题。由于企业的各项预算执行工作全部建立在制度管理的基础上，而制度执行建立在监督体系、组织架构及考核机制的基础上，且由于预算执行没有建立细化的考核指标体系及有效的监督体系，没有对预算执行过程进行及时纠正和指导，给预算执行力的有效落实带来较大影响。

4. 缺乏整体规划

传统的预算管理在对企业各项经营管理工作进行整体规划时，没有以战略为起点，建立在微观市场经济及宏观市场经济环境下，缺乏对企业经济活动的整体规划，导致企业预算管理出现本末倒置现象，无法确保企业长期战略目标顺利实现。

（三）大数据时代传统预算管理的改革

我们不能因为上述的批评而废弃预算，这种批评是有益的，它为传统预算管理的新生指明了方向。我们改革的思路是吸收新的管理思想，融合其他关注组织非财务资源并有助于提升内部管理价值的管理工具，建立以价值创造为目标导向、以平衡计分卡四维度为平台、以作业管理为基础的全面预算管理。

1. 目标导向的转变

传统的全面预算管理以财务预算控制为核心，以“命令—控制”为导向。在这种导向下，按以职能划分的责任中心（部门）编制资源计划，在预算执行中，更侧重于是否突破费用预算。由于其与业绩考核相结合，一方面造成预算编制过程中漫长的讨价还价、预算游戏；另一方面，造成基层执行者不能发挥管理主动性和创造性，不利于人本管理。同时，这种导向的预算管理由于侧重于财务指标的控制，难以把握预算的使用与公司战略和计划的相关性，不能充分诠释战略意图，也难以真正准确地衡量具体的业绩，显然不利于企业价值的提高。

以价值创造为导向的预算管理模式，其核心是突破单纯的财务指标控制，为实现价值增值的行动方案分配资源，其相应的考核不是以超支与否作为评判业绩的标准，而是以是否有效创造价值为依据。所谓创造价值，就是有效地实现战略意图。这种模式下，我们应将战略目标指标化，进而形成各指标的目标（当然这些指标不是单一的财务指标，而是包含大量的非财务指标），并为这些指标的实现确定行动方案、分配资源。行动方案及其所分配的资源是用以协助战略目标的实现，其本身并非目的。各行动单元必须为行动申明理由，是否有利于价值增值、有利于战略目标的实现，进而决定行动的取舍。这既调动了各方面的积极性、创造性，也有效地把预算与长期战略联系起来。

2. 以平衡计分卡四维度为平台

预算作为一项行动指南、资源优化工具，需要一个框架体系。在价值增值这个目标导向下，预算指标体系的设计必须体现战略目标，而平衡计分卡为其提供了这样一个平台。平衡计分卡是20世纪90年代初期由Robert Kaplan与其合作伙伴David Norton创建的一套旨在扩展管理者关注点的新的管理会计方法，发展至今，它已成为战略管理的有效工具，一种整合短期行为与长期战略的重要工具。平衡计分卡所设计的指标体系可以向外部利益相关者传递各种结果，有助于企业组织实现其使命和战略目标的绩效动因。作为一种战略管理评价、沟通的工具，其不但要考虑财务指标，还要考虑顾客、内部业务流程、学习与成长三个维度。尽管平衡计分卡最初是作为评价系统而设计的，但这是在平衡计分卡已经演化为企业组织充分利用其潜能的一种战略管理系统和有力的沟通工具。将平衡计分卡与预算、报酬等重要的管理过程相结合，有助于克服战略实施过程中的种种障碍。

将平衡计分卡与预算程序相联系的大致思路：首先，企业组织基于其使命、价值观、远景与战略建立高层次企业平衡计分卡。该计分卡包括了一系列相关的目标，运用因果关系说明企业组织的战略。其次，围绕着高层次的平衡计分卡，业务部门、共享服务单位甚至员工个人建立自己的平衡计分卡，说明他们是如何影响企业目标的实现。每一个分级平衡计分卡包括了四个维度的目标、指标和目的，还包括每个团队为了实现目标而实施的各项行动。通过对目标、行动的时间、组织分解所建立的一套平衡计分卡，为资源的有效分配提供了舞台。

3. 以作业管理为基础

良好的战略目标及当期目标最终都要降落至具体的行动及行动团队。传统预算是每个职能部门或支出类别的成本预算，其重点在于成本的构成要素，如材料、人工、制造费用等，业绩目标仅仅传递到资源层次，关注所投入的资源；强调各部门相对独立的权责利，每个部门的个体都只关注部门利益的最大化。另外，传统预算以成本习性为基础，强调变动成本和固定成本的划分，并重视变动成本的控制。很显然，传统预算将导致上年的无效率依然保持、忽视部门之间的合作、无法说明目标如何实现、资源分配的模糊性，使预算无法指出可以消除的成本和浪费的作业及业务，也无法说明多余的工作的负担所在，也就无法减少其消耗。这样预算作为行动指南，不能把人们的行动指至价值的创造、战略目标的实现。

另外，近年来，作业成本计算法作为一种将间接成本和辅助资源更准确地分配到作业、生产过程、产品、服务及顾客中的成本计算方法，已被会计界普遍认同，并进一步升华为以价值链分析为基础、服务于企业战略需要和增值目标的作业基础管理。由于其在企业管理上的重大开拓性而被企业界广泛接受。但是，企业在预算管理中仍采用传统的按职能编制预算的方法，这必然导致对按作业报告的实际成本与按职能确定的预算成本之间的不协调，也不利于预算的控制，不利于价值的创造。

作业基础预算是确定企业在每个部门作业所发生的成本，明确作业之间的关系，并运用该信息在预算中规定每一次作业所允许的资源耗费量。战略目标和职责的落实是依靠每个分级体系的作业或流程，而不是依靠组织机构。以平衡计分卡四维度为平台的价值增值目标，经过高层管理者到基层作业中心之间充分的沟通、分解，最终落实到各个作业中心。把预算落实到作业基层，可以帮助每个作业成员更好地理解所从事的作业和业务流程。以预算形式表现的价值驱动计划提供了实现价值创造的特定技术，同时大大提高了预算的准确性及预算执行、控制的可操作性。

另外，以作业为基础的预算可以促进作业管理的有效进行。作业管理就是利用作业信息进行战略性和经营性决策，对增值作业进行评价，其基础是价值链分析。价值链分析是通过分析作业链上的作业对最终产品价值的形成是否必要，以消除不必要的非增值作业。通过对作业预算执行情况的预算控制可以有效地促进作业管理。预算控制可分为两种形式，一种是前摄性控制，另一种是反馈式检验。前摄性控制是面向未来的控制，包括在作业预算的编制过程中设定经营目标、业绩计量标准及业绩评价与考核标准，它是建立在流程优化和作业分析基础之上的，其实质是通过作业链的分析确定本期最优的作业组合，是对作业管理的理想预期。反馈式检验是对预算的实际执行情况进行计量，并将计量结果与责任预算标准进行对比，对出现的偏差及时反馈。通过反馈式控制检查作业管理的成效，并为作业管理提供信息依据。

第三节 预算管理在企业管理中的地位与作用

一、预算管理在企业管理控制系统中的地位

管理控制系统（MCS）是指一种管理过程中所形成的权责结构，这种权责结构相应地表现为一定的决策结构、领导结构和信息结构。管理控制体系的决定变量有两种分析思路，一是战略主导观，这种观点认为“战略决定结构，结构跟随战略”，应将战略视为决定组织构架的唯一变量；二是信息支持观，这种观点强调其理论上的纯粹性，难以指导具体的组织实践。而预算管理在企业中的实践证明，通过预算管理可以分解落实战略思想，整合优化资源配置，将控制渗透到公司的各个业务单元，从而带动公司整体管理控制水平的提升。

根据组织构架理论，企业组织管理是由分派决策权的系统、业绩评价系统和业绩奖惩系统的体系构成的。从本质上说，预算的编制是预算目标的分解过程，预算目标的分解过程实际上就是根据企业的战略目标，从全局出发，在充分认识企业自身资源的基础上，对未来进行预测并对企业各级管理层次的权力和责任进行分解的过程。预算体系中另一个重要过程——预算考评，是将预算执行的实际业绩与预算目标相比较，并以比较结果为依据对责任主体进行评价和奖惩。这说明，全面预算管理体系包括了企业组织所必需的分权、评价和考核机制，因此，全面预算管理构成了企业组织管理的重要部分，其中全面预算管理与企业信息、财务、人事等职能部门的关联程度尤其大。

企业管理层担负着计划和控制两方面的职能，它们都离不开预算。预算管理在整个企业管理控制系统中占据着核心地位，科学有效的预算管理本身就蕴含着企业的管理控

制思想和经营理念，预算是行动计划的量化，它帮助管理层协调计划、贯彻计划和完成计划。系统的预算管理设计可以引导企业进行事前、事中及事后的控制，带动企业整体的制度创新及管理变革。当企业有效的预算管理体系具有管理控制整合的功能时，才能够经受市场、竞争、成本条件的考验，才能发挥控制系统应有的作用。

市场经济不仅带来了市场运作规则，要求企业尽可能地适应市场规则与了解市场信息。信息职能部门在全面预算管理中起着至关重要的作用，首先，预算指标的设置就建立在信息职能部门广泛收集行业走向、市场行情、竞争对手策略的基础上；其次，在预算考评中，信息职能部门需提供有关外部因素的变动信息和相应外部市场的可比信息，用以进行差异原因分析。在那些预算失败或者预算不理想的企业中，信息职能部门往往没有在全面预算管理中发挥以上职能，对于预算指标的设置基本上以上年数或者历史最好水平为基础进行编制，在预算考评环节，信息职能部门以外部信息难收集或者收集不准确为由不参与预算考评等，都削弱了信息与全面预算管理的紧密程度。

在我国大多数企业的组织机构中尚无预算职能部门，一般将预算管理中的大多数事务性工作交由财务部来执行，一方面是全面预算的编制、执行、监督、报告等环节需要财务部的参与及协调，另一方面是财务部本身的工作特性，使得其在预算控制中起着重要作用。但有的企业是强化了财务部在预算管理中的作用，将全面预算等同于“财务预算”，定位于“财务方面的预算”，甚至是“财务部门的预算”，这显然是不合理的。全面预算管理是涉及全方位、全过程、全员的一种整合性管理系统，具有全面控制力和约束力，绝不仅仅是财务部门的事情。一个行之有效的预算，往往要经过各部门的反复推敲、协调一致才能推出，一个企业是否实行预算管理的首要标志是该企业的预算执行结果是否与奖惩制度挂钩，只有这两者挂钩，才算真正踏上了预算管理的轨道。道理很简单，如果预算完成与完不成一个样，而且完成预算还要付出更多的努力，那恐怕大多数责任主体都选择不完成预算，因此预算管理没有人事部门的评价与考核，只能是徒有其表。定期或不定期检查、考评各职能部门的预算完成情况，并进行相应的奖罚，是人事部门的一项重要工作，也是预算管理工作的重要组成部分，而预算指标也为考核评价各部门及员工的工作业绩提供了依据。

管理控制系统作用的发挥还体现在管理层运用预算功能实现规划和控制目标上。管理层通过制定战略并利用预算贯彻实现目标的各种行为，通过实际与预算的对比来评价经营活动。同时，业绩评价反馈的信息有助于管理层控制当前的活动并协调好计划程序。预算管理的战略性体现在它沟通了企业战略与经营理财活动的关系，使企业战略意图得以具体贯彻，长短期预算计划得以衔接。企业战略是经营发展的总方针，体现在长期预算中，而短期预算作为一种行动的安排，使企业战略部署与经营理财活动得以沟通，形成了具有良好循环的预算系统。在具体实施预算过程中，预算管理通过全员、全过程、全方位的综合控制，架起了战略、管理控制及业绩评价的沟通桥梁。

二、预算管理在企业管理控制系统中的作用

（一）转变企业管理方式

企业预算管理的出发点和归宿是企业战略，为逐渐趋近战略愿景，在年度经营计划的分解落实中，企业高层管理者主要是通过科学、合理的预测制定企业的年度目标利润，并对预算的实施情况进行严格的考评。目标利润通过预算编制得到具体的落实，预算目标的约束作用与企业的激励机制相配合进一步激发预算执行者的工作主动性。一般情况下，预算一旦编制完成，是不能随意修改的，具有一定的刚性。在实施过程中，预算是限制和约束执行者行为的标准，推行该模式使高层管理者从事无巨细的管理事务中摆脱出来，拿出更多的精力来考虑企业的发展战略，把握企业全局。预算是管理控制体系的载体，管理者通过对年度目标利润的控制实现了对企业进行全面管理的间接控制，管理方式由直接管理变为间接管理，使管理者既能把握全局又不失控制，收到事半功倍的管理效果。

（二）将企业战略付诸实施

1. 寻求长期稳定的可持续发展

现代企业管理面对来自各个方面的挑战，特别是管理人本化、信息化、知识化、民主化和高效化等深刻变化和创新理念，促使现代企业的发展总体上已从传统企业走向新型企业，从经验决策走向科学决策。企业要提高竞争力，不仅需要及时把握企业外部环境的变化，制定出正确的企业战略，并科学地实施战略，还需要优化企业内部资源的配置，以达到内部资源和外部环境的动态平衡与协调，实现企业的新发展。战略管理也是企业领导者在对企业外部环境和内部资源条件进行分析、预测的基础上，通过制定企业战略并付诸实施，从而保障企业生存和长期稳定发展的过程。它强调对企业外部市场环境的变化及趋势的把握，强调企业的长远利益，着眼于企业的战略发展方向，其目的是寻求企业长期稳定的可持续发展。同时，战略管理寻求企业内部资源和外部环境的协调，通过对外部环境因素的分析，对环境变化的预测，辨明机遇和威胁，并通过调整、优化等措施，寻求在未来时期企业与环境的协调。

2. 持续不断的过程

在战略实施过程中，未来是很不确定的。当一个新的方法被应用于新的环境中时，战略只是关于未来是怎样的和怎样才能实现的一个假设而已。当你实施战略时，战略的方位时刻不停地变化，所以预算管理系统把战略假设放在了整个组织的中心，持续不断地检验它，在需要的时候加以改变，这样就使战略成为一个持续的过程，而不是一个简单的年度预算。

3. 让战略成为每个人的目标

在知识经济的今天，知识型员工越来越成为一个组织最核心的资产。因此，战略信息决策不能只属于高层管理人员，要通过预算责任的落实，使基层的生产人员、销售人

员或者服务人员了解战略，并自愿接受控制。所以，战略必须在高层制定而在底层实施和检验。预算管理作为管理控制的关键战略流程必须保证公司每个员工理解公司战略，以战略为准而且能够实施战略。

（三）提高资源整合配置功能

企业只有获利才有生存与发展的可能。一个企业所拥有的资源总是有限的，对有限的资源在各种不同用途方面的配置预先做出合理的规划，把涉及企业目标利润的经济活动连接在一起，使影响目标利润实现的各因素都发挥出最大潜能，避免因出现“瓶颈”现象而影响企业的整体运营效率，是企业管理者所必须考虑的。实施企业预算管理，就要求企业管理者在确定企业战略时必须把握市场动向，着眼企业全局，科学地进行预测，使现有的资源在各种不同的交替运用中选出一种最佳的预算方案，减少决策的盲目性，降低决策风险，合理地挖掘现有资源潜力，努力使决策达到科学化，使企业的行为符合市场的客观需求，更进一步地提高企业的综合盈利能力。

（四）培养战略支持型企业文化

战略管理就是围绕战略目标有重点地进行资源配置，创造良好的战略实施环境。最主要的是培养战略支持型文化，倡导结果导向与追求卓越的精神，保证薪酬制度与战略业绩的紧密结合，制定有助于战略实施的策略和程序，建立预算管理控制机制，以保证战略方向不偏离预定的目标，发挥战略管理的领导作用，营造支持战略管理的组织氛围，适时地进行战略调整。战略管理就是从长远的角度去认识、理解和解决企业问题，并持续贯穿整个企业的过程，而不是只强调阶段性的战略规划、战略目标等。

（五）进一步强化企业管理中的控制作用

管理控制系统中的预算管理是一种闭环管理。实施企业预算管理，控制贯穿于管理的全过程，是一种全员、全过程、全方位的控制。经营目标利润的预测、确定与预算的编制是管理者对企业资源如何利用进行的事前控制，预算执行是管理者进行的事中控制，预算的差异分析、考评是一种事后控制。预算本身就是一种硬性约束，该控制过程主要包括预算编制、经济活动的状态计量、实际与预算的比较及两者差异的确定和分析、制定和采取调整经济活动的措施等。预算一经确定，就必须付诸实施，各部门都对实际执行情况进行计量，并将计量结果与预算进行对比，及时揭示实际执行情况偏离预算的差异，分析其原因，以便采取必要措施，保证预定经营目标的实现。

（六）实现整合管理控制的功能

预算管理是将企业的《财务手册》和各种规章制度融入程式中，因此，它将内部控制的功能固化在预算管理系统中，任何一个独立的个人都无法脱离该系统进行任何活动。在企业预算管理执行过程中，战略实施是由不同层级的业务单元及职能部门来共同实现的，战略的实施被逐级分解到各业务部门及职能部门，由此分解的各个分预算目标是考核各级各部门工作业绩的主要依据及准绳，通过实际与预算的比较，便于对各部门及每位员工的工作业绩进行考核评价，以此为依据进行奖惩和人事任免，有利于调动员工的积极性，使他们在今后的工作中更加努力。在当今科技迅速发展、市场竞争激烈、企业环境多变的情况下，这种考核评价方法比本期实际与上期实际相对比的方法更为科学合理。

第四章 大数据时代的企业财务决策与战略管理

第一节 大数据时代的企业财务决策管理

一、大数据对财务决策的影响

（一）构建新的竞争优势

在大数据的环境下，企业需要应对数据的更新与变化，以不断调整企业内部的管理决策内容，提升企业的综合竞争力水平。传统企业的决策过程往往是被动的，即被简单的个人经验和个人想法所左右。因此，现代企业发展模式需要向着预判式的发展道路前进，充分掌握未来市场发展规律、客户需求以及竞争对手的各项信息，在大数据的竞争中获取竞争的优势地位。企业在大数据时代下，应用大数据进行预判并制定管理决策内容至关重要。对企业的自身发展而言，大数据不仅仅是一项技术手段，更是一项全新的发展模式。大数据的出现，使得企业管理决策内容知识的获取方式、决策参与者以及组织内容发生了巨大变化，为企业管理决策的发展提供新的发展途径。同时，有效地运用大数据内容能够在激烈的市场竞争中保证企业自身战略优势地位，提升企业综合竞争力。

（二）大数据增强企业技术创新能力

创新是企业得以进一步发展的必然要求，是驱动企业获取最大竞争优势的最重要的途径。在区域经济主张创新发展以及产业结构转型升级的新时代背景下，加强自主创新是增强企业综合竞争力的重要体现，是企业创新驱动发展战略下应当首要考虑的重要内容。企业实施自主创新的一个重要保障是拥有足够的知识资本，而大数据的发展必然会为企业不断积累信息、技术、数据处理能力等“软”资源。因此，大数据能够在很大程度上增加企业的技术创新诉求。企业的进一步发展离不开其在产品、技术、管理营销等方面的创新，而企业技术创新的本质要求是研究如何将各类信息、资源等转化为创新要素，并将其引入企业生产、运营和市场开发等活动。而大数据分析无疑能为企业提供重要的创新要素，企业可以通过大数据资源库、大数据技术平台和大数据分析方法，挖掘和分析技术创新所需的资源和信息，来增强其技术创新能力，从而提升企业竞争实力。

（三）财务决策以全数据为参考，而不只是样本数据

大数据时代下企业管理者应建立现代化的信息交流沟通平台，与员工进行有针对性

的有效的良好沟通，甚至进行决策。企业在重大的策略调整和重要事件发生时，可以通过信息交流沟通平台，优化决策信息沟通的渠道和路径，使决策的程序简化、速度加快，同时鼓励决策参与者快速参与沟通、提出合理化建议并参与决策方案的制定，从而缩短上传下达的沟通时间。企业应尽量减少信息链的长度，强化对信息链的优化整合力度，以达到企业运作流程的优化，减少内部沟通的偏离程度，从而减小管理决策制定的复杂程度。通过使用虚拟的网络平台来完善和提升企业决策管理，使之规范运作、管理科学、高效发展更具有综合竞争能力。

我们所使用的财务事实和财务数字的准确性在很大程度上决定了一个财务决策的正确性。当今世界竞争变得越来越激烈，因此一个决策的时效性也变得越来越关键了。所以，企业目前在财务决策领域最不能忽视的技术是应用数据挖掘技术。

根据目前已有资料对大数据的定义可以看出，大数据是对所有相关数据进行分析，不再是对样本数据进行随机的分析。其中我们不难发现，主要原因有以下两种：一是随着科技的迅猛发展使人们处理海量的数据变成了可能；二是样本数据毕竟不能完全代表全部的数据，在一定程度上可能会忽视掉那些重要的因素。显而易见，我们所熟知的图表技术分析和量化的财务分析存在着很大的差别。当我们使用全部相关的数据进行分析时，我们可以全面得知某个重要的指标或信息在整个研究过程中所起的关键作用。例如，我们进行财务投资决策时就可以用所有投资对象 10 年内所有与财务直接相关或间接相关的数据。

（四）财务决策以混杂性为主，而不是精确性

1. 增强预测的信息基础

随着大数据时代的到来，企业的市场分析、运营策略、目标客户等一系列具体且重要的参数都受到大数据信息的影响，企业的运作模式也会发生巨大转变。大数据时代的到来既是机遇也是挑战，它推动着各行各业不断调整思路，改变运作机制，重视群体因素和个体影响。人们应该重视和关注大数据应用带来的影响，应用技术进步带来的新机遇，克服困难，运用好大数据，把握好企业改革和再发展的新时机。

通过大数据的预测可以让企业从众多杂乱的信息中非常轻松简单地挑选出有效可靠的信息，摆脱过去烦琐的搜索监测与分辨信息的业务，把大量的信息变为引导行动的洞察力，节省了大量的时间，从而更加高效、准确地作出合适的决策。

通过大数据智能预测系统，企业可以在非线性化数据中开掘出意外的数据方式与联系，创建指导业务一线交叉的形式。同时，大数据智能预测还能有效避免优质客户的流失，给目前的顾客提供更多的服务购买选项，研发出更加优秀的新型产品，提升企业的运转效率，及时发现且防范存在的欺诈与风险。大数据智能预测可以完成高级分析、信息开采、文本开掘、社交媒体分析与核对分析、信息的搜集与在线查实探讨、信息建模与预测建模。大数据智能预测给每一项技能水准的客户提供自主定义的业务，包含了对于高级管理层面看得见的菜单页面和对于更加有资质的分析员的命令预防页面与高级功能。大数据智

能管理与布置企业的所有财产与债款，给运转体系与决策拟制人员带来更加可靠的决策。

2. 大数据促进了动态化决策

大数据如巨浪般冲击着我们的生产与生活，一切传统企业模式将会被推翻，企业通过先进的数据挖掘技术完成数据增殖，从而创造更有价值的商机。当今社会每天每时都会产生巨量的数据，这些数据也悄然记录着世界变化的轨迹，信息时代的竞争已经不再是劳动生产率的竞争，而是基于知识的数据竞争。大数据环境的动态性对企业提出了更高的要求，每个环节的改变都引导着企业的变革，企业必须通过最有效的方式实现数据最大化的价值增殖。同时，基于数据的客观性及信息量大的特点，对企业在数据保密及备份、保障客户信息安全等方面提出了更高的要求。

（五）财务决策更关注的不是决策的因果性，而是决策的相关性

1. 对财务决策工具的影响

在市场经济条件下，企业间的竞争日趋激烈，高效的财务决策已经成为企业角逐的重要砝码。而正确的财务决策往往建立在有效的事实以及大量相关的数据分析基础之上，这对企业的软件技术提出更高的要求。但现阶段的企业会计电算化只是主要将手工做账改变为电脑做账，真正会分析应用财务数据的电算化系统少之又少。当企业的财务决策人需要某些汇总的数据时，甚至还需要会计人员从电算化系统中先导出再进行人工整合处理，无疑这直接影响企业的工作效率。在大数据环境下，与企业决策相关的数据规模越来越大类型日益增多，结构也趋于复杂。海量的数据意味着增加了有效使用数据的难度，因此对企业信息智能化的要求越来越高，财务分析和决策系统也要求作出改进。

2. 对财务决策参与者的影响

（1）更加有利于科学化的决策

传统模式下的财务决策人员习惯于借助自身的经验来作出决策，但时代在进步，企业所处的决策环境也越来越复杂化，如果财务决策者还是一味地依赖于自身经验，恐怕无法适应市场发展要求。大数据分析系统能够运用其强大的数据挖掘技术进行信息吸取，再基于分析得出的财务信息对企业的未来业务进行合理预测。这样有效借助大数据将企业的财务数据与非财务数据进行整合，避免了决策者单纯依靠自身经验决策而带来的风险。大数据分析系统还会在决策人员提取信息时提供相关的辅助信息使决策过程更加智能化，企业财务决策的效率也提高了许多。

（2）促进决策者与相关人员的信息交流

大数据管理系统使企业各个部门间的信息交流更便捷和公开化，企业一般管理者和员工也能方便地获取与决策相关的信息。在此基础上，如果企业管理者能与一线员工并肩作战，集思广益，就会使决策的能力及质量大大提高。大数据下的财务决策除了有利于企业内部的信息交流，也方便了企业与会计师事务所、工商部门和税务部门等利益相关部门之间的信息沟通。随着云计算技术的推广，企业为了更方便地利用云端平台，会将企业的运营数据存放在云端而不只是企业内部的服务器上。这给注册会计师的审计工

作提供了便利，企业在运营过程中产生的财务数据和非财务数据也可以实时接受工商和税务等政府部门的监管，有利于企业健康良好的发展。

（3）提高了财务管理人员的专业要求

面对时刻变化着的市场竞争环境，企业要想实现能级式发展就必须拥有强大的市场竞争优势，其中提升企业市场竞争优势的一个重要途径就是提高企业经营管理水平。而企业针对其战略决策、生产运营、组织协调、客户关系及市场开发等进行的管理活动都涉及数据和信息资源的采集、处理、分析和运用等过程。

随着大数据技术的快速发展和日益成熟，企业在处理日常业务时会经常建立新的分析模型，这就对财务报告的及时性、现金流的能力以及财务信息的数据挖掘能力等提出了更高的要求；相应地，企业财务人员也要丰富和提高自己的知识和能力。财务人员不仅需要熟练掌握财会方面的专业知识，同时还需要储备统计学、计算机科学等方面的知识，这样才能对提高数据可视化水平提供更加广泛的专业支持。所以大数据时代的财务工作者，应当与时俱进，推动财务管理创新。

3. 对财务决策过程的影响

（1）在决策目标的制定方面

过去企业所有的管理决策都是依据自己的产品需要来运作的，而现在则要以客户的需求为主，采集客户的需求信息后再制订生产计划。就比如淘宝店的好评和差评机制，顾客对产品的好恶对企业产生了重要的影响。大数据系统能够基于这些数据的整合与分析，对企业的财务现状进行总结，为企业未来的经营目标作出精准定位。

（2）在全面预算方面

市场充满了不定性，因此，企业需要定期基于当前的生产经营情况对未来一定阶段进行计划安排。但是，目前许多企业的全面预算都是基于企业管理人的经验加上静态数据建立而成，缺乏应变性。大数据弥补了抽样调查手段的不足。由于抽样调查所抽取的样本容易受到主客观各种因素的干扰，强化了数据分析结果的真实性。基于大数据的商业分析能够建立在全部样本空间上面，能够准确完成企业业务的相关关系预测，有利于企业全面掌握客户信息以及产品反馈情况，帮助企业动态实施全面预算，应对市场的变化，真正有效地实现企业的个性化运营。

（3）在成本核算方面

成本核算是对企业经营数据进行加工处理的一个过程。企业财务人员会对一定期间的生产经营费用进行核算，并根据生产情况分配费用，而只有从多渠道获取数据才能够实现成本的精准核算。透过大数据技术，企业能够多渠道得到成本数据，并据其分析出符合实际需求的材料用量标准。在系统中实现对工资明细、进销存单据和制造费用等结构化和非结构化数据的共享，这样做能够使成本核算更加细化和精准，也有利于企业进行重点成本分析，最终实现成本的精准核算。

二、大数据时代下的企业财务决策战略目标

（一）大数据提高企业战略决策质量

1. 管理环境的挑战

大数据时代下每个个体都是数据的产生者，企业的任何一项业务活动都可以用数据来表示，从数据收集、数据存储到数据使用，企业必须制定详细、缜密的数据质量管理制度，在设计数据库时要考虑大数据在各个方面可能发生的种种意外情形，利用专门的数据提取和分析工具，任命专业的数据管理人才加强对大数据的管理，提高员工的数据质量意识，以保证大数据的数据质量，从而挖掘出更多准确、有效、有价值的信息。

在云计算的基础上，大数据环境对企业的信息收集方式、决策方案制定，以及方案选择与评估等内容具有一定的影响，从而进一步影响企业管理决策内容。大数据当中的数据内容具备先进性特点，对知识经济各项生产要素的发展具有重要作用。大数据的运用已经成为企业实现现代化发展的重要因素，大数据为企业管理决策方面的内容提供了新环境。

2. 流程视角的挑战

（1）在数据收集方面

大数据的多样性决定了数据来源的复杂性。大数据的数据来源众多，数据结构因数据来源的不同而各异，企业要想保证从多个数据源中获取的结构复杂的大数据的质量，并有效地对数据进行整合，是一项异常艰巨的任务。数据收集阶段是整个数据生命周期的开始，这个阶段的数据质量对后续阶段的数据质量起着直接的、决定性的作用。因此，企业应该重视源头上的大数据质量问题，为大数据的分析和应用提供高质量的数据基础。

（2）在数据存储阶段

由于大数据的多样性，单一的数据结构已经远远不能满足大数据存储的需要，企业应该使用专门的数据库技术和专用的数据存储设备进行大数据的存储，保证数据存储的有效性。数据存储是实现高水平数据质量的基本保障，如果数据不能被一致、完整、有效地存储，数据质量将无从谈起。因此，企业要想充分挖掘大数据的核心价值，首先必须完成传统的结构化数据存储处理方式向同时兼具结构化与非结构化数据存储处理方式的转变，不断完善大数据环境下企业数据库的建设，为保证大数据质量提供基础保障。

（3）在数据使用阶段

数据价值的发挥在于对数据的有效分析和应用，大数据涉及的使用人员众多，很多时候是同步地、不断地对数据进行提取、分析、更新和使用，任何一个环节出现问题，都将严重影响企业系统中大数据的质量和最终决策的准确性。数据的及时性也是大数据质量的一个重要方面，如果企业不能快速地进行数据分析，不能从数据中及时提取出有用的信息，就会丧失预先占领市场的先机。

3. 技术视角的挑战

技术视角主要是指从数据库技术、数据质量检测识别技术、数据分析技术的角度来研究保证大数据质量的挑战及其重要性。

大数据及其相关分析技术的应用能够为企业提供更加准确的预测信息、更好的决策基础以及更精准的干预政策，然而如果大数据的数据质量不高，所有这些优势都将化为泡影。

然而在大数据时代，企业的数据量不仅巨大，而且数据结构种类繁多，不仅仅有简单的结构化的数据，更多则是复杂的非结构化的数据，而且数据之间的关系较为复杂，若要识别、检测大数据中错误、缺失、无效、延迟的数据，往往需要数百万甚至数亿条记录或语句，传统的技术和方法常常需要几小时甚至几天的时间才能完成对所有数据的扫描与检测。从这个角度来讲，大数据环境为数据质量的监测和管理带来了巨大的挑战。

这种情况下，传统的数据库技术、数据挖掘工具和数据清洗技术在处理速度和分析能力上已经无法应对大数据时代所带来的挑战，处理小规模数据质量问题的检测工具已经不能胜任大数据环境下数据质量问题的检测和识别任务，这就要求企业根据实际业务的需要，在配备高端的数据存储设备的同时，开发、设计或引进先进的、智能化的、专业的大数据分析技术和方法，以实现大数据中数据质量问题的检测与识别，以及对大数据的整合、分析、可视化等操作，充分提取、挖掘大数据潜在的应用价值。

（二）大数据时代应如何通过财务战略优化资源配置

1. 利用大数据优化财务分析

要想更好地提升企业的财务管理能力，企业就必须进一步明确财务分析和大数据的关系，统筹兼顾，实现资源的优化配置。众所周知，财务数据是企业最基本的数据之一，其积累量较大，其分析结果直接影响着企业财务管理的最终质量。因此，企业在进行决策分析时，必须坚持客观公正的原则，以财务数据为基础，制定明确的分析指标和依据，以保证企业财务管理的平稳推进和运行。在进行财务分析时，财务管理人员应先查找和翻阅当期的管理费用明细，并将其与前一阶段的数据进行对比，找出二者之间的主要差异，从而找出管理费用的变化规律，最终得出变化原因。在进行原因分析时，财务管理人员可以建立一个多维度的核算项目模型，并在模型中做好变化标记。在整个分析过程中，财务人员往往要花费大量时间用于管理费用的核算与验证，同时查找相关资料。在财务软件中，上述系列动作要切换不同的界面。而如果利用大数据技术，只要通过鼠标的拖拽，就可以在短短几秒钟内分析出所有管理费用明细在每个部门发生的情况。对于企业的决策者而言，通过对财务信息的加工、搜集和深度分析，可以获得有价值的信息，促使决策更加科学、合理。

2. 利用大数据加强财务信息化建设

（1）会计信息中非结构性数据所占的比例会不断提高

大数据技术能够实现结构性和非结构性会计信息的融合，提供发现海量数据间相关关系的机会，并以定量的方式来描述、分析、评判企业的经营态势。因此，我们越来越有必要收集非结构化数据，并加以解读和理解。

（2）在特定条件下，对会计信息精准性的要求会降低

大数据时代，会计信息的使用者有时可以接受非百分之百精确的数据或非系统性错误数据，这可能会对会计信息的质量标准提出新的观察维度：会计人员需要在数据的容量与精确性之间权衡得失，不是强调绝对的精准性，而是强调相关性。

为此，在财务信息化的建设上，一是在企业内部逐步建立完善的财务管理信息化制度。制度保障是企业信息化的第一步，因为信息化并不是一蹴而就的，只有从制度层面作出规定，才能保障信息化切实有效的推进。构建网络化平台，实现企业的实际情况和网络资源的有机结合，达到解决企业信息失真和不集成的目的。构建动态财务查询系统，实现财务数据在不同部门之间的迅速传递、处理、更新和反馈。二是加强监管力度。发挥互联网的优势，利用信息化的手段实时监控各部门的资金使用情况，将资金运行的风险降到最低，使资金的使用效率最大化，同时要注意保障财务数据安全。

3. 构建科学的财务决策体系

为建立科学的大数据财务管理决策体系，一是要强化企业决策层对大数据的认识。因为在传统决策中依靠经验获得成功的案例比比皆是，再加上大数据需要投入大量的人力、物力，短期内很难给企业带来明显的效益提升，所以很多决策者认为企业财务决策与大数据关系不大。这种认识是片面的，企业只有正视这种变化，才能够从数据中获得自己想要的信息，认识到自己面临的风险，从而作出合理的决策。二是要结合企业的实际情况，建立有效的基于大数据的财务决策流程。要改变过去“拍脑袋”作决定的模式，通过积极地收集企业的相关数据建立大数据平台，利用先进的技术从数以千万计甚至亿计的数据中收集、处理、提取信息，挖掘问题背后的相关性，探索企业隐藏的风险和商机，找出问题的解决方案，达到由数据引领决策的目的。

（三）大数据、云会计时代企业财务决策的优化策略

1. 实时动态监控，及时传递信息

在云会计时代下，企业开展财务管理活动时，利用云会计技术能及时采集业务数据与财务信息，以便企业及时分析与监控财务管理活动。例如，划分监控职责职权和授权时，企业应该借助云平台获取岗位人员与各部门的工作动态，若发现上述授权划分不科学，则应及时进行调整，严格遏制滥用职权及越权管理现象。同时企业监控风险时，应该以云会计为基础进行风险预警管理，根据自身的实际情况，合理设置风险预警指标，从而帮助企业合理构建风险预测模型，及时传递信息与规避相关风险。

云会计可以帮助企业实时地采集财务管理活动相关的财务信息和业务数据，便于企业及时对财务管理活动进行监控和分析。例如，在监控职责授权和职权划分的过程中，企业能够通过云平台获取企业各部门和岗位人员的工作动态，在发现上述授权划分不合理时及时调整，及时遏制越权管理及滥用职权现象。在风险监控过程中，基于云会计的

风险预警管理能够帮助企业构建风险预测模型，企业可以根据自身状况设置风险预警指标，及时规避相关风险。

2. 实施分布式数据的存储、预处理、采集

随着企业的全球化、规模化、多元化发展，企业财务决策所需的数据不能只局限于财务数据，还需考虑日常经营活动相关的非财务数据。通常企业内部的生产、库存、销售、采购等数据会影响财务决策；银行提供的信贷管理数据、信用等级，会计师事务所的咨询报告、评估报告、审计报告，以及税务部门的税收稽查数据、相关法律法规等也会影响财务决策。由于这些数据可能分布于不同的机构与地区，存在着不同的数据类型，现有的财务决策系统不能处理、收集如此庞大的数据，所以需要利用云会计平台来预处理、采集这些分布式数据；或者利用虚拟化技术来分布式管理、存储数据，便于后续的数据处理。

3. 做好协同办公工作，财务管理灵活

企业的下属部门或管理层可以通过云会计的随时连接，借助 PaaS 服务共享平台交换信息；或者利用云会计所提供的SaaS 会计核算软件，在 SaaS 云端存储空间中存储信息。在大数据和云会计时代下，企业可以根据自身的实际发展需要，更新优化财务管理模式及目标，对经济形势与外部经营环境的相关信息加以及时获取，保证财务管理活动的有序实施。从资金管理层面来看，企业应该立足自身经营环境，构建科学的资金预算体系，及时调整利润分配方案与资金使用方式；从投资层面来看，企业可以在云平台中上传投资方案，对比同时期、同行业的企业，及时更改方案，确保财务管理的灵活性。

企业管理层及下属部门均可以随时连接云会计的PaaS服务共享平台进行信息交换，随时使用云会计提供的 SaaS 会计核算软件，将信息存储于 IaaS 云端存储空间。云会计环境下，企业能够及时获取外部经营环境和经济形势的相关信息，结合自身发展需要对财务管理目标和模式进行更新优化。从投资方面来说，企业可以将投资方案上传至云平台，与同行业、同时期的企业进行对比，及时更改方案；从资金管理来说，企业能够根据自身所处的经营环境建立资金预算体系，及时调整资金使用方式和利润分配方案。

4. 完善财务管理制度

健全财务管理制度，以信息化建设来提升工作效率。企业在生产运营过程中，必须要保持良好的秩序，制定行之有效的财务管理策略，对企业财务管理制度加以完善，从而提高工作效率和信息化建设。随着云会计和大数据时代的来临，企业需要注重信息技术的利用，积极开发现代化的财务信息技术，规范财务管理准则，强化内部管理力度，从而实现云端管理，增强企业财务管理的意识。另外，企业应该针对自身的发展现状和运行状态，采取统一标准的财务管理措施与制度，借助内部云平台强化责任意识，及时公布财务管理中的新工作计划，实现自身的可持续发展。

企业财务管理关系到企业日常生产运营的秩序化，在大数据、云会计时代来临之际，企业应对财务信息的开发利用予以重视，加强规范化管理意识，重视相应管理制度的健

全，借助信息技术来实现云端管理，采取统一标准的财务管理制度。通过内部的云平台进行财务意识的强化及新工作计划的发布，财务人员可以在其具体的运行中进行问题分析及改进，享受云会计时代带来的便利。企业日常财务管理数据较多，借助信息技术，各项工作开展的效率必然随之提升。

第二节 大数据时代的企业财务战略管理

一、大数据时代企业成本的变动与控制

（一）大数据背景下企业成本的变动

在不同的企业里，大数据对内部协调成本和交易费用的影响程度不同，下降速度也不同，具体受到组织结构、企业文化、技术特征、信息特征等组织特征的影响。因此，有的企业内部协调成本下降的速度快于交易费用，企业纵向边界不断扩大，企业规模也不断增大，典型的发展模式是掌握数据的企业沿着产业链进行整合；有的企业内部协调成本下降的速度慢于交易费用，企业纵向边界不断缩小，企业规模将变得更小，对外部资源的依赖性增加，典型的发展模式是以平台为中心实现资源的快速、低成本交换。

在很多行业，尤其是零售业和日用消费品行业，应用大数据有利于创造收入和开发新的商业模式。零售商虽然拥有数据，但更重要的是拥有数据分析技术，因此利用这些信息改进运营，向客户提供额外服务，甚至可代替当前为客户提供这些服务的第三方企业，由此产生全新的收入流。另外，大数据时代的商业模式能更加有效地控制成本结构，使得实时成本控制变为可能。从安装在发动机中的传感器、智能手机中的电子监控到财务交易中的欺诈监测，大数据分析可以实时监控企业运营流程和销售情况，极大减少突发事件，从而有效地控制企业成本。

企业应用大数据可以有效地降低内部协调成本，大数据在经济社会的广泛应用则能有效地降低交易费用，这两者的综合作用引起企业纵向边界的变动。成本管理是现代企业财务管理的重要组成部分，它对于促进增产节流、加强会计核算、改进生产管理、提高企业整体管理水平均具有重大意义。现代企业成本管理面临着诸多问题，如相关成本数据不能及时取得，造成成本核算失误，成本控制多局限于生产环节，忽视流通环节，难以实现全过程成本控制。大数据时代下财务管理人员能够及时采集企业生产制造成本、流通销售成本等各种类型的数据，并将这些海量数据应用于企业成本控制系统，通过准确汇集、分配成本，分析企业成本费用的构成因素，区分不同产品的利润贡献程度并进行全方位的比较与选择，从而为企业进行有效的成本管理提供科学的决策依据。

在大数据时代，传统的会计数据处理模式很难以低成本且有效的方式解决会计大数据问题。而会计云计算则为企业集团的会计核算提供了很好的技术支持。会计云计算是一个能为企业提供全天候处理完整业务服务的操作平台，多家企业通过企业操作平台组

成一个完整的虚拟网络，使得企业之间形成一条完整的信息链，实现企业间的协作与同步，进而实现企业业务和效益的优化。会计云计算可以像企业用电一样，按使用量进行付费，这就大大减少了购买会计计算所需的软硬件产品的资金，同时免去了耗力且耗时的软件安装和维护。不仅如此，会计云计算有很好的存储能力与计算能力，能对物联网中人的行为和物的行为产生的海量数据进行有效的存储，能快速地处理结构化类型的数据和声音图像等非结构化类型的数据。云计算模式下发展的数据仓库和数据挖掘技术能迅速有效地处理会计大数据问题。

基于数据仓库提供的大量原始数据，使用数据挖掘技术找到原始数据潜在的某些模式，这些模式可以给决策者提供有力的决策依据，从而有效地减少商业风险。会计云计算的消费者并不需要清楚会计云计算在网络中的位置，只要有网络的支持，任何地点的消费者都可以通过网络访问云计算服务。由于会计云计算提供虚化的、抽象的物理资源，这些资源可以被云计算提供商租给多用租户。会计云计算提供的资源规模是具有弹性的，业务量增加时，资源规模会发生扩展；反之，资源规模则会收缩。但是这种动态变化的过程并不会中断会计云计算服务，对用户也是透明的。云计算的资源使用是可以被计量且可被控制管理的，云系统可以根据计量服务自动控制并优化资源使用。可以说云计算是会计大数据的综合解决方案。

随着企业信息化和云计算的发展，企业在提供产品的方式、速度和质量上发生了变化，企业的组织流程、产品服务和业务模式有所创新。随着移动互联网逐步取代桌面互联网，IT 企业给消费者提供的不仅仅是产品，还可以是基于互联网的服务，IT 企业发生了由提供产品模式到提供服务模式的转变。在提供产品模式下，一般企业向 IT 公司采购应用软件、操作软件和服务器硬件时需要投资巨额的资金，更不用说为了完成企业信息化，雇佣相关的信息技术人员进行企业的信息存储和信息计算所消耗的费用。当然，也少不了维护费用。但是转化成服务交付模式时，与提供产品模式不同，云服务的提供商和消费者旨在特定技术目标或业务目标下实现交互行为。云服务提供商可以向消费者提供全套的信息化服务，企业不需要进行传统模式下的投资，只需要购买云服务提供商的信息化服务，获得信息化使用权。这就免去了一次性购买投资巨额资金，而是随时支付购买服务的运营费用即可。

（二）传统成本控制的局限性

1. 控制缺乏全局意识

传统成本控制着重于产品的生产成本，相对忽视其他方面的成本，而对于生产成本的控制也侧重于产品的生产过程，产品开发、采购、销售等过程的成本控制被忽视。企业的成本控制理应从企业生产经营的视角系统地审视，覆盖产品生产的整个过程，由此可见传统成本控制的方法难以切实发挥降低企业成本、提升企业经济效益方面的作用。

2. 成本核算方法不适应市场的发展潮流

我国现行的企业成本核算采用制造成本法，根据这种方法，企业认为减少单位产品所分摊的制造费用，就会降低产品的单位成本，此时在销售量不变的情况下，企业的利润就会增加，这就导致了企业会不顾市场需求变化想方设法地提高产品的生产量，这样企业就忽视了市场经济的发展规律，实质上它并没有降低成本，而是将这部分成本转化为存货存在于企业当中。

3. 控制手段落后且效率低

传统的成本控制是建立在原有信息处理模式落后的基础上，而没有考虑企业如今的信息化背景，并且在收集、整理和传递信息数据时仍采用手工处理方式，没有或很少使用计算机，更没有充分利用互联网、EDI 等信息技术手段致使信息不完整且传递不及时，导致企业内部信息系统不健全。再者，手工处理方式的特殊性致使大多数的企业只能运用历史资料进行决策，而基于历史资料所决策出来的成本控制也只能是事后分析，难以实现生产过程的实时分析。同时传统的手工操作比较繁杂，不仅耗费较多的人力、财力，而且人工出来的数据比不上智能数据来得准确及时，这就出现生产管理成本增加、管理层还难以作出科学的及时的决策的结果。

（三）大数据时代对企业的成本控制的影响

1. 研究开发阶段

（1）市场分析

在大数据来临之前，企业在研究开发阶段，设计者往往会跟随潮流追求产品的个性与性能而忽视产品的经济性，但是在市场中不一定能获得预计的销量，如果不被消费者看好，很可能就会以较低的价格处理，这会让企业获得较大的损失。所以市场分析的任务有两个部分。首先是弄清楚客户是谁及他们的需求是什么，客户的各种需求取决于客户自身的特点。因此，第一个问题是确定哪种客户有更高的概率购买产品，搞清楚谁是最有前途的客户。

其次是挖掘潜在的客户。大数据环境下，企业可以从个人的浏览记录和首选的网站获得他们最近的购买行为与搜索记录，收集分析他们对社会网络的评论来预测他们的需求。设计师可以充分参考这些数据，将客户的各种偏好与需求量化出来，致使设计出来的产品真正符合顾客的需求，在较短的时间占领较大的市场。

（2）产品设计

由于市场的分析，企业已收集到客户大量关于产品需求的数据，并且还预见到潜在客户的需求，下一步就是企业应实现需求向具体功能的转化。QFD 法是一种在设计阶段应用的系统方法，它能把来自顾客或市场的需求转化为产品开发和生产的每阶段的具体要求。当然随着大数据时代的到来，传统意义上的 QFD 技术已不再适应于高速爆炸的数据时代，因此有必要提出一种新的基于大量数据和分析各种技术和算法的新的 QFD 方法来应对大数据的挑战。接着针对概念设计中的功能要求基于互联网和 Web 技术找出满足设计要求的解决方案，并参考无数的案例，相关的案例可以为新产品提供全面的指导。

2. 生产制造阶段

（1）采购

传统的材料采购就是价格低廉，事实上，采购过程还需考虑材料的质量、供应商的信誉以及企业的内部生产情况等方面。在网络信息发展迅速的今天，线上采购的方式越来越普及，线上采购不仅可以获得原材料包括价格、质量、评价、产地、用途等数据信息，而且可以获得多家供应商的历史表现及声誉等信息，企业可以运用各种先进的数据分析方法择出最优的供应商，如层次分析法（AHP）对不确定的供应商选择具有一定的参考价值。除此之外，企业作为采购方还有较强的议价能力，可通过线上与择出的供应商交流协定出合理的价格，此时线上采购与传统实体采购对比时，就不需要采购人员亲自到供应地去挑选及论价，他们完全可以在电脑或电话旁边完成下订单和支付货款的程序，这样不仅提高了公司的办事效率，同时省去了采购人员的薪金以及来回的差旅费。此外，采购不是企业独立存在的经济活动，需从全局出发，联系仓储与生产等部门，结合本单位的仓储条件与生产的规模条件，分析出最佳订购批量。

（2）生产环节

生产成本包括直接材料、人工和制造费用。其中，材料费的控制主要是尽可能防止浪费行为发生；人工费的控制主要是提高工人的生产效率；制造费的控制主要归结于生产车间的费用控制，如在温度适宜的时候开空调、光线充足的时候照明、在可以维修的时候报废了某机器零件等。在大数据时代，对生产过程进行数据信息全程监控，通过电量数据变化表，检查白天几点钟到几点钟是否关灯、关空调；根据机器维修记录表，看是否存在零件替换情况。借助大数据对生产车间进行实时控制，可以很好地降低生产成本，实现企业的控制目标。

产品模拟和测试是生产环节一个不可缺少的阶段，特别是对于由各种小部件组装的复杂大产品，因为每个组件的故障都影响着产品的正常操作。此时大数据应用于航空工业的自动测试设备（ATE），可以将其应用到产品的生产环节中，因为制造环境生成的测试数据量比较庞大，企业可以将标准的参数输入系统，然后系统自动检测所生产的零件是否合适。通过一系列的测试与模拟，企业能保证所输出的产品都符合规定的需要，减少产品被退回的风险，从而降低不必要的成本。

3. 商品流通阶段

（1）网络销售

在实体店销售，地理位置的因素会使企业的销售市场受到局限，而网络销售就可以避免这一点，网络只要面向的人群扩大了，自然而然地就会增加销售量。至于在哪个网络电子商务平台上销售，企业可以在收集各个电子商务平台的信誉、受欢迎度、被认可度、销售量等数据信息的同时，结合该商务平台上同类产品的销售价格、销售数量、销售潜力等信息进行综合考虑。在网络平台销售，可以比较容易地获得客户的资料，据此分析出他们的职业、年龄和爱好等，也可以看到有哪些潜在的客户。针对不同类型的客户，制订不同的营销方案，刺激他们的消费行为。企业还可以收集客户在网络平台上对产品的反馈信息，针对客户提出的要求与不足，汇成数据信息上传公司内部系统，供设计部门参考修改以备生产出客户满意的产品，大数据在销售阶段的应用在预计提高企业销售量的同时，也可以直接或间接减少销售成本。

（2）配送

在如今电子商务快速发展的今天，网络销售逐渐代替传统的实地销售，慢慢成为企业主要的交易形式，那么物流就显得尤为重要，所以企业在物流合作方的选择上，除了要考虑经济成本之外，还要考虑速度。由于物流企业的特殊性，针对不同地区，其收费标准不同，所以有必要利用Excel、SPASS软件汇总众多物流企业的数据信息并针对不同的订单输入相关的区域、批次等条件进行约束，根据客户购买区域的不同，为其选用不同的物流方，确保用户在最短的时间内收到产品，这在减少物流成本的同时某种程度上增加了客户对于产品的满意度。此外，企业针对订单多的情况需要建立一个订单物流的查询系统，以提供有关的产品状态和物流位置的信息，这样客户和企业都可以知道产品在哪里，产品是否到达，这样会减少丢件的可能，很大程度上约束了物流方的行为。

（3）售后服务

对于一家企业来说，每天都有各种各样的产品在世界各地制造、销售和运输，与不同背景的消费者建立和保持良好的关系是一项艰巨的工作。随着中文或软件操作的复杂性不断增加，由于客户的不准确行为，产品有时无法正常运行也并不少见。虽然每个注意事项都已在说明书中阐明，但当涉及高精度、有价值或风险的产品时，始终需要进行教授，对此企业可以上传相关的使用视频与常见的问题解决办法，使客户可以自行操作解决基础的问题。随着商业智能化的发展，网上查询是一个不可缺少的趋势，将“大数据”技术作为一种有效的方法引入到客户服务过程中，不仅增加了客户的满意度，还省去了相关人员的工资。

二、大数据时代市场的精准定位

（一）市场容量：大数据助挖市场潜力

企业通过分析大量数据可以进一步挖掘市场机会和细分市场，对每个群体量体裁衣般地采取独特的行动。获得好的产品概念和创意，关键在于企业到底如何去搜集消费者相关的信息，如何获得趋势，挖掘出人们头脑中未来可能会消费的产品概念。用创新的方法解构消费者的生活方式，剖析消费者的生活密码，才能让吻合消费者未来生活方式的产品研发不再成为问题。如果了解了消费者的密码，就可以获知其潜藏在背后的真正需求。

大数据分析是发现新客户群体、确定最优供应商、创新产品、了解销售季节性等问题的最好方法。因此，企业营销者的挑战将从“如何找到企业产品需求的人”变为“如何找到这些人在不同时间和空间中的需求”；从过去以单一或分散的方式去形成和这群人的沟通信息与沟通方式，到现在如何和这群人即时沟通、即时响应、即时解决他们的需求，同时在产品和消费者的买卖关系外建立更深层次的伙伴间的互信、双赢和可信赖的关系。通过对大数据进行高密度分析，能够明显提升企业数据的准确性和及时性，从而缩短企业产品研发时间，提升企业在商业模式、产品和服务上的创新力，大幅提升企业的商业决策水平。大数据有利于企业发掘和开拓新的市场机会；有利于企业将各种资源合理利用到目标市场；有利于制定精准的经销策略；有利于调整市场的营销策略，大大降低企业经营的风险。

企业利用用户在互联网上的访问行为偏好，为每个用户勾勒出一幅“数字剪影”，为具有相似特征的用户组提供精确服务以满足用户需求，甚至为每个客户量身定制。这一变革将大大缩减企业产品与最终用户的沟通成本。

（二）方向选择：大数据提高响应能力

当前，企业管理者更多还是依赖个人经验和直觉作决策，而不是基于数据。在信息有限、获取成本高昂且没有被数字化的时代，让身居高位的人作决策是情有可原的，但是大数据时代，就必须要让数据说话。大数据能够有效帮助各个行业的用户作出更为准确的商业决策，从而实现更大的商业价值，它从诞生开始就是从决策的角度出发的。虽然不同行业的业务不同，所产生的数据及其所支撑的管理形态也千差万别，但从数据的获取、数据的整合、数据的加工、数据的综合应用、数据的服务和推广、数据处理的生命线流程来分析，所有行业的模式是一致的。

这种基于大数据的决策有以下几个特点：（1）量变到质变，由于数据被广泛挖掘，决策所依据的信息完整性越来越高，有信息的理性决策在迅速扩大，拍脑袋的盲目决策在急剧缩小。（2）决策技术含量、知识含量大幅度提高。由于云计算的出现，人类没有被海量数据所淹没，能够高效率驾驭海量数据，生产有价值的决策信息。（3）大数据决策催生了很多过去难以想象的重大解决方案。在宏观层面，大数据使经济决策部门可以更敏锐地把握经济走向，制定并实施科学的经济政策；而在微观层面，大数据可以提高企业经营决策水平和效率，推动创新，给企业、行业领域带来价值。

在企业管理的核心因素中，大数据技术与其高度契合。管理最核心的因素之一是信息搜集与传递，而大数据的内涵和实质在于大数据内部信息的关联、挖掘，由此发现新知识、创造新价值。两者在这一特征上具有高度契合性，甚至可以称大数据就是企业管理的又一种工具。

对于任何企业来说，信息即财富，从企业战略着眼，利用大数据充分发挥其辅助决策的潜力，可以更好地服务企业发展战略。大数据时代下数据在各行各业渗透着，并渐渐成为企业的战略资产。数据分析挖掘不仅能帮企业降低成本，如库存或物流，改善产品和决策流程，寻找到并更好地维护客户，还可以通过挖掘业务流程各环节的中间数据和结果数据，发现流程中的瓶颈因素，找到改善流程效率、降低成本的关键点，从而优化流程，提高服务水平。大数据成果在各相关部门传递分享，还可以提高整个管理链条和产业链条的投入回报率。

（三）战略基础：大数据优化战略决策

1. **大数据能给企业战略决策提供丰富的数据源**

传统的决策因为数据稀缺而依赖于决策者的经验，而大数据可以保证从问题出发而不用担心数据缺失或数据获取困难。进入 21 世纪以来，随着互联网技术和通信技术的发展，传感设备、移动终端等接入互联网络中，各种传感数据、物联数据、统计数据、交易数据从各行各业源源不断地快速生成，并在网络中传输各种图片、声音、文字以及背后用户的习惯和轨迹形成了互联网上的海量数据资源，这为管理者进行决策分析和制定决策方案提供了丰富的数据来源。

大数据时代下企业的战略需求也发生了重大转变，关注的重点转向数据及基于数据的价值分析。如今随着云计算和物联网的迅速普及，各企业增强了对于数据资产保存和利用意识，以及通过物联网、大数据对产业进行变革的意愿，企业通过收集、分析大量内部和外部的数据，获取有价值的信息，通过挖掘这些信息，企业可以预测市场需求，进行智能化决策分析，从而制定更加行之有效的战略。

2. **大数据能提高企业战略决策的质量**

企业经营的成败首先取决于战略决策的正确与否，而决策的正确与否则取决于数据和信息的质量。正确的数据与信息能减少决策很多不确定性的因素。企业管理的性质和外在环境都发生了巨大的变化，企业组织机构更加庞大，管理功能更加复杂。企业之间的联系越来越紧密，企业间的边界更加模糊，企业的人力、财力、物力资源必须在全球范围内重新组合和优化配置。另外，消费者需求个性化、差异化、异质化的特征变化明显，影响决策的因素更加复杂和多样化。

决策者需要根据多个影响因素和相互间的关系进行决策，其难度越来越大，单凭其洞察力、智慧、知识和经验等作为基础的传统决策方法已远远不能满足日益复杂的管理决策需要，这将导致战略定位不准，存在很大风险。因此，现实管理的实践要求决策要走向科学化，要将定性决策与定量决策相结合，而大数据技术的发展为它提供了实现的可能性。

大数据时代下企业界对数据的依赖性有增无减，以数据为基础的定量分析方法逐渐取代以经验、直觉等为基础的定性分析方法。基于大数据的分析，需要多种技术的协同，大数据的真正优势是对海量数据的自动化、智能化的收集、统计和分析。基于大数据的分析报告更加全面、客观和直观，大数据也正在成为一种新的调研方式，以辅助管理者进行企业战略决策。

3. **大数据能提升战略决策者的洞察力**

大数据时代下数据逐渐成为企业最重要的资产之一。企业越来越依赖于数据分析作出决策，而不是凭借经验和直觉，企业必须快速从积累的业务数据以及无处不在的网络信息中获得洞察市场和客户的能力。

（四）大数据精准定位的应用

1. **对顾客的精准识别**

作为产品的生产者，企业可以运用大数据技术分析定位有潜在需求的消费群体，并针对这些群体开展有效的推广活动，以刺激顾客对产品的购买。对于已经是企业产品的顾客，企业可以通过对其消费数据的分析来把握他们各自的购物习惯，并向他们推送符合购买倾向和消费偏好的定制化产品，同时企业也可以根据潜在消费者不同的人物特征把他们标签化，再用针对性的活动或侧重的方式对这类人群进行精准的营销定位活动，促进商品的销售。

通过大数据精准市场定位，我们也可以对流失的客户进行挽留，如对于竞争对手流失的客户，我们可以对他们的信息进行收集，精准定位他们的偏好，开展针对性的推广活动，促使他们转变为公司的客户。我们还可以针对那些长时间没有购买公司产品和服务的消费者，对他们进行精准的分析，向他们推送感兴趣的产品或服务，以使他们重新成为公司的消费者。葛洪波指出，大数据精准定位活动能使公司识别不同的消费者，差别对待他们，并针对不同的顾客开展不同的定位推广活动，提高企业产品的市场份额。

2. **数据库的协同整合**

随着信息技术的不断发展，企业从单一媒介收集来的消费者的碎片化信息已经不能满足要求，企业需要数量更多、类型更加复杂的消费者信息。我们可以预料到，随着大数据技术的发展，我们可以把接触消费者的各种媒介融合起来，使这些媒介的数据能够相互共享和连通，这样我们就可以把分散在各处的消费者信息收集和集中起来。当前，我们还处于把消费者的碎片化信息整合在一起的初级阶段，但是随着技术的发展，打通跨平台、跨终端、跨媒介的多维度信息融合将会在未来实现，在未来的数据库中，消费者的主观信息和客观信息将会集合在一起，以方便我们进行深入的研究。

3. **大数据的深度计算**

当前我们使用的大数据挖掘技术和可视化技术已经能实时地存储和分析顾客的交易行为和消费过程。随着科技的进步，数据深度挖掘技术将会更加先进，数据运算的速度将会越来越快，更加先进的数据技术将会分析用户的思考方式，对客户行为的把握也会越来越准确。

大数据时代下深度计算使顾客对产品的消费过程能够以数据的形式完全展现在我们面前，也指引着企业的市场定位活动，使其更加精准地开展。运用该技术，我们可以更加精准地把握用户的习惯和偏好，生产出满足他们需求的产品。但是我们可以预见，随着消费者对产品要求的日益苛刻，他们将会不满足于消费现成的产品，相反地，提供满足消费者需求的“定制化产品设计”将会成为开展大数据市场定位活动的主流趋势。

第五章 大数据时代的企业财务风险预警与管理

第一节 大数据引发的财务数据风险

一、大数据与财务信息

由于大数据的技术支持，企业决策能够获得更多的有用信息，并对这些信息进行有效分析，对财务流程、投资方案所带来的成本、收入和风险进行研究，选择能够使得企业价值最大化的最优方案和流程，帮助企业减少常规失误，进一步优化企业内部控制体系，最大限度地规避各种风险。大数据时代将为企业筹资、投资、营运、利润分配等各项业务提供更精准、全面的风险源数据，借助智能化内部控制和风险管理系统，财务人员能更好地完成对数据的提炼、分析与总结。大数据时代智能化信息系统还可自动计量风险资产，对公司各类资产进行盈利能力分析、偿债能力分析、敏感性分析、流动性分析等，并形成分析报告，给财务人员提供帮助。但是，大数据时代的到来，也引发了企业财务信息数据的风险。

二、收集宏观数据的风险

（一）数据管理的风险

风险管理的职能在于建立适合公司的风险管理体系，包括风险点识别、风险估测、风险评估、风险监控技术及风险管理结果检测，从而将风险控制在可影响的范围内，保证企业的健康可持续性发展。面对日益发展的宏观经济环境，风险管理在企业财务管理中占据越来越重要的地位。企业面临的风险日益提高，企业环境的不确定性，将是一种常态。经济周期、资源的竞争、内外部环境的变化都会对企业形成不确定、不可避免的外部环境。

大数据时代，数据产生的增值效益日益突出，因此对数据管理提出了更高的要求。

企业财务数据管理风险主要表现在因数据管理不到位造成的各种不良后果，表现在财务系统因病毒、网络攻击、火灾及自然灾害等情况造成的无法正常使用；因管理不善造成的财务数据丢失、数据遭篡改，造成数据不能正常使用。这就要求企业在财务数据管理方面，一是要加强制度建设，建立异地备份等管理机制，特别是要考虑当前企业运转条件下信息系统一体化的数据安全问题；二是要加强信息安全管理，通过可靠的杀毒系统、系统防火墙建立可靠的信息安全屏障；三是要明确数据管理人员的职责，建立数据管理牵制机制。

（二）数据质量风险

大数据时代企业所要处理的数据比较多，但数据的质量往往参差不齐，如有些数据不一致或不准确、数据陈旧以及人为造成的错误等，通常被称为“脏数据”。由于数据挖掘是数据驱动，因而数据质量显得十分重要。“脏数据”往往导致分析结果的不正确，进而影响到决策的准确性。由于大部分的数据库是动态的，许多数据是不完整的、冗余的、稀疏的，甚至是错误的，这将会给数据的知识发现带来困难。由于人为因素的存在，如数据的加工处理以及主观选取数据等，会影响数据分析模式抽取的准确性。大量冗余数据也会影响到分析的准确性和效率。

因此，在大数据时代，不能不计成本盲目收集各种海量的数据，否则将成为一种沉重的负担。数据的体量只是大数据的一个特征，而数据的价值、传递速度和持续性才是关键。总之，在大数据时代，通过对数据质量的控制和管理，可以提高数据分析的准确性。数据应用成为整个数据管理的核心环节，数据应用者比数据所有者和拥有者更加清楚数据的价值所在。由于数据的爆发性增长，在大数据时代宏观数据的质量直接关系着甚至决定了数据应用的效率和效果。企业采用宏观数据质量风险主要表现在由于数据不准确造成错误的分析结果，误导管理层；因宏观数据不完整造成决策支持效果不佳。这就要求企业在数据采集、处理和应用的过程中必须确保数据的质量。而在衡量数据的质量时，要充分考虑数据的准确性、完整性、一致性、可信性、可解释性等一系列的衡量标准。

三、收集内部数据的风险

（一）成本数据的完整性

风险管理与企业内部控制的内容紧密联系，风险管理的风险处理点是内部控制的着力点，高效的内部控制会使企业对外部环境有更好的适应性，极大地降低了企业的风险发生率。成本的高低是企业获得市场的一个很关键的因素。大数据时代下，专业的成本控制与分析人员不仅要具备一定的财务专业知识，还需要深入企业了解企业的工艺流程、生产过程、整个内控流程，关注生产效率、报废率、各种成本的差异、各种费用的使用合理情况，通过大数据技术，及时采集到与企业成本相关的数据，并应用于成本控制系统，进行分配与归集，分析成本构成，从而达到对公司进行有效控制的目的，为公司的决策提供依据。因此，企业应用大数据技术进行风险管理时，将会提供更为全面、准确的业务数据，借助财务云的智能化处理系统，准确地对风险进行分析与总结；大数据技术下的信息化处理系统，可自动评估企业的风险，对各资产情况进行智能分析，得出风险分析报告，帮助企业更高效地进行风险管理，同时，实现事前的风险预测、事中的风险控制及事后的风险管理。大数据处理系统可以在很大程度上提高企业风险管理的前瞻性。基于大数据技术的处理系统，企业能够获得更多有效的具有实时性的信息，可以帮助企业对投融资、收入、支出及风险控制等进行研究，从而对企业的运营决策进行指导，减少企业的无效流程及成本，优化企业的管理体制，进行有效的内部控制，尽可能规避企业的经营风险。

（二）财务数据应用风险

传统数据管理的重心侧重于数据收集，而在大数据时代，数据应用成为整个数据管理的核心环节，数据应用者比数据所有者和拥有者更加清楚数据的价值所在。企业数据应用风险主要表现在对高质量数据的不当应用，如使用了错误的财务分析模型，甚至是人为滥用造成偏离数据应用目标的情况；在应用财务数据过程中因管理不到位或人为因素造成企业商业机密泄露。这就要求企业高度重视大数据的应用管理，首先是要明确数据应用管理的目标，并建立高效的数据应用管理机制，以确保数据应用效果；其次是要通过明确数据应用者的管理职责，加强数据应用过程中的核心信息管理，确保企业核心商业机密的安全性。

（三）财务数据过期风险

传统数据管理强调存在性，即只要能获取数据并能满足企业的要求。而在大数据时代，企业对数据时效性的要求空前提高。企业财务数据过期风险主要表现在对于数据的时效性管理不到位、财务数据反馈不及时造成决策不及时、贻误商业机会等情况。这就要求企业要从战略导向出发，高度重视数据应用的时效性管理，一方面在财务数据获取环节要充分考虑时间的及时性和可靠性；另一方面要在数据应用环节注意对数据的甄选，确保财务数据必须更多地立足当前，面向未来。只有这样，才能帮助企业在瞬息万变的市场环境中充分发挥作用。

四、企业会计信息的风险

（一）共享平台建设略显滞后

大数据环境下，云会计的推广和应用为企业带来许多益处。企业用户与云会计服务商签订使用协议，并按期支付费用以后，就可以获得海量的存储空间，将各种会计信息存放到云端，同时软件的开发和维护也全部由云会计服务商负责，企业用户的运行成本及维护成本大幅下降。云会计可以让企业将工作重心转移到经营管理上，而将会计信息化的基础建设和软件服务工作外包给互联网企业，这种模式所带来的优势和效率显而易见，将推动企业管理模式的转变和思维模式的转变。与此同时，要在企业中推广云会计的应用，还存在急需突破的困境，这些困境不但制约云会计服务商的发展壮大，而且无法消除企业采纳云会计的种种疑虑。

现代会计信息化的发展依赖于共同资源共享平台的建设，如云会计的发展主要依赖于云计算平台的技术发展。对于云计算供应商来说，在可扩展性较强的云计算模式下，他们通过专业化和规模经济降低提供软件服务成本的同时，需要依靠大量的用户提高自己的经济效益。

但面对客户的需求要提供一套与中小企业用户相符的会计信息化系统，这就需要进行大量的前期准备工作，主要是对用户的需求进行综合分析。不同于传统的按需定制软件，云计算供应商要求能够满足不同用户、不同地域和不同业务规则的需求，所以对服务的适应性、扩展性以及灵活性要求非常高，在技术上也提出更高的要求。因此，云计算平台建设的资金起点和技术水平较高，研发周期较长且风险较大。

（二）数据标准缺失困境

目前尚没有明确的指导性和约束性文件，云会计服务商只是凭着商业逻辑开发相关的软件并提供硬件基础服务，用户也只是根据自身需要选择相应的服务，至于是否符合未来云会计数据的要求，则无暇顾及。各厂商在开发产品和提供服务的过程中各自为政，为将来不同服务之间的互联互通带来严重障碍。例如，用户将数据托管给某个云会计服务商，一旦该服务商破产，用户能否将数据迁移至另一个云会计服务商？如果用户将数据同时托管给多个云会计服务商，能否便捷地执行跨云的数据访问和数据交换？目前在数据的处理标准方面还没有具体的突破，尤其是在数据汇集以后，如何整理、如何分析、如何访问，是三个密切联系又急需解决的问题。

在大数据环境下，数据该如何共享，如何保持一致性，也必须有标准来支撑。另外，数据的质量标准是保证数据在各个环节保持一致的基础，这方面的缺失使数据的应用范围受到极大约束。数据标准的缺失，导致云会计的应用及服务标准也难以制定，如何对不同云会计服务商提供的服务进行统一的计量计费？如何定义和评价服务质量？如何对服务进行统一的部署？这些问题也使得云会计的普及举步维艰。

（三）安全问题困境

云会计的安全不仅涉及当事企业，也与许多第三方企业的利益息息相关，这个问题解决得好，可以极大地促进云会计的发展，否则将使涉事企业面临经济、信用等多方面的巨大损失。一是存储方面的安全问题，云会计的存储技术运用虚拟化及分布式方法，用户并不知道数据的存储位置，云会计服务商的权限可能比用户还要高，因此云会计的数据在云中存储时，如果存储技术不完善，那么会计信息将面临严重的安全隐患。二是传输方面的安全问题，传统的会计数据在内部传输时，加密方法一般比较简单，但传输到云会计服务商的云端时，可能被不法用户截取或篡改，甚至删除，将导致重大的损失。

目前，我国网络会计信息化应用软件所采用的主要比较简单，安全系数较低，其密码很容易被互联网中的监听设备或木马程序等病毒截获。此外，在身份认证管理方面，由于个别数据库管理员（DBA）或会计操作人员缺乏对系统用户口令安全性的认知，为了操作方便往往采用电话号码、生日日期等作为操作密码，这些数字口令极易被网络黑客破译，给系统留下了安全隐患。

在云会计中，企业的各种财务数据通过网络进行传递，数据的载体发生了变化，数据流动的确认手段也出现了多种方式，这时加强数据加密工作是云会计安全运行的关键。

事实上，在我国网络会计系统中数据的加密技术仍然不是非常成熟。大多数软件开发商在开发软件时，数据密钥模块的设置过于简单。加密则主要是对软件本身的加密，以防止盗版的出现，很少采取数据安全加密技术。虽然在进入系统时加上用户口令及用户权限设置等检测手段，但这也并不是真正意义上的数据加密。

网络传输的会计数据和信息加密需要使用一定的加密算法，以密文的形式进行传输，否则信息的可靠性和有效性很难获得保障。在数据没有加密的情况下，数据在互联网中传输容易出现安全性问题，企业竞争对手或网络黑客可以利用间谍软件或专业病毒，突破财务软件关卡进入企业内部财务数据库，非法截获企业的核心财务数据，并可能对传输过程中的数据进行恶意篡改。企业最为机密的核心财务数据遭黑客盗窃、篡改，或是被意外泄露给非相关人员，这对企业无疑是致命的。

第二节　大数据在企业进行风险管理中的应用

一、企业集团依托信息系统开展风险管理的主要模式

（一）企业集团统一实施 ERP 信息系统

当大型企业集团进入相对平稳的发展阶段，为了规范业务流程和防范风险，通常会采用实施 ERP 信息系统的方式固化业务流程、强化计划执行并辅助公司决策，进而实现对企业资源高效利用的目标，而这种模式也为许多专业的 ERP 软件公司提供了市场机会。目前，我国的大型企业集团主要采用了 SAP、Oracle 等国际主流的 ERP 软件和配套服务，同时也在一些专业领域采用了浪潮、用友等国内相对成熟的管理软件。

通过采用成熟的 ERP 软件和配套服务，企业集团一方面节约了自行开发信息系统的时间和精力；另一方面，也在实施 ERP 项目的过程中，引进了同类行业成熟的管理理念和流程。统一实施 ERP 系统的另一好处是，通过实施标准化的流程进而形成了标准统一的“结构化数据”，未来就可以直接运用基于标准化数据的大数据分析平台进行分析，为经营决策提供高效支持。

在大数据技术广泛应用的当下，国内外的 ERP 软件服务也在与时俱进。例如，SAP 公司近期就推出了基于 ERP 软件的大数据分析平台——SAP HANA，其实质就是先把企业的“大数据”全部统一到 SAP 的“标准框架”下，然后再进行高效的分析处理。在大型企业集团的实践中，由集团总部统一实施 ERP 信息系统也是基于这个理念，通过把企业的全部生产经营活动转化成唯一的“数据语言”，实现了企业集团数据标准的整齐划一。

（二）基于企业集团的各类原始数据搭建大数据分析平台

在企业集团对公司架构的“顶层设计”相对完善的前提下，推进实施统一的系统是较为简单的一种模式，但在实际情况中，推行“大一统”信息系统面临着诸多挑战。第一，企业集团的成员单位在业务模式和管理架构方面存在差异，许多个性化的管理需求难以通过一个信息系统得到完全满足；第二，一些企业集团通过兼并重组其他企业实现了快

速发展，但在兼并后的业务整合既有可能影响原有管理架构和业务流程，也为ERP信息系统的整合带来挑战；第三，企业集团的“顶层设计”是一项系统性工程，而在“顶层设计”尚不完备的情况下，是先满足业务发展的需求在集团一定范围内实施ERP，还是“顶层设计”方案完成后再自上而下推进实施，许多企业集团都面临实际的两难选择。

不过，随着大数据分析技术的快速兴起，通过搭建大数据分析平台的企业风险管理模式，将可能成为解决上述难题的一条捷径。大数据的“大”不仅体现在数据的“量（Volume）”上，还同时表现为“即时性（Velocity）”“多样性（Variety）”和“不确定（Veracity）”的特征，即大数据的“4V”。当企业集团处在多个ERP系统并行、信息管理系统林立的情况下，实际就面临着数据结构不一、结构化数据和非结构化数据并存的庞杂局面。大数据分析正是将这些来自历史的、模拟的、多元的、正在产生的庞杂数据，转化为有价值的洞见，进而成为企业或组织决策辅助的选项。

二、企业风险管理中应用大数据分析技术

（一）金融行业风险管理应用大数据

通过应用大数据分析技术，金融企业的竞争已在网络信息平台上全面展开。说到底就是“数据为王”：谁掌握了数据，谁就拥有风险定价能力，谁就可以获得高额的风险收益，最终赢得竞争优势。近一段时期，蓬勃兴起的大数据技术正在与金融行业，特别是“互联网金融”领域快速融合，这一趋势已经给我国金融业的改革带来前所未有的机遇和挑战。

目前，中国金融业正在快步进入“大数据时代”。国内金融机构的数据量已经达到100TB以上级别，并且非结构化数据量正在快速增长。因此，金融机构在大数据应用方面具有天然优势：一方面，金融企业在业务开展过程中积累了包括客户身份、资产负债情况、资金收付交易等大量的高价值数据，这些数据在运用专业技术进行挖掘和分析之后，将产生巨大的商业价值；另一方面，金融行业的高薪酬不仅可以吸引到具有大数据分析技能的高端人才，也有能力采用大数据的最新技术。

具体来说，金融机构通过大数据进行风险管理的应用主要有以下两个方面。

第一，对于结构化数据，金融机构可运用成熟的风险管理模型进行精确的风险量化。例如，VaR值模型目前已经成为商业银行、保险公司、投资基金等金融机构开展风险管理的重要量化工具之一。金融机构通过为交易人员和交易单位设置限额，可以使每个交易人员都能确切地了解自身从事的金融交易可承受的风险大小，以防止过度投机行为的出现。

第二，对于非结构化数据，金融机构根据自身业务需要和用户特点定制和选用适合的风险模型，使风险管理更精细化。

（二）企业集团开展风险管理应用大数据

相比金融行业，以能源、机械制造、航运为主业的企业集团所产生的大数据的庞杂

程度则相对较低，有利于直接采用成熟的大数据分析技术开展风险管理。一方面，因为工业企业所采用的信息系统一般都是大型软件厂商的标准ERP系统，产生的数据也多为结构化数据，便于直接用于分析决策；另一方面，传统行业在利用数据进行辅助决策的过程中，通常还是基于“因果关系”对可能影响企业生产经营的重要指标数据进行关注，而许多被认为“不重要”的数据并没有被采集到企业的信息系统之中，这就会使大数据的价值实现打了折扣。

要在企业集团推进全面风险管理，不仅需要通过企业的ERP信息系统采集被认为“重要”的各类结构化数据，还需要对网页数据、电子邮件和办公处理文档等半结构化数据，以及文件、图像、声音、影片等非结构化数据进行及时有效的分析，才能够充分客观地掌握企业集团的全貌，让企业和组织结合分析结果做出更好的业务决策，从而真正实现全面风险管理的目标。

具体而言，大型企业集团运用大数据开展风险管理将会有以下几个方面的好处。

第一，可以有效防范金融市场风险。例如，随着我国利率市场化的加速推进，企业集团面临的利率风险日渐显著。

第二，可以有效降低信用风险。虽然国有企业面临的信用风险总体水平较低，但是在信用风险模型建立和风险预警系统的建设方面，我国的企业集团目前仍有较大的改进空间。集团总部可以调整单纯依靠下级企业和客户提供财务报表来获取信息的方式，转而对资产价格、账务流水、相关业务活动等流动性数据进行动态和全程的监控分析，从而改进企业的信用风险管理。

第三，能够降低企业管理和运行成本，降低操作风险。通过大数据的分析应用，企业集团可以准确地定位内部管理缺陷，制定有针对性的改进措施，实行符合自身特点的管理模式，进而降低管理运营成本。此外，通过对数据的收集和分析，企业还可以有效识别业务操作中的关键风险节点，并借此改进工作流程以降低操作风险，从而提高整个业务流程的运行效率。

三、企业集团运用大数据进行风险管理的实施路径

运用大数据进行风险管理，实质上就是企业集团在应对各领域数据的快速增长时，基于对各类数据的有效存储，进一步分析数据、提取信息、萃取知识，并且应用在风险管理和决策辅助上。一般而言，运用大数据技术和大数据分析平台进行风险管理和价值挖掘要经过以下几个步骤。

（一）实施数据集中，构建大数据基础

要让企业的大数据发挥价值，集团总部首先要能够完全掌握全集团已有的和正在产生的各类原始数据。因为，只有先确保数据的完整性和真实性，才能通过足够“大”的数据掌握集团的实际运行情况，而这必然意味着集团总部要求成员单位向总部进行“数据集中”。相应地，集团总部也需要“自上而下”地搭建数据集中的软硬件设施、数据标准和组织机构。

具体而言，企业集团必须要完成前期的一系列基础性工作：（1）建立用于集中存放数据的数据库或“企业云”；（2）明确需要成员单位“自下而上”归集的数据类型和数据标准；（3）建立专门的管理机构，负责数据库的日常维护和信息安全。

（二）搭建分析平台，优化大数据结构

在实现了“大数据”集中后，还必须解决不同结构的数据不相容的问题，才可能充分利用企业集团的全部数据资源。基于前文提出的两种风险管理模式，企业集团可以根据实际情况选择其中一种，对集团的大数据进行标准化或优化。

具体而言，（1）对 KRP 系统覆盖范围广，结构化数据占绝大多数的企业集团，可以通过建立 ERP 之间的“数据接口”，将标准不一的结构化数据转换到统一标准的分析平台上进行分析；（2）对未统一实施 EKP 系统或实施范围小、非结构数据居多的企业集团，也可以通过建立大数据分析平台（如 Hadoop），构建数据模型，运用数据分析技术直接对原始数据进行分析。

（三）打造专业团队，开展大数据分析

企业集团要让数据发挥价值，开展数据分析工作是核心。要确保这项核心工作落地，不仅需要建立专门的数据分析团队，还要聘用统计学家和数据分析家组织数据分析和价值挖掘。因为相比行业专家和技术专家，数据分析家不受旧观念的影响，能够聆听数据发出的声音，更好地分辨数据中的“信号”和“噪声”。

具体而言，要打造大数据团队，一方面需要聘请从事统计建模、文本挖掘和情感分析的专业人员，另一方面也要吸收财务部门中善于研究、分析和解读数据的“潜力股”人才。更重要的是，要培育重视数据分析的企业文化，大数据团队的价值才能在企业中得以实现。

（四）实现分析结果便捷化和可视化，辅助管理者进行决策

若要运用大数据的分析结构辅助决策，就要让企业管理者能够轻松了解、使用和查询数据，因此大数据平台面向最终用户的界面还需要提供简单易上手的“使用接口”。这类“使用接口”不仅要具备数据搜索功能，还要能够通过图表等可视化的方式快速呈现分析结果，只有这样才可以帮助企业管理者清晰地了解企业运营的情况，高效地辅助管理者进行数据化决策。

第三节 财务风险预警和管理的新途径

一、大数据在企业财务风险预警和管理中的重要作用

对于当前我国很多企业财务风险预警工作来说，都已经正在逐步地涉猎大数据的使用，所谓的大数据就是指采用各种方法和手段来大范围地调查各种相关信息，然后合理地应用这些信息来促使其相应的调查结果更为准确可靠，尽可能地避免一些随机误差问

题的产生。具体到企业财务风险预警工作来看，其对于大数据的使用同样具备着较强的应用价值，具体分析来看，其应用的重要性主要体现在以下几个方面：（1）大数据在企业财务风险预警中的应用能够较好地完善和弥补以往所用方式中的一些缺点和不足。对于以往我国各个企业常用的财务风险预警方式来说，主要就是依赖于专业的企业财务人员来进行相应的控制和管理，虽然说这些企业财务管理人员在具体的财务管理方面确实具备着较强的能力，经验也足够丰富，但是在具体的风险预警效果上却存在着较为明显的问题，这些问题的出现一方面是因为毕竟企业财务管理人员的数量是比较少的，而对于具体的风险来说又是比较复杂的，因此便会出现一些错误；另一方面则是企业财务管理人员可能存在一些徇私舞弊或者是违规操作等问题，进而对于相应的风险预警效果产生较大的影响和干扰。（2）大数据自身的优势也是其应用的必要体现。对于大数据在企业财务风险预警中的应用来说，其自身的一些优势也是极为重要的，尤其是在信息的丰富性上更是其他任何一种方式所不具备的，其所包含的信息量是比较大的，能够促使其相应的结果更接近于真实结果，进而也就能够更好地提升其应用的效果。

二、基于大数据的企业财务风险预警和管理

在企业财务风险预警工作中，恰当地应用大数据模式确实具备较为理想的效果，具体分析来看，在企业财务风险预警和管理中这种大数据的使用主要应该围绕着以下两个步骤来展开。

（一）大数据的获取

要想切实提升企业财务风险预警工作中大数据的应用价值，就应该首先针对其相应的大数据获取进行严格的控制和把关，尤其是对于大数据获取的方式进行恰当的选取。一般来说，大数据模式的采用都要求其具备较为丰富的数据信息，因此，为了较好地获取这种丰富的信息，就应该重点针对其相对应的方式进行恰当选取。在当前的大数据获取中，一般都是采用依托于互联网的形式进行的，尤其是随着我国网民数量的不断增加，其可供获取的数据信息资源也越来越多，在具体的网络应用中，便可以在网络系统上构建一个完善的信息搜集平台，然后吸引大量的网络用户参与到这一信息收集过程中来，只要是能够和该调查信息相关的内容都应该进行恰当的收集和获取，通过这种方式就能够较大程度上获取大量的信息资源。此外，这种依托于网络的大数据获取模式，还具备较好的真实性，因为其调查过程中并不是实名制的，就给了很多具体相关人员说实话的机会，也就能够促使相对应的企业财务风险预警工作更为准确。

（二）大数据的分析和应用

在大量的数据信息资源被搜集获取之后，还应该针对这些大数据进行必要的分析和处理，经过了处理之后的数据才能够更好地反映出我们所需要的一些指标信息，这一点对于企业财务风险预警工作来说更是极为关键。具体来说，这种大数据的分析和处理主要涉及以下几个方面：（1）针对数据信息中的重复信息和无关信息进行清除，进而也

就能够缩小信息数量，这一点相对于大数据来说是极为重要的，因为一般来说调查到的数据信息资源是比较多的，这种数量较大的数据信息资源必然就会给相应的分析工作带来较大的挑战，因此，先剔除这些信息就显得极为必要；（2）研究变量，对于具体的企业财务风险预警工作来说，最为关键的就是应该针对相应的指标和变量进行研究，这些指标和变量才是整个企业财务风险预警工作的核心所在，具体来说，这种变量的研究主要就是确定相应的预警指标，然后针对模型算法进行恰当的选取。

三、大数据时代对财务风险理论的影响

过去财务核心能力包括财务决策、组织、控制和协调，如果这些能力能够超过竞争对手的话，企业就会在竞争中具有绝对的优势。但是随着时间的推移，目前企业环境的多变性和不稳定性加剧了企业之间的竞争，企业除了具备上述的能力外，还需要拥有很强的识别能力以及对风险的预知能力。因此，现在的财务风险防范胜于防治，做好财务风险的预警和控制就成了当今企业的重要处理对象。

财务风险管理者对大数据分析方法的研究应聚焦于基于大数据的商务分析，以实现商务管理中的实时性决策方法和持续学习能力。传统的数据挖掘和商务智能研究主要侧重于历史数据的分析，面对大数据的大机遇，企业需要实时地对数据进行分析处理，帮助企业获得实时商业洞察。例如，在大数据时代，企业对市场关键业绩指标（KPI）可以进行实时性的监控和预警，及时发现问题，作出最快的调整，同时构建新型财务预警机制，及时规避市场风险。

企业所面对的数据范围越来越宽、数据之间的因果关系链更完整，财务管理者可以在数据分析过程中更全面地了解到公司的运行现状及可能存在的问题，及时评价公司的财务状况和经营成果，预测当前的经营模式是否可持续、潜藏哪些危机，为集团决策提供解决问题的方向和线索。与此同时，财务管理者还要对数据的合理性、可靠性和科学性进行质量筛选，及时发现数据质量方面存在的问题，避免因采集数据质量不佳导致作出错误的选择。

（一）传统的财务风险及预警

公司所面临的风险主要涉及商业风险和财务风险，以及不利结果导致的损失。商业风险是由于预期商业环境可能恶化（或好转）而使公司利润或财务状况不确定的风险；财务风险是指公司未来的财务状况不确定而产生的利润或财富方面的风险，主要包括外汇风险、利率风险、信贷风险、负债风险、现金流风险等。一个有过量交易的公司可能是一个现金流风险较高的公司。对库存、应收款和设备的过分投资导致现金花光（现金流变成负的）或贸易应付款增加。因此，过量交易是一种与现金流风险和信贷风险有关的风险。对风险的识别与防控无疑是企业财务管理的核心与灵魂。财务理论中有关风险的核心观点与内容应该包括如下几点。（1）财务理论中所指的“风险”主要来源于数理分析中的“风险性和不确定性”事件。虽然有时候财务理论也强调“风险性”和“不确定性”之间的差异，但是在“主观概率的”引导下，几乎把“风险性”与“不确定性”

等同起来看待。(2)财务理论大多关注如何“减低”企业流动性风险(偿付能力)等具体的风险。(3)在风险防范的对策方面,财务理论所提供的解决方法,一是对资本结构进行适当水平的动态调整;二是结合证券投资理念中的投资组合思想。

(二)企业财务风险管理理论重构

在大数据时代,财务风险管理理论需要在多方面进行重构。

第一,财务风险概念重构。财务风险是一个多视角、多元化、多层次的综合性概念。一个现实的、理性的财务风险研究理论应该是在对风险要素、风险成因、风险现象等不同财务风险层次的理解和研究的基础上形成的。

第二,风险防控对策重构,要特别关注各类风险的组合和匹配。当经济处于低迷期,企业需要在投资导致财务危机的风险与不投资带来竞争地位的损失之间进行权衡。而当经济处于萧条期,如果企业过度强调投资带来的财务风险,那将以承受不投资导致竞争地位下降的风险为代价。因此,企业需要根据对经济环境的判断,平衡投资财务风险和投资竞争风险。

第三,风险评估系统重构。企业应降低对防范风险金融工具的依赖。大数据背景下的财务管理理论应以实用为原则,围绕如何建立更加有效的评估企业经营风险状况的预警系统进行深入探讨,良好的风险预测能力是防范风险的利器。

对企业经营风险的控制,需要企业开发基于大数据、能够进行多维度情景预测的模型。预测模型可以用于测试新产品、新兴市场、企业并购的投资风险。预测模型将预测分析学和统计建模、数据挖掘等技术结合,利用它们来评估潜在威胁与风险,以达到控制项目风险的目的。例如,万达集团基于大数据的预测模型,既是预算管控的最佳工具,也是风险评估与预防的有效平台。

(三)在信贷风险分析中的应用前景

以2008年美国金融危机为例,这次危机肇始于房地产抵押贷款,雷曼兄弟、房利美、房地美、美林和贝尔斯登等财团相继破产或并购,倘若事前已经建立大数据风险模型,及时对金融行业的系统性风险及其宏观压力进行测试,这场波及全球的金融危机或许能够避免,至少可以避免房贷风险溢出而放大多米诺骨牌效应。

倘若2008年以前华尔街就建立了大数据财务风险模型,雷曼兄弟等财团能正确地对客户群进行预测风险分析,倘若美联储和美国财政部早些时候能关注宏观经济流量和金融市场变量的风险,及早利用大数据分析技术制定金融危机预案,切断风险传递,危机就不会严重冲击全球经济。

综上所述,作为集团公司要建立风险防控机制,通过大数据风险预测模型分析诊断,及时规避市场风险,最大限度地减少经济损失。信贷风险是长期困扰商业银行的难题,无论信贷手册如何详尽,监管措施如何到位,信贷员们如何尽职仍难以规避坏账的困扰,大的违约事件仍层出不穷。准确和有价值的大数据信息为银行的信贷审批与决策提供了新的视角和工具管理,信贷风险的难点在于提前获得企业出事的预警。

以前，银行重视的是信用分析，从财务报表到管理层表现，依据历史数据，从历史推测未来。自从社交媒体问世后，包括微信、微博在内的社交网站以及搜索引擎、物联网和电子商务等平台为信贷分析提供了一个新维度，将人们之间的人脉关系、情绪、兴趣爱好、购物习惯等生活模式以及经历一网打尽，为银行提供非常有价值的参考信息。银行凭借这些更加准确和具有厚度的数据完成对客户的信用分析，并根据变化情况相应调整客户评级，做出风险预判。这样一来，信贷决策的依据不再是滞后的历史数据和束缚手脚的条条框框，而参考的是变化中的数据。信贷管理从被动变为主动，从消极变为积极，信用分析方面从僵化的财务报表发展到对人的行为分析，大数据为信贷审批与管理开创了全新的模式。

第四节 大数据帮助企业建立风险管理体系

一、大数据下的企业风险管理

风险是指企业在各项财务活动过程中，由于各种难以预料或无法控制的因素，使企业实际收益与预计收益发生偏离的一种可能性。鉴于财务的谨慎性原则，提到风险人们一般最先想到的是损失与失败。风险管理是现代企业财务管理的重要内容，企业风险复杂性日益提高，不确定性将成为企业必须面对的一种常态。经济波动、资源紧张以及政治和社会变动都对企业构成不确定、不稳定的经营环境，而研发失败、营销不力、人事变动等内部风险也不可避免。风险管理和内部控制紧密相连，智能化风险管理系统对企业各项业务进行监控、指标检测及预警、压力测试，并可针对各类风险事件进行处理，实现事前、事中的风险控制及事后的管理监测。

同时，大数据还增强了企业风险管理的洞察力和前瞻性。内部控制是指企业为了确保战略目标的实现、提高经营管理效率、保证信息质量真实可靠、保护资产安全完整、促进法律、法规有效遵循，而由企业董事会、管理层和全体员工共同实施的权责明确、制衡有力、动态改进的管理过程。内部控制是一个不断发展、变化、完善的过程，它由各个阶层人员来共同实施，在形式上表现为一整套相互监督、相互制约、彼此联结的控制方法、措施和程序，这些控制方法、措施和程序有助于及时识别和处理风险，促进企业实现战略发展目标，提高经营管理水平、信息报告质量、资产管理水平和法律遵循能力。内部控制的真正实现还需管理层人员真抓实干，防止串通舞弊。

大数据时代下，企业面临着纷繁复杂的数据流，数据的有效运用成了企业的一种竞争实力。数据集成是通过各种手段和工具将已有的数据集合起来，按照一定的逻辑关系对这些数据进行统一的规划和组织，如建立各种数据仓库或虚拟数据库，实现数据资源的有效共享。随着分布式系统和网络环境日益普及，大量的异构数据源被分散在各个网络节点中，而它们之间往往是相互独立的。为了使这些孤立的数据能够更好地联系起来，迫切地需要建立一个公共的集成环境，提供一个统一的、透明的访问界面。

数据集成所要解决的问题是把位于不同的异构信息源上的数据合并起来，以便提供这些数据的统一查询、检索和利用。数据集成屏蔽了各种异构数据间的差异，通过集成系统进行统一操作。企业要根据数据驱动的决策方式进行决策，这将大大提高企业决策的科学性和合理性，有利于提高企业的决策和洞察的正确性，进一步为企业的发展带来更多的机会。内部环境是企业实施内部控制的基础，包括企业治理结构、机构设置及权责分配、内部审计、人力资源政策、企业文化等内容。

二、大数据在企业建立风险管理体系中的作用

（一）运用大数据推动企业内控环境的优化

1. 通过大数据推动内控环境有机协调

企业董事会、监事会、审计部、人力资源部等组织分立，职责区分，相互制衡，有助于内控目标的实现，但也容易产生纵向、横向的壁垒与相互协作上的障碍。而在内外部数据可得与技术可行的情况下，大数据有助于推动内控环境各环节、各层次之间的信息共享与相互透明化，从而推动内控环境内部的有机协调，提升内部控制的效果。

2. 通过大数据来准确衡量内控环境的有效性

如对企业文化的评估，是内部环境的重要环节，但企业文化又属隐性的。如果能够通过对社交网络、移动平台等大数据的整合，将员工的情绪、情感、偏好等主观因素数据化、可视化，那么企业文化这种主观性的东西也就变得可以测量。

3. 通过大数据来增加内控环境的弹性

如在机构设置方面，一家企业创建怎样的组织结构模式才合适，没有一个标准答案。而在基于大数据分析的企业中，企业的人工智能中枢或者计算中心有望从企业的战略目标出发，根据企业内外部竞争环境的变化，对组织机构作出因时而动的调整。

（二）运用大数据提高风险评估的准确度

风险评估是企业内部控制的关键工作，及时识别、系统分析经营活动中相关的风险，合理确定风险应对策略，对于确保企业发展战略的实现有着重要的意义。来自企业内部管理、业务运营、外部环境等方面的大数据，对于提高风险评估的准确度，会有明显的帮助。一些银行已经用大数据更加准确地度量客户的信用状况，为授信与放贷服务提供支持；又如一些保险公司也在尝试将大数据用于精算，以得出更加准确的保险费率。以此为启发，企业可将大数据广泛运用到内部风险与外部风险评估的各个环节。如在内部风险评估上，可利用大数据对董事、监事以及其他高层管理人员的偏好能力等主观性因素进行更加到位的把握，从而避免管理失当的风险，也可将大数据用于对研发风险的准确评估。在外部风险识别上，大数据对于识别政策走向、产业动向、客户行为等风险因素也会有很好的帮助。

（三）运用大数据增强控制活动

1. 大数据为控制活动的智能化提供了可能

内部控制活动包括不相容职务分离控制、授权审批控制、会计系统控制、财产保护控制、预算控制、运营分析控制和绩效考评控制等。大数据可以通过以下途径增强控制活动的效果。基于各种管理软件和现代信息技术的自动化企业管理，在企业管理中早有应用。在大数据时代，海量、种类繁多、实时性强的数据进一步为智能化企业管理提供了可能。谷歌、微软、百度等都在以大数据为基础，开发其人工智能。有研究指出，机器人当老板，员工会更听话。机器人并非万能的，但在智能化的企业内控模式下，控制活动的人为失误将得到明显的降低，内控的成效也会得到很好的提升。

2. 大数据提高了控制活动的灵活性

财务战略管理制定实施中，必须对所有的因素和管理对象进行全面的考虑，细致到企业采购、合同签订、物资验收、资源保管、资金使用、报销、报废等多方面，只有全面地考虑才能使企业财务战略管理职能得到最大限度的发挥，才能将风险降到最低。风险是企业日常运营及生产中的最大隐患，重大的财务风险直接影响着企业的生存。全面地考虑能够强化财务战略管理的风险控制功能，使企业处于良性运作中。控制活动目的是降低风险，最终为企业发展服务，因此，关于内控活动的各项制度、大数据与企业内部控制机制与措施需要避免管理教条主义的陷阱。在控制活动全方位数据化的条件下，企业可根据对控制措施、控制技术、控制效果等各类别大数据的适时分析、实验，及时地发现问题并进行完善，从而提高管理成效。沃尔玛、家乐福、麦当劳等知名企业的一些主要门店均安装了搜集运营数据的装置，用于跟踪客户互动、店内客流和预订情况，研究人员可以对菜单变化、餐厅设计以及顾客意见等对物流和销售额的影响进行建模。这些企业可以将数据与交易记录结合，并利用大数据工具展开分析，从而在销售哪些商品、如何摆放货品，以及何时调整售价方面给出意见，此类方法已经帮助企业减少了17% 的存货，同时增加了高利润自有品牌商品的比例。

3. 大数据分析本身即可作为一种重要的控制活动

大数据可以提高企业运营与管理各方面的数据透明度，从而使得控制主体能够提高对企业各种风险与问题的识别能力，进而提高内控成效。目前，商业银行已开始逐步利用数据挖掘等相关技术进行客户价值挖掘、风险评估等方面的尝试应用。尤其是在零售电子商务业务方面，由于存在着海量数据以及客户网络行为表现信息，因此可以利用相关技术进行深度分析。通过分析所有电子商务客户的网银应用记录及交易平台的具体表现，可以将客户分为消费交易型、资金需求型以及投资进取型客户，并能够根据不同分组客户的具体表现特征，为以后的精准化产品研发、定向营销，以及动态风险监控关键指标等工作提供依据。虽然商业银行在零售业务领域存储了大量数据，但由于以往存储介质多样化、存储特征不规范等原因，数据缺失较为严重，整合存在较大难度，造成部分具有较高价值的变量无法利用。同时，大数据时代的数据包含了方方面面的属性信息，可以理解为“信息即数据”。因此，商业银行除了要积累各种传统意义上的经营交易数据外，还要重视其他类型的非结构化数据积累，如网点交易记录、电子渠道交易记录、网页浏览记录、外部数据等，都应得到有效的采集、积累和应用，打造商业银行大数据技术应用的核心竞争力。

（四）大数据变革了信息传递与沟通方式

信息与沟通是企业进行内部控制的生命线，如关于企业战略与目标的信息、关于风险评估与判断的信息、关于控制活动中的反馈信息等。没有这些信息的传递与沟通，预测、控制与监督的内控循环就没办法形成。企业运营中的信息与沟通，经历了从纸面报告、报表、图片等资料到计算机时代信息化平台的变迁。这一过程中企业信息的数量、传递与分析技术，得到了重大的提升。当前的大数据时代，企业在信息与沟通上又迎来了一个革命性的变化。

企业把云计算应用于会计信息系统，可助推企业信息化建设，减少企业整体投入，从而降低企业会计信息化的门槛和风险。用户将各种数据通过网络保存在远端的云存储平台上，利用计算资源能更方便快捷地进行财务应用部署，动态地调整企业会计软件资源，满足企业远程报账、报告、审计和纳税功能的需要。

云计算在具体使用中还要解决会计数据隐私保护及信息安全性问题，克服用户传统观念和使用习惯，打破网络带宽传输速度的瓶颈，避免频繁的数据存取和海量的数据交换造成的数据延时和网络拥塞。为更好地配套支持企业会计准则的执行，满足信息使用者尝试分析的需求，会计司推进了可扩展商业报告语言（XBRL）的分类标准建设，使计算机能够自动识别、处理会计信息。

随着《企业内部控制基本规范》（以下简称《基本规范》）的发布，企业在实施信息化过程中，要考虑如何将各种控制过程嵌入到业务流和信息流中。为了确保和审查内部控制制度的有效执行，必须加强信息化内控的审计点设置，开展对会计信息系统及其内控制度的审计，将企业管理系统和业务执行系统融为一体，对业务处理和信息处理进行集成，使会计信息系统由部门级系统升格为企业级系统，以最终达到安全、可靠、有效的应用。会计信息化除了需要建立健全的信息控制系统，保证信息系统的控制及有效执行外，还要通过审计活动审查与评价信息系统的内部控制建设及其执行情况，通过审计活动来发现信息系统本身及其控制环节的不足，以便及时改进与完善。

对于企业来说，来自OA、ERP、物联网等内部信息化平台的大数据，来自传统互联网、移动互联网、外部物联网等的大数据，将使企业置身于一个不断膨胀的数据海洋。对于企业来说，大数据的革命可以为企业带来智能化的内部控制，也可以让管理者准确把握每一位员工的情感。大数据使企业内控进入一个全新的境界。对于很多金融服务机构来说，爆炸式增长的客户数据是一个亟待开发的资源。数据中所蕴藏的无限信息若以先进的分析技术加以利用，将转化为极具价值的洞察力，能够帮助金融企业执行实时风险管理，成为金融企业的强大保护盾，保证金融企业的正常运营。

与此同时，大数据也推动着商业智能的发展，使之进入消费智能时代。金融企业风险管理能力的重要性日渐彰显。抵押公司、零售银行、投资银行、保险公司、对冲基金和其他机构对风险管理系统和实践的改进已迫在眉睫。要提高风险管理实践，行业监管机构和金融企业管理人员需要了解最为微小的交易中涵盖的实时综合风险信息；投资银行需要知道每次衍生产品交易对总体风险的影响；而零售银行需要对信用卡、贷款、抵押等产品的客户级风险进行综合评估。这些微小信息会引发较大的数据量。

（五）大数据为企业内部监督提供了有力支撑

在大数据时代，人们往往仅关注数据规模，而忽视了数据之间的联系。在复式记账法下，每一笔凭证都有借贷双方，这就使得会计科目、会计账户、会计报表之间有着密切的钩稽关系。会计电算化的出现避免了手工记账借贷双方不平的风险，但在会计科目的使用规范、会计报表数据的质量校验等方面难有作为。对于中小企业来说，对会计报表的数据错误进行事后更正比较容易，但对于存在大量财务报表合并的集团企业，会计核算不规范将给财务人员带来较大的困扰。在大数据时代下，企业的核算规范和报表之间的钩稽关系将作为财务数据的校验规则纳入财务系统，对企业会计核算规范的执行和报表数据质量进行实时控制，这样就能实现企业月结报表合并的顺利执行，真正实现敏捷财务。

对企业内部控制环境、风险评估、控制活动、信息与沟通等组成要素进行监督，建立企业内控有效性或效果的评价机制，对于完善内部控制有着重要的意义。在这种内控的监督过程中，大数据至少可以提供两方面的帮助。其一，大数据有助于适时的内控监督。大数据的显著特点之一是其数据流、非结构化数据的适时性，在大数据技术下，企业可以适时采集来自内部信息化平台、互联网、物联网等渠道的大量数据信息，以此为基础，对内部控制效果的适时评价就成为可能，定期报告式监督的时效缺陷就可以得到弥补。其二，大数据还有助于全面的内控监督。大数据另一个显著特点是总体数据的可得性与可分析性，传统审计中所进行的抽样评估的缺陷，在大数据下可以得到避免。基于这种技术的内部控制评价，将更为客观、全面。

（六）大数据增加了企业对财务风险的预警能力

财务预警是以企业的财务会计信息为基础，通过设置并观察一些敏感性财务指标的变化，而对企业可能面临的财务危机实现预测预报或实时监控的财务系统。它不是企业财务管理中的一个孤立系统，是风险控制的一种形式，与整个企业的命运息息相关，其基本功能包括监测功能、诊断功能、控制功能和预防功能。

大数据信息比以往通过公司公告、调查、谈话等方式获得的信息更为客观和全面，而且这些信息中可以囊括企业在社会网络中的嵌入性影响。在社会环境中，企业存在的基础在于相关者的认可，这些相关者包括顾客、投资者、供应链伙伴、政府等。考虑到企业的经营行为，或者企业关联方的动作都会使企业的相关者产生反应，进而影响到网络上的相关信息。因此，我们可以把所有网民看作企业分布在网络上的“传感器”，这些“传感器”有的反映企业的内部运作状态，有的反映企业所处的整体市场环境，有的反映企业相关方的运行状态等。大数据企业财务预警系统不排斥财务报告上的传统指标，相反，传统的财务指标应该属于大数据的一部分。

互联网上网民对企业的相关行为，包含了线下的人们和企业的接触而产生对企业的反应，这些反应由于人们在社会网络中角色的不同，涵盖了诸如顾客对产品的满意度、投资方的态度、政策导向等各种可能的情况。起到企业“传感器”作用的网民，由于在线下和企业有着各种各样的角色关系。这些角色和企业的相互作用会产生不同的反应，从而刺激这些角色对企业产生不同的情绪。群体的情绪通过映射到互联网，才使这些信息能够被保存下来并被我们获取，这些不同的情绪经过网络上交互过程中的聚集、排斥和融合作用，最后会产生集体智慧，这些群体智慧能反映企业的某种状态。

为了验证大数据反映的相关情绪能够有效地提高财务风险预警模型的性能，首先要把这些信息进行数值化处理，过滤掉大量无效数据，并且进行基于财经领域词典的文本情绪倾向计算。同时对相关上市公司的有效信息进行频次统计，以便验证大数据有效信息频次对财务风险预警模型的影响。通过与财务指标的结合，对研究假设进行实际数据验证，发现引入大数据指标的财务预警模型，相对财务指标预警模型，在短期内对预测效果有一定提高，从长期来看，对预测效果有明显提高。大数据指标在误警率和漏警率上比财务指标表现得明显要好，从而验证了在复杂社会环境中，依靠大数据技术加强信息搜寻是提高财务预警有效性的重要路径这一观点。

第六章 大数据时代的企业内部控制

第一节 大数据信息时代企业内部控制的要素

一、内部环境构成要素分析

内部环境是影响、制约企业内部控制建立与执行的各种内部因素的总称，是实施内部控制的基础。按照《基本规范》的要求，内部环境的构成要素主要包括治理结构、机构设置与权责分配、内部审计、人力资源政策、企业文化等方面。

（一）治理结构

1. 公司治理是现代公司制的核心

现代企业制度下的公司制企业的主要特点之一就是所有权与经营权相分离，企业以独立的法人资格自主经营、自负盈亏、自我发展、自我完善。建立规范的公司法人治理结构，既是我国企业的改革方向，也是建立现代企业制度的核心和关键。健全的治理结构、科学的内部机构设置和权责分配是建立并实施内部控制的基本前提，是影响和制约内部环境的首要因素。

由于公司制使所有权与经营权相分离，在这种分离的基础上，经营者有可能利用私人信息的优势谋取个人利益，由于所有者和经营者之间的信息不对称，导致各相关利益主体的地位及其所拥有的信息量的不同，最终决定了契约各方的不对等。公司治理结构涉及各相关利益方之间的关系。公司治理结构在本质上是一种关系合约，包括签约、履约、计量和评价、再签约等一系列过程。建立规范的法人治理结构，通过科学界定决策、管理、执行、监督各层面的地位、职责与任务，可以形成有效的分工和制衡机制。

狭义的公司治理通常是指公司股东直接或间接（通过董事会）对公司管理层进行监督和评价其表现行为；广义的公司治理则包括了公司的整个内部控制系统，它通过自上而下地分配和行使责权，监督、评价和激励董事会、管理层以及员工实现公司目标，以保障包括股东在内的利益关系网的权益。公司治理的实质是确保经营者的行为符合利益相关者的权益。

公司治理已经是被管理人员、投资者、会计、董事会广泛使用的一个概念。美国证券交易委员会的前任主席亚瑟•列威特(Arthur Levitt)认为，有效的公司治理的重要性，是“有效的市场规则必不可少的过程，是公司的管理层、董事及其财务报告制度之间的联结纽带”。

经济合作与发展组织（OECD）制定的《公司治理结构原则》指出：一个良好的公司治理结构应当实现组织既定的目标，维护股东的权益；确保利益相关者的合法权益，并且鼓励公司和利益相关者积极进行合作，保证及时准确地披露与公司有关的任何重大问题，包括财务状况、经营状况、所有权状况和公司治理状况的信息，确保董事会对公司的战略性指导和对管理人的有效监督，并确保董事会对公司和股东负责。因此，完善的公司治理应该保持良好的内部控制系统，不断检查内部控制的有效性，对外如实指出内部控制现状，保持强有力的内部审计。

国际上认为公司治理的四大基石（关键要素）通常是指以下四个方面：

董事会——确保有效的内部控制系统，确定并监控经营风险和绩效指标；

高级管理层——实施风险管理和内部控制，日常计划、组织安排；

外部审计师——确保独立性，并使审计与咨询业务分开；

审计委员会（内部审计师）——增强报告关系上的独立性，并且有效的内部审计是公司治理结构中形成权力制衡机制并促使其有效运行的重要手段，是公司治理过程中不可缺少的组成部分。

2. 内部公司治理

公司治理分为外部公司治理与内部公司治理。外部公司治理通过资本市场、经理人市场和商品流通市场等发挥作用；内部公司治理通过股东大会、董事会、监事会等发挥作用。

内部公司治理又分为治理结构和治理机制两个方面，两者互相配合，共同决定着一个公司治理效率的高低。治理结构又称法人治理结构，一般是由股权结构、董事会、监事会、经营班子（或称高层管理人员）等组成的一种组织结构，它们之间构成一种制衡关系。治理机制包括用人机制、监督机制和激励机制等。

企业应当依据《公司法》和其他相关法律、法规的规定，结合企业章程和实际情况，建立规范的法人治理结构，促进企业内部控制的有效运行。应当科学界定决策、管理、执行、监督各层面的地位、职责与任务，形成有效的分工和制衡机制，切实发挥相关机构的职能作用，为企业内部控制制度的建立和实施提供强有力的组织结构保障和工作机制保障。

按照建立现代企业制度的要求，一些企业已经积累了不少内控管理经验，基本业务的内控管理都有章可循，建立了一定的内控管理基础。但也有一些企业内控制度的基础仍比较薄弱，其中相当一部分企业对建立内控制度重视不够，有的并未建立健全内控制度，甚至有些企业对内控制度还存在很多误解，认为内部控制就是内部成本控制、内部资产安全控制等，或者以为内部控制就是手册、文件和制度的堆积等。更严重的是，不少企业有章不循，使内控制度流于形式；在经济业务处理过程中，遇到具体问题以强调灵活性为由而不按规定程序办理，使内控制度失去了应有的刚性和严肃性；有时甚至为了谋取个人或小团体的利益而不择手段，弄虚作假、篡改账目或搞账外账。最为严重的是，在一些大中型企业单位中，虽然表面上都有一套健全的内部控制制度，然而在实际操作中，领导们却常常带有浓厚的计划经济下的经营作风，很多决策往往由领导一人说了算，或由领导直接委托下属进行处理，忽视、漠视内部规范流程。在有些单位领导眼里，内控制度是对下属职员的行为控制，而对领导本人没有任何约束力。这些领导的行为不仅破坏了内控制度效力的完整性，而且给下属员工一个很不好的示范效应，使得整个企业没有形成一种遵守制度的良好氛围。

一些号称建立了现代企业制度的股份公司、企业集团的内部控制监督体系主要由监事会、独立董事和内审部门这三大机构组成，其职责是检查、监督和评价“企业董事会、管理层和其他员工实施企业内部控制活动”的效果和效率，保证企业的正常运行，但实践证明，这些企业内部控制监督也并不成功。

管理失控的原因很多，但治理结构不明、治理机制不清，导致管理体制不顺是不容忽视的重要原因。许多企业不是没有内控制度，而是没有很好地执行。

加强内部控制应当从治理结构和治理机制两个方面增加舞弊发现概率；包括关键岗位应建立强制轮换制度等。制度建设是重要的；制度不严密，就会出现“牛栏关猫”的现象，但是有了制度，更要认真地执行制度，才能真正发挥制度的作用，否则，制度就是毫无意义的一纸空文。

由此可见，公司治理结构主要包括如何配置和行使控制权，如何监督和评价董事会、经理人员和职工，如何设计和实施激励机制等，以调整若干在企业中有重大利害关系的投资者（股东和贷款人）、经理人员及职工之间的关系，并从中实现经济利益。

通常情况下，公司治理结构的基本构成包括股东大会、董事会、监事会和经理等。股东大会作为资产委托人将其财产交董事会代理，并委托监事会进行监督；作为代理者，董事会又将公司财产委托经理层管理。股东大会是最高权力机构，董事会是经营决策机构，经理是决策执行者，监事会是监督机构。公司治理结构是一个多层委托—代理；权责分明、相互制衡、相互协调的结构。

综上所述，内部控制与公司治理既有区别又有联系。企业内部控制与公司治理结构是两个不同的概念。公司治理结构一般是由股东会、董事会、监事会和经理等组成的用来约束经营者行为的控制制度（内部监控机制）；而内部控制是由企业董事会、监事会、经理层和全体员工实施的、旨在实现控制目标的过程。内部控制又与公司治理结构紧密联系。公司治理结构是促使内部控制有效运行、保证内部控制功能发挥的前提，是实行内部控制的制度环境；而内部控制在公司治理结构中担当的是内部管理监控系统的角色。同时，内部控制与公司治理结构都遵循相互牵制，相互制衡的原则，两者是相辅相成的。

（二）机构设置与权责分配

1. 股东（大）会

企业是股东投资创办的，是投资人的企业，投资者才是企业真正的法律意义上的“主人”。只有投资者管理企业的职能不“缺位”，管理企业的职责才能真正落实到位。

有限责任公司股东会由全体股东组成。股东会是公司的权力机构，股东（大）会享有法律、法规和企业章程规定的合法权力，依法行使企业经营方针、筹资、投资、利润分配等重大事项的表决权。

依照《公司法》，股东（大）会行使下列职权：

（1）决定公司的经营方针和投资计划；

（2）选举和更换非由职工代表担任的董事、监事，决定有关董事、监事的报酬事项；

（3）审议批准董事会的报告；

（4）审议批准监事会或者监事的报告；

（5）审议批准公司的年度财务预算方案、决算方案；

（6）审议批准公司的利润分配方案和弥补亏损方案；

（7）对公司增加或者减少注册资本作出决议；

（8）对发行公司债券作出决议；

（9）对公司合并、分立、解散、清算或者变更公司形式作出决议；

（10）修改公司章程；

（11）公司章程规定的其他职权。

2. 董事会

有限责任公司董事会为常设机构，是由股东会选举产生的 3 ～ 13 名董事组成的公司经营决策及业务执行机构，对外代表公司。董事会对股东（大）会负责，依法行使企业的经营决策权，董事会负责内部控制的建立健全和有效实施。

董事会设立须由董事担任的董事长 1 人，为公司的法定代表人，副董事长 1 ～ 2 人。股东人数较少和规模较小的公司可不设董事会，而只设 1 名执行董事，该执行董事为公司的法定代表人，可兼任公司经理。

依照《公司法》，董事会行使下列职权：

（1）召集股东会会议，并向股东会报告工作；

（2）执行股东会的决议；

（3）决定公司的经营计划和投资方案；

（4）制订公司的年度财务预算方案、决算方案；

（5）制订公司的利润分配方案和弥补亏损方案；

（6）制订公司增加或者减少注册资本以及发行公司债券的方案；

（7）制订公司合并、分立、解散或者变更公司形式的方案；

（8）决定公司内部管理机构的设置；

（9）决定聘任或者解聘公司经理及其报酬事项，并根据经理的提名决定聘任或者解聘公司副经理、财务负责人及其报酬事项；

（10）制定公司的基本管理制度；

（11）公司章程规定的其他职权。

董事任期由公司章程规定，但每届任期不得超过三年。董事任期届满，连选可以连任。股东会不得在董事任期届满前无故解除其职务。

3. 监事会

监事会或监事为公司常设的监督机构。有限责任公司设监事会，其成员不得少于 3 人，股东人数较少或者规模较小的有限责任公司，可以设 1 ～ 2 名监事，不设监事会。

监事会应当包括股东代表和适当比例的公司职工代表，其中职工代表的比例不得低于 1/3，具体比例由公司章程规定。监事会中的职工代表由公司职工通过职工代表大会、职工大会或者其他形式民主选举产生。

监事会设主席 1 人，由全体监事过半数选举产生。监事会主席召集和主持监事会会议。监事会主席不能履行职务或者不履行职务的，由半数以上监事共同推举一名监事召集和主持监事会会议。

董事、高级管理人员不得兼任监事。

监事的任期每届为 3 年。监事任期届满，连选可以连任。监事任期届满未及时改选，或者监事在任期内辞职导致监事会成员低于法定人数的，在改选出的监事就任前，原监事仍应当依照法律、行政法规和公司章程的规定，履行监事职务。

监事会对股东（大）会负责，监督企业董事、经理和其他高级管理人员依法履行职责。监事会对董事会建立与实施内部控制进行监督。

依照《公司法》，监事会或不设监事会的公司的监事行使下列职权：

（1）检查公司财务；

（2）对董事、高级管理人员执行公司职务的行为进行监督，对违反法律、行政法规、公司章程或者股东会决议的董事、高级管理人员提出罢免的建议；

（3）当董事、高级管理人员的行为损害公司的利益时，要求董事、高级管理人员予以纠正；

（4）提议召开临时股东会会议，在董事会不履行本法规定召集和主持股东会会议职责时召集和主持股东会会议；

（5）向股东会会议提出提案；

（6）依照公司法有关规定，对董事、高级管理人员提起诉讼；

（7）公司章程规定的其他职权。

监事可以列席董事会会议，并对董事会决议事项提出质询或者建议。

监事会、不设监事会的监事发现公司经营情况异常，可以进行调查，必要时，可以聘请会计师事务所等协助其工作，费用由公司承担。

监事会每年度至少召开一次会议，监事可以提议召开临时监事会会议。

4. 经理层

根据《公司法》规定，有限责任公司可以设经理，由董事会决定聘任或者解聘。经理对董事会负责，行使下列职权：

（1）主持公司的生产经营管理工作，组织实施董事会决议；

（2）组织实施公司年度经营计划和投资方案；

（3）拟订公司内部管理机构设置方案；

（4）拟订公司的基本管理制度；

（5）制定公司的具体规章；

（6）提请聘任或者解聘公司副经理、财务负责人；

（7）决定聘任或者解聘除应由董事会决定聘任或者解聘以外的负责管理人员；

（8）董事会授予的其他职权。

公司章程对经理职权另有规定的，从其规定。

经理层负责组织实施股东（大）会、董事会决议事项，主持企业的生产经营管理工作。经理可以列席董事会会议。经理层负责组织领导企业内部控制的日常运行。

企业的“一把手”通常是指公司的总经理或董事总经理，鉴于经理层（尤其是总经理）的地位特殊、实际操作的权力巨大，在企业内部控制管理中，总经理可能既是舞弊风险的最大来源，同时也是控制舞弊风险的关键。如果能够有效预防总经理滥用权力，就可以杜绝大部分潜在的舞弊风险。为此，内控管理就必须建立在有效均衡的权力约束机制上，也就是在企业管理体系中应当特别针对总经理等高级管理人员制定一套完整的内部控制系统。

二、控制活动构成要素分析

（一）控制方法

由于控制活动是企业根据风险评估结果，采用相应的控制措施，将风险控制在可承受度之内，所以，企业应当结合风险评估结果，通过手工控制与自动控制、预防性控制与发现性控制相结合的方法，运用相应的控制措施，将风险控制在可承受度之内。

企业可以实施的控制方法太多，且与控制意图密切相关。例如，预防性控制、侦查性控制、纠正性控制、指导性控制和补偿性控制等控制方法，由于控制的意图与相应的功能不同，其所发挥的作用是有区别的。

1. 预防性控制

是指为防范风险、错弊和非法行为的发生，或尽量减少其发生机会所进行的一种控制。它主要解决“如何能够在一开始防范风险和错弊的发生”的问题。预防性控制是由不同的人员或职能部门在履行各自职责的过程中实施的。预防性控制措施包括职责分离、授权批准等。虽然预防性控制能够在事前防止损失的发生，降低风险，但全面采取预防性控制可能是相当困难的，实践中很难做到百分之百的预防。因此，光有预防性控制是不够的，还必须有侦查性控制等。

2. 侦查性控制

是指为及时识别已存在的财务危机和已发生的错弊和非法行为或增强识别风险和发

现错弊机会的能力所进行的各项控制。在缺乏完善可行的预防性控制措施的情况下，侦查性控制是一种很有效的监督工具，它主要是解决“如果风险和错误仍然发生，如何识别”的问题。例如，通过账账核对、实物盘点，以发现记账错误和货物短缺；通过有关财务指标的分析，识别存在的财务风险等。

3. 纠正性控制

是对那些由侦查性控制查出的问题不利的结果与设计标准的比较，对发现的差异予以适当的纠正。

4. 指导性控制

是为了实现有利结果采取的控制。前面的预防性控制、侦查性控制和纠正性控制是为了预防、检查和纠正不利的结果，而指导性控制却是为了实现有利结果。这种控制在实现有利结果的同时，也避免了不利结果的发生。

5. 补偿性控制

是针对某些环节的不足或缺陷而采取的控制措施。之所以需要这种控制，主要是为了把风险水平限制在一定范围内。对于某个特定系统而言，分析风险水平时，必须充分考虑由于存在薄弱环节将来可能会发生的问题。一项补偿性控制可以包含多个控制措施，也就是说，可把多重控制手段作为一项控制程序来看待。

实施预防性控制实质上就是一种事前控制，由于在行为发生之前就实施相应的控制，可以有效地防止财务资源在质和量上发生偏差等。指导性控制也具有某种程度上的事前控制作用。

实施侦查性控制、纠正性控制和补偿性控制实质上是事中控制和事后控制，其偏重于发现性控制，由于是在财务收支活动发生过程中或结束后进行控制，对发现问题、解决问题、明确责任、落实考核及相应的奖罚都可能是有益的。

（二）控制措施

控制措施，是根据风险评估结果，结合风险应对策略所采取的确保企业内部控制目标得以实现的方法和手段，是实施内部控制的具体方式。控制措施应结合企业具体业务和事项的特点与要求制定。按照《基本规范》的要求，控制措施一般包括不相容职务分离控制、授权审批控制、会计系统控制、财产保护控制、预算控制、运营分析控制和绩效考评控制等。

企业应当根据内部控制目标，结合风险应对策略，综合运用控制措施，对各种业务和事项实施有效控制，确保将剩余风险（指企业采取控制措施之后仍可能发生的风险）控制在可接受水平之内，以合理保证企业不出现内部控制的重大缺陷和企业内部控制目标的实现。例如，对实现财务报告真实可靠和资产安全完整控制目标有重要影响的具体业务与事项通常包括但不限于以下各项：货币资金、采购与付款、存货、对外投资、工程项目、固定资产、销售与收款、筹资、成本费用、担保、财务报告编制、信息披露、预算、合同协议、关联交易；企业合并、资产重组、衍生金融工具运用、母公司对子公司的控制、人力资源政策、计算机信息系统等。上述业务与事项随着企业经营管理和外部环境的变化而不断发展变化，企业应当结合实际，运用各种控制方法，采取相应的控制措施，将风险控制在可承受度之内。

三、内部监督构成要素分析

（一）内部控制监督制度

实施对企业内部控制的监督制度是防止内部控制制度“徒有虚名”和“走过场”的有效措施。企业应当根据《基本规范》的要求及其配套实施方法，制定内部控制监督制度，明确内部审计机构（或经授权的其他监督机构）和其他内部机构在内部监督中的职责权限，规范内部监督的程序、方法和要求。

内部控制监督一般可以分为日常监督和专项监督两个方面。日常监督是指企业对建立与实施内部控制的情况进行常规、持续的监督检查。持续性监督检查具有连续的、全面的、系统的特征。专项监督是指在企业发展战略、组织结构、经营活动、业务流程、关键岗位员工等发生较大调整或变化的情况下，对内部控制的某一或者某些方面进行有针对性的监督检查。专项监督的范围和频率应当根据风险评估结果以及日常监督的有效性等予以确定。专项监督具有不定期的、专门的、有针对性的特征。日常监督和专项监督应当有机结合，互相补充。

企业董事会所属审计委员会、内部审计机构或者实际履行内部控制监督职责的其他有关机构应当根据国家法律、法规要求和企业授权，采取适当的程序和方法，对内部控制制度的建立与实施情况进行监督检查，形成检查结论并出具书面检查报告。履行内部控制监督检查职责的机构，应当加强队伍职业道德建设和业务能力建设，不断提高监督检查工作的质量和效率，树立并增强监督检查的权威性。

（二）内部控制缺陷认定标准

内部控制缺陷是指内部控制制度的设计存在漏洞、不能有效防范错误与舞弊，或者内部控制制度的运行存在弱点和偏差、不能及时发现并纠正错误与舞弊的情形。内部控制缺陷包括设计缺陷和运行缺陷。企业对在监督检查过程中发现的内部控制缺陷，应当采取适当的形式及时进行报告，同时，应当分析内部控制缺陷产生的原因，并有针对性地提出改进意见，不断健全和完善企业内部控制制度。

内部控制重大缺陷是指业已发现的内部控制缺陷可能严重影响财务会计报告的真实可靠和资产的安全完整。对于监督检查中发现的重大缺陷或者重大风险，应当及时向董事长和经理汇报。

企业应当结合其内部控制制度，对在监督检查中发现的违反内部控制规定的行为，及时通报情况和反馈信息，维护内部控制制度的严肃性和权威性。企业应当跟踪内部控制缺陷整改情况，并就内部监督中发现的重大缺陷，追究相关责任企业或者责任人的责任。

第二节 大数据信息时代企业内部控制的措施

一、不相容职务分离控制

（一）不相容职务分离控制的基本要求

不相容职务是指那些如果由一个人担任既可能发生错误和舞弊行为，又可能掩盖其错误和舞弊行为的职务。不相容职务通常是指授权批准、业务经办、会计记录、财产保管、稽核检查等职务，其主要内容包括授权批准与业务经办、业务经办与会计记录、会计记录与财产保管、业务经办与稽核检查、授权批准与监督检查等。企业应当根据各项经济业务与事项的流程和特点，系统、完整地分析、梳理执行该经济业务与事项涉及的不相容职务，并结合岗位职责分工采取分离措施。有条件的企业，可以借助计算机信息技术系统，通过权限设定等方式自动实现不相容职务的相互分离。

不相容职务分离控制要求企业全面系统地分析、梳理业务流程中所涉及的不相容职务，实施相应的分离措施，形成各司其职、各负其责、相互制约的工作机制。

对于不相容的职务，如果不实行相互分离的措施，就容易发生舞弊等行为。例如，物资采购业务，批准进行采购与直接办理采购即属于不相容的职务，如果这两个职务由同一个人担当，即出现该员工既有权决定采购什么，采购多少，又可以决定采购价格、采购时间等情况，如果没有其他岗位或人员的监督制约，就容易发生舞弊行为。又如，一个会计人员既保管支票印章，又负责签发支票，或者既记录支票登记簿，又登记银行存款日记账，或者既负责编制会计凭证，又负责企业与银行之间账目的审核与对账等工作，如此等等，就完全不符合不相容职务相互分离的控制原则，很有可能会导致舞弊行为的发生。

（二）不相容职务分离的核心要求

不相容职务分离的核心是“内部牵制”，因此，企业在设计、建立内部控制制度时，首先应确定哪些岗位和职务是不相容的，其次要明确规定各个机构和岗位的职责权限，使不相容岗位和职务之间能够相互监督、相互制约，形成有效的制衡机制。

不相容职务分离控制实质上是编辑策划控制在会计内部控制中的应用。职责分工控制要求根据企业目的和职能任务，按照科学、精简、高效的原则，合理设置职能部门和工作岗位，明确各部门、各岗位的职责权限，形成各司其职、各负其责、便于考核、相互制约的工作机制。

企业应当结合岗位特点和重要程度，建立规范的岗位轮换制度，防范并及时发现岗位职责履行过程中可能存在的重要风险，以强化职责分工控制的有效性。例如，企业应当明确财务等关键岗位员工轮岗的期限和有关要求。

由于不相容职务是指那些如果由一个人担任既可能发生错误和舞弊，又可能掩盖其错误和舞弊行为的职务，所以，内控制度强调要实行职务分离控制。又由于为了要增加舞弊发现概率，内控制度还强调关键岗位应建立强制轮换制度，这也是很重要的，由于领导、员工离岗时的工作交接会受到他人监督，那么其实施并掩盖舞弊的机会将大大减少，现实中有不少挪用或贪污等舞弊现象是在工作交接时被发现的。如：美国货币管理局要求全美的银行雇员每年休假一周，在雇员休假期间，安排其他人员接替做他的工作，其意图就是防止和发现该雇员可能存在的舞弊。通过强制岗位轮换，或者带薪休假，在休假期间工作由别人暂时接替，则舞弊被发现的概率会大大增加，相应地，员工舞弊的动机则会大大减弱。因此，对我国企业来说，非常有必要对财务岗位、领导岗位建立强制轮换或带薪休假制度。

当然，职务分离和岗位轮换制度都是为了加强内部牵制，但不能因此而片面地理解内部控制就是内部牵制。事实上，内部牵制是内部控制的最初发展形势，内部牵制确实还是现代内部控制的重要方法和原则之一，是组织机构控制、职务分离控制的基础。但是，现代内部控制不仅仅是内部牵制，还包括预算控制、资产保护控制、人员素质控制、风险控制、内部报告控制、电子信息系统控制、内部审计控制等，而这些都不是内部牵制所能涵盖的。

（三）不相容职务检查的主要内容

每类经济业务的发生与完成，不论是简单的还是复杂的，必须经过两个或两个以上的部门或人员，并保证业务循环中的有关部门和有关人员之间进行检查与核对。如果企业没有适当的职务分离，则发生错误和舞弊的可能性更大。例如，一项支票业务的签发必须经过不同部门或人员，如支票申领人、签发支票人、支票核对人、支票盖章人、支票记录人等，并保证该业务循环中有关部门之间相互进行检查与制约。实践证明，对以下五种职务的分工进行监督检查，有利于随时发现各种错弊等情况：一是授权批准职务与执行业务职务相分离，二是执行业务职务与监督审核职务相分离，三是执行业务职务与会计记录职务相分离，四是财产保管职务与会计记录职务相分离，五是执行业务职务与财产保管职务相分离。

例如，在企业的某项资产管理中，资产的保管、资产的记录、资产的保管与记录之间核对检查，故是不相容职务，应当实行分离。当然，不相容职务分离这项控制需要各个职务分离的员工各守其责，如果担任不相容职务的职工之间相互串通勾结，则不相容职务分离的作用会消失。

总之，对一项经济业务处理的全过程检查应注意其各个步骤是否分派给不同的部门和人员来负责，用以防止一人包办到底的情况发生。

在每项经济业务检查中，检查者不应从属于被检查者领导，以保证检查出的问题不被掩盖，及时得到纠正。例如，保管材料的仓库保管员在没有及时取得符合质量和数量要求的材料时，可能向上级领导反映，以便引起管理部门的重视；如果其上级是采购员，则反映结果往往会引起采购员的不满甚至抵触。同样，如果销售经理的上级是主管制造的副总经理，则销售经理将产品质量问题引起顾客不满而向上反映时，往往会被其上级所掩饰。

权力与职责应当明确地授予具体的部门和人员，并尽可能给予有关部门与人员一定的自主权，以便为组织内部的全部经济活动的各个岗位规定明确的经济责任。这种权力与职责通常应当以书面文件的形式加以规定。如果有责无权，内部控制的职责就会无法落实，这种情形应当及时发现，及时纠正。

（四）不相容职务分离控制的主要目的

（1）任何业务尤其是货币资金收支业务的全过程，不能由某一个岗位或某一个人包办；

（2）经济业务的责任转移环节不能由某一个岗位单独办理；

（3）某一岗位履行职责情况绝不能由其自己说了算；

（4）财务等重要权力的行使必须接受定期独立的审查等。

二、授权审批控制

（一）授权批准控制的基本要求

授权是指授予对某一大类业务或某项具体业务的决策作出决定的权力，通常包括常规授权（一般授权）和特别授权两种方式。

授权批准是指单位在办理各项经济业务时，必须经过规定授权批准的程序。

授权审批控制要求企业根据常规授权和特别授权的规定，明确各岗位办理业务和事项的权限范围、审批程序和相应责任等内容。

授权控制在日常工作中主要表现为审核批准控制，即要求企业各部门、各岗位按照规定的授权和程序，对相关经济业务和事项的真实性、合规性、合理性以及有关资料的完整性进行复核与审查，通过签署意见并签字或者签章，做出批准、不予批准或者做其他处理的决定。为此，企业应当编制常规授权权限指引，规范特别授权范围、权限、程序和责任，严格控制权。企业各级管理人员应当在授权范围内行使职权和承担责任。

（二）授权批准的形式

1. 常规授权

常规授权（又称一般授权）是指企业在日常经营管理活动中按照既定的职责和程序进行的授权。

常规授权是对办理常规性经济业务的权力、条件和有关责任者做出的规定。如企业对各职能部门权限范围和职责的规定属于常规授权。层次的授权过大，则风险不易控制；过小，则效率降低。常规授权适用于经常发生的数额较大的交易，如赊销时的价格表与信用额度等，其时效性一般较长。企业可以根据常规性授权编制权限指引并以适当形式予以公布，提高权限的透明度，加强对权限行使的监督和管理。

常规授权通常是在对该业务管理人员任命的时候确定，在管理部门中也采用岗位责任制或管理文件的授权形式认定，或在经济业务中以规定其办理条件、办理范围的形式予以反映的。例如，会计部门规定某人负责支票的审核与相关政策，那么只要当符合支票签发政策的部门和人员申请支票时，该人员就可按这些政策的规定授权办理支票审核业务。

2. 特别授权

特别授权是指企业在特殊情况、特定条件下进行的授权。特别授权适用于管理当局认为个别交易必须经批准的情况，对于对外投资、资产处置、资金调度、资产重组、收购兼并；担保抵押、财务承诺、关联交易等重要经济业务事项的决策权，以及超过一般授权的常规交易都需要特殊授权。这种授权只涉及特定的经济业务处理的具体条件及有关具体人员，且应保持在较高管理层手中。

特别授权是一种临时性授权，是企业在特殊情况、特定条件下进行的应急性授权。与一般授权不同，特殊授权只涉及特定的经济业务处理的具体条件及有关具体人员。例如，上述负责支票审核的某会计人员，在审核应该开具的支票时，发现金额高达数百万元，额度远远超过某会计人员甚至是会计部门的权限，对于这笔支票审核业务，必须作为特殊授权才能办理。可见，这样的授权时效较短，有的还须一事一议。企业应当关注对临时性授权的管理，规范临时性授权的范围、权限、程序、责任和相关的记录措施。有条件的企业，可以采用远程办公等方式逐步减少临时性授权。

和常规授权相比，特别授权往往是指对办理例外的、非常规性事件的权力、条件和责任的特殊规定，比如非经常的、重大的、长期性的筹资行为和投资决策等，而日常的、短期性的、经营性的行为属于常规授权的范围。

企业对于重大的业务和事项（尤其是企业对于金额重大、重要性高、技术性强、影响范围广的经济业务与事项），应当实行集体决策审批或者联签制度，任何个人不得单独进行决策或者擅自改变集体决策。

（三）授权批准体系

1. 授权批准的范围

企业所有的经营活动一般都应当纳入授权批准的范围，以便于全面预算与全面控制。授权批准的范围不仅包括控制各种业务的预算（计划）制定情况，还要就紧接的办理手续对相关人员进行授权，同时，对业务的业绩报告也要授权有关人员反映和考核。

2. 授权层次

授权应当是有层次的，区别不同情况的。根据经济活动的重要性和金额大小确定不同的授权批准层次，有利于保证各管理层和有关人员有权有责。授权批准在层次上应当考虑连续性，要将可能发生的情况全面纳入授权批准体系，避免出现真空地带。当然，应当允许根据具体情况的变化，不断对有关制度进行修正，适当调整授权层次。业务新出现的，要配上相应的规定；金额规模发生变动的，要修改原有的层次界定。

3. 授权责任

被授权者应明确在履行权力时对哪些方面负责，避免授权责任不清，一旦出现问题又难咎其责的情况发生。

以差旅费报销业务为例，应根据企业总体组织计划中对部门权限范围和职责作出相应的规定。此项业务一般会涉及以下三个部门与相关的人员：报销人员与所在部门负责人应对报销事项的真实性负责；审核的部门与人员应核定费用报销的相关标准；会计部门审核有关凭证的合法性、完整性，对符合条件的情形予以报销。

4. 授权批准程序

企业的经济业务既涉及企业与外单位之间资产与劳务的交换，也包括在企业内部资产和劳务的转移和使用。因此，每类经济业务都会有一系列内部相互联系的流转程序。所以，企业应当规定清楚每一类经济业务的审批程序，以便按程序办理审批，避免超级和违规审批的情况发生。

（四）授权批准管理要求

任何一个企业的授权控制应努力达到以下几个方面的要求。

（1）企业所有人员不经合法授权，不能行使相应权力；这是最起码的要求。不经合法授权，任何人不能审批；有权授权的人则应在规定的权限范围内行事，不得越权授权。包括股东（大）会对董事会的授权原则、授权内容也应当在企业章程中做出明确具体的规定。

（2）企业的所有业务未经授权不能执行。企业内部的各级管理层必须在授权范围内行使职权和承担责任，经办人员也必须在授权范围内办理业务。

（3）对于审批人超越授权范围的审批业务，代办人员有权拒绝办理，但应及时向审批人的上级授权部门报告。

（五）授权批准检查制度

1. 检查凭证和文件

经济业务发生和完成时，通常要编制、审核一系列凭证或文件，这些凭证文件（尤其是定量的标准与签章等记录）是授权批准的执行证据，通过审查可反映授权批准手续的执行程度。例如，核对购货发票和采购订单，以检查采购业务是否符合授权标准、价格是否合理、货款支付方式是否正确。如果购货发票上的数量、金额与订购单不一致，货款支付仅以购货发票为依据时，则说明在采购和货款支付的授权批准程序上存在失控情况。

2. 现场观察

观察授权批准的工作现场有时确实有助于判断授权批准的工作质量。例如，某企业规定购货时需经电话询问取得三种报价后才可发出订单，为了查明经办人员是否执行上述授权批准条件，只有通过现场观察才能了解确切。

三、会计系统控制

（一）会计系统控制的基本要求

会计作为一个信息系统，对内能够向管理层提供经营管理的诸多信息，对外可以向投资者、债权人等提供用于投资等决策的信息。

会计系统控制要求企业严格执行会计准则或会计制度，加强会计基础工作，明确会计凭证、会计账簿和财务会计报告的处理程序，规范会计政策的选用标准和审批程序，建立、完善会计档案保管和会计工作交接办法，实行会计人员岗位责任制，充分发挥会计的监督职能，保证会计资料的真实完整。

企业应当依法设置会计机构，配备会计从业人员。从事会计工作的人员，必须取得会计从业资格证书，会计机构负责人应当具备会计师以上专业技术职务资格。大中型企业应当设置总会计师，设置总会计师的企业，不得设置与其职权重叠的副职。

会计系统控制主要是通过对会计主体所发生的各项能用货币计量的经济业务进行确认、计量、记录、报告所实施的控制。从日常会计核算工作的内容来看，主要包括以下几个方面：

（1）建立会计工作的岗位责任制，对会计人员进行科学合理的分工，使之相互监督和制约；

（2）按照规定取得和填制原始凭证；

（3）设计良好的凭证格式；

（4）对凭证进行连续编号；

（5）规定合理的凭证传递程序；

（6）明确凭证的装订和保管手续责任；

（7）合理设置账户，登记会计账簿，进行复式记账；

（8）按照《会计法》和国家统一的会计制度的要求编制、报送、保管财务会计报告等。

（二）会计记录控制

1. 凭证编号

凭证编号是企业常用的控制方法。它可以控制企业签发的凭证数量，以及相应的交易涉及的其他文件，如支票、发票、订单、存货收发证明的使用情况，便于查询，避免重复、遗漏；更重要的是，编号的连续性一定程度上可以减少抽取发票、截取银行收款凭证等进行贪污舞弊的可能性。

2. 复式记账

复式记账能够将企业发生的经济业务按其来龙去脉、相互联系地、全面地记入有关账户，使各账户完整地、系统地反映各会计要素具体内容的增减变动情况及其结果。通过复式记账与借贷平衡，有利于保证会计账面记录无误，从而保证会计信息正确完整。

3. 统一会计科目

企业应根据会计准则规范要求和经营管理的实际需要，统一设定会计科目，特别是集团性公司更有必要统一下级公司的会计明细科目，以便于统一口径、统一核算、有效分析。企业可以列一张有全部会计科目的清单，一般包括会计科目编号、名称、级别、类别等几个方面，并附有每个账户的内容说明。对于会计准则尚未统一规定的明细科目，企业可以自行设定。

4. 会计政策

企业制定会计政策应当符合会计准则的规范要求，也应当从企业内部控制及管理要求出发，编制一份专门的会计政策文件，让有关人员知晓，必要时也可在整个集团（包括各子公司）统一某些会计政策，以便于汇总管理和考核。这样统一会计处理，也可以减少错误的可能性。

5. 结账程序

结账是一项将账簿记录定期结算清楚的账务处理工作，包括对收入、费用的结算，以揭示当年的经营活动成果，还包括对资产、负债、所有者权益的结算，结出其期末余额以便下期结转。

（三）内部会计控制规范

内部会计控制是指单位为了提高会计信息质量，保护资产的安全、完整，确保有关法律、法规和规章制度的贯彻执行等而制定和实施的一系列控制方法、措施和程序。

内部会计控制是整个企业内部控制系统中的一个十分重要的、不可或缺的子系统。也可以这样认为，内部会计控制是企业内部控制的核心。随着市场经济的深入发展，控制在管理中的重要性程度正在不断提高，内部会计控制重要性也会被越来越多的人所认识。企业管理越加强，内部会计控制越重要。

有人认为，内部控制就是内部会计控制。其实，这是一种误解。将内部控制等同于内部会计控制是不全面的。因为内部控制不仅仅涉及会计，还贯穿于企业的生产经营管理全过程，企业应当针对采购、生产经营、销售、财务管理、研究开发、人力资源等各方面全面地制定内部控制制度。内部控制至少可以划分为内部会计控制和内部管理控制。这种划分思想在审计界产生了广泛的影响，促成了当时制度基础审计的产生。内部会计控制和内部管理控制是相互联系、难以分割清楚的，要严格分清各项控制究竟是内部会计控制还是内部管理控制，并无多大实际意义。

（四）内部会计控制分类与主要内容

1. 货币资金控制

办理货币资金业务的不相容岗位应当分离，相关机构和人员应当相互制约，确保货币资金的安全。审批人应当根据货币资金授权批准制定的规定，在授权范围内进行审批，不得超越审批权限。经办人应当在职责范围内，按照审批人的批准意见办理货币资金业务。对于审批人超越授权范围审批的货币资金业务，经办人员有权拒绝办理，并及时向审批人的上级授权部门报告。企业应当按照支付申请、支付审批、支付复核、办理支付等规定的程序办理货币资金支付业务。

2. 实物资产控制

企业应当建立实物资产管理的岗位责任制度，对实物资产的验收入库、领用、发出、盘点、保管及处置等关键环节进行控制，防止各种实物资产被盗、毁损和流失。

3. 对外投资控制

企业应当建立规范的对外投资决策机制和程序。通过实行重大投资决策集体审议联签等责任制度，加强投资项目立项、评估、决策、实施、投资处置等环节的会计控制，严格控制投资风险。

4. 工程项目控制

企业应当建立规范的工程项目决策程序，明确相关机构和人员的职责权限，建立工程项目投资决策的责任制度，加强工程项目的预算、招投标、质量管理等环节的会计控制，防范决策失误及工程发包、承包、验收等过程中的舞弊行为。

5. 采购与付款控制

企业应当合理设置采购与付款业务的机构和岗位，建立和完善采购与付款的会计控制程序，加强请购、审批、合同订立、采购、验收、付款等环节的会计控制，堵塞采购环节的漏洞，减少采购风险。

6. 筹资控制

企业应当加强对筹资活动的会计控制，合理确定筹资规模和筹资结构，选择筹资方式，降低资金成本，防范和控制财务风险，确保筹措资金的合理、有效使用。

7. 销售与收款控制

企业应当在制定商品或劳务等的定价原则、信用标准和条件、收款方式等销售政策时，充分发挥会计机构和人员的作用，加强合同订立、商品发出和账款回收的会计控制，避免或减少坏账损失。

8. 成本费用控制

做好成本费用管理的各项基础事务，制定成本费用标准，分解成本费用指标。控制成本费用差异，考核成本费用指标的完成情况，落实奖罚措施，降低成本费用，提高经济效益。

9. 担保控制

严格控制担保行为，建立担保决策程序和责任制度，明确担保原则、担保标准和条件、担保责任等相关内容，加强对担保合同订立的管理，及时了解和掌握被担保人的经营和财务状况，防范潜在风险，避免或减少可能发生的损失。

四、财产保护控制

（一）财产保护控制的基本要求

为了保全企业的财产，企业应当严格限制未经授权的人员接触和处置财产，并采取定期盘点、财产记录、账实核对、财产保险等措施，确保各种财产的安全完整。《基本规范》第三十二条指出：“财产保护控制要求企业建立财产日常管理制度和定期清查制度，采取财产记录、实物保管、定期盘点、账实核对等措施，确保财产安全。企业应当严格限制未经授权的人员接触和处置财产。”

（二）限制接近

1. 限制接近现金

现金收支的管理应该局限于特定的出纳员。这些出纳员要与控制现金余额的会计记录人员和登记应收账款的人员相分离。可以设立单独封闭的出纳室或带锁抽屉的收银机来保护现金的安全。零星现金的支出也可以通过指定专门的核算人员管理备用金的方法来加以控制。

2. 限制接近其他易变现资产

其他易变现资产，如应收票据和有价证券等，一般都是采用确保两个人同时接近资产的方式加以控制。如由银行等第三方保管易变现资产，在处理保管的易变现资产时，要求由两名管理人员共同签名等。

3. 限制接近存货

在制造业和批发企业中，存货的实物保护可以通过由专职的仓库保管员控制，设置分离、封闭的仓库区域，以及工作时间之内和工作时间之后控制进入仓库区域等方式实现。在零售企业中，存货的实物保护可以通过在营业时间中和营业时间后控制接近库房的方式（如使用夜盗警铃、发放有限的钥匙）来实现。另外，对贵重商品使用带锁的营业柜，以及聘用专人日常巡视和采用某些监控设备等，也是实物保护控制的措施之一。

（三）定期盘点

1. 定期与会计记录核对

实物资产盘点并与会计记录核对一致在很大程度上保证了资产的安全，虽然我们并不排除实物资产和会计记录存在相同错误的可能。为保证盘点时资产的安全，通常应先盘点实物，再核对账册，以防止盘盈资产的流失。

2. 进行差异调查与调整

实物盘点结果与有关会计记录之间的差异应由独立于保管和记录职务的人员进行调查。盘点结果与会计记录如果不一致，说明资产管理上可能出现错误、浪费、损失或其他不正常现象。为防止差异再次发生，应通过详细调查分析原因、查明责任，并根据资产性质、现行的制度以及差异数额以及产生的原因，采取保护性控制。

需要说明的是，我们可以根据资产形态来确定盘点频率，显然，动产较之不动产，可携带品较之不可携带品，消费品较之生产用品，货币性资产较之非货币性资产，盘点频率要高得多。

此外，大数据信息时代下企业内部控制的措施还包含预算控制、运营分析控制、绩效考评控制等，这里不再一一介绍。

第七章 大数据时代的业财融合

第一节 业财融合的内涵及本质

一、理论回顾：业财融合的内涵溯源

关于业财融合本质的第一种观点可称为信息融合论，即认为业务信息与财务信息必须融合到一起，实现两者的整合。也有更为深化的观点认为，业财融合的本质是在业务的重要领域、层次、环节或者说整个业务流程过程中实现业务和财务相关信息的融合。这一观点的法律渊源是财政部发布的《管理会计基本指引》中，提出的业财融合原则的内涵说明，即“管理会计的应用应嵌入单位业务的重要领域、层次、环节，以业务流程信息为基础，利用管理会计工具，将业务和财务相关信息予以融合，以实现管理会计目标”。从这一解释可以看出，业财融合主要是基于信息层面上的融合。关于业财融合本质的第二种观点可称为组织融合论，就是财务部门和业务部门行为目的和行为过程的融合。

实际上，企业内部分工的财务部门所进行的财务管理，是以价值管理为出发点和归属的。财务管理的对象就是资金运动，而资金既是价值计量的形式又是对业务的价值体现。正是由于财务部门所进行财务管理的这一特性，往往在形式上很容易将业财融合理解为财务部门的财务管理（含财务信息）或者财务工作与业务部门的业务管理或者业务工作进行融合，而实质上这是业务与价值的融合。一是业财融合不仅是财务和业务在某一环节、某一业务或者活动、某一节点的融合，而且是要实现整个业务链与价值链的全面融合，也就是有业务的地方就必须要有价值创造的实现；业财融合在关注每一项业务都必须去创造和实现价值的同时，更关注所有业务的整体价值创造和实现能力。前者可以称为分工的价值，后者称为协同的价值。这不仅表现在企业内部的业务关系上，也表现在企业与外部各关联方之间的关系上。二是业财融合两者到底是一种怎样的融合关系，在信息融合论和组织融合论中业务处在主导的一方，信息是基于业务的发生而产生的，基于业务的需要而使用；财务是基于业务的需要而形成的，为业务的需要组织资金运动，进行现金流管理，并为业务管理提供支持和服务。但在价值融合论中却与此不同，至少在价值融合论中业务链必须和价值链相互融合，两者之间是一种平行的融合关系，不是一种主从关系和依存关系。更进一步地，价值融合论强调业务必须要服从价值创造和实现的需要，业务链必须要融合到价值链上去，诸如上述价值管理理念在业务管理中的有

效实现，企业的管理活动和业务活动必须要紧扣企业价值链的每个环节特别是增值活动，企业必须关注业务链中的不增值环节和节点，并且要消除它。

上述三种关于业财融合本质的观点，是从不同视角所提出的三种平行的观点，还是这三种观点之间存在某种内在联系并最终归属到业财融合本质的内涵上去？在商品经济或者市场经济条件下，商品生产和商品交换是其根本的特征，生产不是为了自行消费而是为了买卖从而形成交换，产品也就变成了商品，商品被买卖也就成了交换。在商品交换下，企业生产的最终目的就是要把商品生产出来、交换出去，表现为商品的价值创造和实现。从这个意义出发，企业一切业务活动、业务活动的各个环节、各个环节的每一项作业行为，都必须能够进行价值创造和价值实现。业务创造和实现价值也就是业财融合的一个原生的、必然的要求，而不是一个融合与不融合的问题。业财融合之所以成为一个问题，是由于企业内部分工所导致的，当财务部门（或者会计部门）与各类业务部门从职能上进行分离后，财务部门管理资金运动或者价值运动，而各类业务部门从事业务活动，伴随两类部门的业务分工进而导致价值运动与业务活动之间也形成了相互独立甚至出现分离的状态。这种独立和分离的结果，就是各类业务部门更关注业务活动自身的数量和质量，却有可能忽视业务活动本身所创造和实现的价值；而财务部门更关注业务活动创造和实现的价值，却有可能忽视对业务活动本身的质量和数量的管理和控制；更极端的情形是，财务部门和各类业务部门的行为可能处于对立的状态，财务部门为了减少资金的占用和绝对的降低成本、追求创造和实现价值的最大化，过分地强调对业务部门的监管，忽视了对业务部门的支持和服务，甚至通过对资金的配置权限和有关支出的开支权限制业务的发展，从而形成业务部门与财务部门的对立。当业财融合从一种内在的必然，转化为一种财务部门需要与各类业务部门的一种协同和合作时，分离甚至冲突必然就会产生，业财融合的问题也就自然形成。但是必须看到，问题的本质仍然在于如果企业的业务本身不必要与价值融合，也就是业务不必要创造和实现价值，既便是财务部门与各类业务部门在职能上进行了分工也不会产生业财融合的问题（业务并不需要创造价值何以会成为问题），业财融合的问题根本上缘起于业务必须要创造和实现价值，也就是业务与价值必须融合。正是由于有了这种融合的必要，当财务部门与各类业务部门分离导致这种融合不能有效充分实现甚至出现逆向冲突时，业财融合的问题也就必然出现。从这个意义出发，业财融合问题的本质是源于业务必须创造和实现价值，而现实中并非所有的业务都能创造和实现价值，这种不能创造和实现价值的业务对于主管价值运动的财务部门而言，就要对其进行监督或控制，或者将其控制在最小的范围和程度内；各类业务部门主要从事各类业务活动而不直接进行各类业务活动的价值管理，往往会造成业务活动的不经济、低效率、无价值的后果，这就需要各类业务部门在进行业务活动时，充分考虑价值创造和实现的可能，并被财务部门进行必要的监督和控制。可见，业财融合的组织融合论主要是从财务部门与各类业务部门进行分工后引发了业财不融合问题的视角提出的，但这一观点存在的根本缺陷，就在于没有回答业财不融合这一问题出现的最终原因，也就是在商品经济或者市场经济条件下，业务必须创造和实现价值，这正是价值融合论的本质。

那么，信息融合论与价值融合论的关系又是怎样呢？企业在业务活动的过程中既会产生业务信息也会产生价值信息。在理论上，业务活动发生过程就是价值转移、价值创造和价值实现的过程，伴随着业务活动的进行，在这个过程中就会产生业务行为自身的信息，也会产生业务转移、创造和形成价值的信息，两者是须臾不可分离的。采购业务产生供应商、采购品种、数量、质量、采购时间、采购地点等业务信息，也产生了采购成本、采购费用等的价值信息；生产业务产生生产产品的品种、数量、质量、生产时间、存放地点等的业务信息，也产生了生产成本、生产费用、储存费用等的价值信息；销售业务产生了客户、销售的品种、数量、质量、销售时间、销售地点、售后服务的状态等业务信息，也产生了销售收入、销售成本、销售费用和售后服务费用等的价值信息；负面的情形是，一些不增值甚至发生损失的业务也会产生关于业务损失的数量和质量等信息，相应的也产生相关价值损失的信息。正因为在商品经济或者市场经济条件下，业务活动进行的过程就是价值转移、创造和实现的过程。从自然属性来看，业务信息和价值信息本身就是不可分离的，是必然融合的，当然也就不存在是否融合的问题。融合问题的出现也是由于会计部门（或者财务部门）与业务部门进行职能分工的结果，会计部门主要提供经营成果和财务状况的信息，这些信息最终都是以价值计量的形式予以披露，而各类业务部门主要提供业务过程及其结果的信息，这些信息主要以实物计量的形式予以呈现。由于会计部门与各类业务部门职能分工，使得价值信息与业务信息之间产生了不融合的问题。但这种不融合并不是完全的而只是部分的，主要表现在以下两个方面：一是在会计核算中必须要将反映业务信息的业务凭证转换为会计凭证，这说明会计信息是在业务信息的基础上形成的，会计在将业务凭证转换为会计凭证从而业务信息转换为会计信息的过程中，实现了业务信息与价值信息的有机结合。二是尽管业务凭证转换为会计凭证后价值信息和业务信息是融合的，但是，业务凭证所反映的具体业务活动过程，每个业务活动环节的具体作业以及作业流程并不在业务凭证中得以反映，从而导致业务更具体层面的作业活动和行为不能在会计信息中得以呈现。

需要明确的是，业财融合的信息融合论主要是从会计部门与各类业务部门进行分工后引发的信息不融合问题的视角而提出的，这一观点存在的根本缺陷，就在于没有回答业财不融合问题出现的最终原因，就是在商品经济或者市场经济条件下，业务必须创造和实现价值，要判断业务是否创造和实现了价值，就必须要从信息的视角提供各类业务与价值创造和实现的相关信息。从这个意义出发，要最终实现业务与价值的融合，就必须要通过业务信息与价值信息的融合得以呈现。业务信息与价值信息的融合是业务与价值进行融合的表现形式，而业务与价值的融合是业务信息与价值信息融合的存在基础。如果没有业务必须要创造价值的内在必要，业务信息与价值信息的融合也就变得没有必要，自然也就不会演化成业财融合的信息问题。

通过上述分析，我们得到了这样的逻辑：业财融合本质上是业务必须要创造价值，但由于企业内部的财务和会计部门与各类业务部门的职能分工，导致了业财在组织上和信息上的分离问题，并进而导致业务与价值创造和实现之间的关系被分割。在商品经济或市场经济条件下业财必须融合，也就是业务必须要创造和实现价值，要解决它们之间不融合的问题，必然要通过组织的变革才能有效地实现。或者反过来说，在商品经济或市场经济条件下，业务必须创造和实现价值，企业的组织设计和信息的提供必须有助于这一目标的实现。基于价值视角的业财融合不仅回归了业财融合的本质，也决定了企业组织设计和信息提供的基本模式。

二、组织变革：业财融合问题的解决

（一）跨企业的价值共创共享平台

在现代政治经济环境特别是新技术的条件下，为了满足消费者个性化、多变化、多样化的需求，在业务上必须要实现跨独立的单一企业的整合，一方面既要保证各企业利益的独立性，另一方面又要共享各企业的资源，从而取长补短、优势互补。显然，仅仅通过把众多的各独立单一企业一体化以及由此形成的规模化是很难实现的，也不符合企业发展的内在特性和原理（规模过大会无法管控，管理的层级太多、管理的幅度太宽也不利于企业运转的效率）。问题就归结为，既要保证现有企业的独立存在，又要使各关联的独立单一企业能够协同动作，共同满足顾客个性化、多样化和多变化的需要，以跨企业的形式使价值创造和实现最大化。既然任何企业都是为了价值创造和价值实现的最大化，正是这一目标使得各关联企业能够进行业务协同，业务协同成为价值创造和实现最大化的手段，没有共同的价值目标，协同就不可能发生；要使协同有效，就必须紧紧围绕价值目标进行。因此，跨企业的业财融合，必须是以价值创造和实现为目标，并能实现价值更大化（这是相对于独立的单一企业而言为前提的。跨企业并不是把所有独立的单个企业重新组合起来形成一个更大的企业，而是要搭建一个跨企业的共创共享平台，在这样一个跨企业的平台上实现各企业资源的最佳配置，满足顾客个性化、多样化和多变化的需要。构建跨企业平台仍然是所有企业的业务必须在价值共创和共享的理念上才能实现，搭建这一平台必须要实现两个方面的要求：一是根据消费需求而必须要形成的业务链条、业务网络和业务星系，必须按照价值链、价值网络和价值星系的要求构建。按照这一要求构建的业务链条、业务网络、业务星系体系，首先必须要能够全面地实现消费者的消费需要，即包括对所需要的商品服务和关联需要的满足。从一般意义上讲，就要实现消费者的整体满足感，只有能够实现这种整体满足感的业务链条、业务网络和业务星系，才具有链接的价值。任何跨企业的整合，就是为了将利用各企业的资源优势迅速及时地满足消费者个性化、多样化和多变化的需要，跨企业的价值才得以存在、创造和实现。其次，必须要实现整个业务链条、业务网络和业务星系的有机整合，从而能够产生协同的价值。实现这种有机的整合最关键的是在业务链条、业务网络和业务星系体系中，必须具有高度吸引力和组织力，也称之为企业黏性的独立的核心企业。这一企业不仅能够发现消费者的需求，而且能够根据这一需求设计出实现消费者整体满足感的商品、服务和关联需要的完整体系。在此基础上，这一独立的核心企业还能够卓有成效地吸引、指挥、协调甚至评价业务链条、业务网络、业务星系体系中的所有独立的单一的企业，为实现消费者的整体满足感而协同运作。最后，能够衔接好业务链条的每个环节的连接点、业务网络的每个纵横相错的交叉点和业务星系的每个为了核心企业运行的引力点，这里的关键就是要处理好每个点上有关各方的价值连接关系或者说交换关系。二是在业务链条、业务网络和业务星系体系通过满足消费者的整体满足感而实现价值更大化（业务链条、业务网络和业务星系体系的所有企业通过协同创造和实现的价值，必须比各体系中所有独立的单一企业创造和实现的价值之和更大）的同时，还必须使得业务链条、业务网络、业务星系体系中的各成员企业，能够分享协同整合所带来的更多的价值。如果成员企业不能得到更多的价值分享，成员企业就缺乏进入业务链条、业务网络、业务星系体系中的经济基础或者利益诱导，业务链条、业务网络、业务星系体系就不可能形成。可见跨企业的业务体系的形成，是以创造更大的价值和成员企业能够合理地分享这一个更大的价值为前提的，这正是新经济时代共创价值、分享价值的基本内核。必须要注意的是跨企业的价值共创共享平台的构建，是建立在现代信息基础上的。正是有了现代信息技术，一方面使得独立的单一企业的企业边界被打破，从而为平台构建提供了前提；另一方面也使得众多关联的独立的单一企业能够有效地协同起来，现代信息技术所提供的信息不仅让关联企业能够表达和知晓各自的需要从而协同起来，而且能够通过业务链条、业务网络和业务星系体系与价值链条、价值网络和价值星系体系的内在功能价值关系的分析，确保形成业务链条、业务网络和业务星系体系的价值的创造和实现能够更大化。实践中不难发现，所有的网络平台所构建的协同整合的跨企业体系都具有既能满足消费者个性化、多样化、多变化的业务功能，又能通过这种协同整合创造更大的价值，否则，跨企业的价值共创共享平台既不可能也没有必要存在。

（二）企业内的价值型单元

企业是以产业或者生产为基础构建的，其内部的结构都是按照生产和管理的职能需要设置的。历史上经历过社会分工、产业分工而后延伸至企业内部的职能分工，分工的结果在企业内部形成了与生产和管理相关的各职能部门。这种因生产和管理分工的需要而形成的企业内部的各种职能部门，可称之为功能型单元（业务单元），它是与价值型单元相对性的概念。功能型单元一方面会按照生产和管理的过程构造企业内部的机构，另一方面也需要按照企业的层级构造企业内部的机构。它们都在企业的内部履行某一层级的某一特定职能，也称之为职能部门。正如前面所述，在企业内部由于财务（会计）部门与各类业务部门的职能分工，使得业财不能很好地融合，这仅仅是就职能分工就很容易导致业财会出现不融合的状况。更为重要的是，财务部门作为职能分工的结果是否能够也应该创造和实现价值，从这点出发，它与其他各类业务部门别无二致。现在的问题就归结为任何因分工而形成的企业内部的职能部门抑或功能型单元，是否能够为企业运转带来价值或者直接说是否能够为企业创造或者实现价值。从业财融合的本质就是业务必须创造和实现价值的视角看，任何企业内部的功能型单元存在的前提，无不与价值创造和实现有关，并且每一个功能型单元在价值创造和实现的份额中也会有多有少，也就相应决定了这一功能型单元的重要性程度。但这种按照职能分工而构建的内部企业单元的根本缺陷，是没有与企业的价值创造和实现有机结合。所有企业内部的这些功能型单元更多地是关注自身职能的履行，即便是财务（会计）部门也莫过如此，至于每一个功能型单元是否能够创造和实现价值以及能够创造和实现多少并不必然成为其所要履行的职能，这正是功能型企业的症结所在。要解决这一问题，就必须要将企业内部的功能型单元转化为价值型单元。换句话说，就是要将职能型部门转换为价值型部门。实际上任何一个独立的单一企业必然会创造和实现价值，它是企业存在和可持续发展的前提条件。但是在企业内部，并非每一个功能型单元都能成为一个独立的价值单元。正因为这样，企业内部的功能型单元往往强化的是履行业务的职能，而弱化的是价值创造和实现的要求，这就极容易形成业财的脱节。由于企业内部一切业务的开展和所有职能部门的设立，都是为了创造和实现价值，所以为了实现这一目标就必须将企业内部的功能型单元转化为价值型单元，达成业务功能与价值创造和实现的有机融合。这里最为重要的就是必须要明确每一个功能型单元的价值边界，包括收入边界、成本和费用边界、资金占用的边界。要做到这一点，首先必须按需求链流程而不是供应链流程重塑企业内部的组织体系，按照市场的需要组织生产。生产流程的起点不是供应而是市场需求，从市场需求到销售、从销售到生产、再从生产到供应，每一个上一环节都成为下一环节的需求，每一个下一环节都成为上一环节的供给，供给之间形成相应的交换关系和交换价值。在这种需求链的流程中，供求双方必须要按照可控性原则对交换价值进行确定，其内核就是各功能型单元之间的业务往来都要按照价值进行计量和转移，并且这种价值的计量和转移的决策都是由相关功能型单元作出的。在管理会计中把企业内部的所有这些功能型单元分别称为投资中心、利润中心、收入中心、成本中心或者费用中心，就是企业内部这种功能型单元向价值型单元转换的实现形式。任何功能型单元在转化为价值型单元后，就能够自然而然地实现业务与价值或者业财的融合。

（三）模拟法人

按照科斯的企业理论，企业之所以替代市场是因为通过企业的科层结构和行政调节可以节约市场的交易费用。但是随着企业规模的扩大，企业内部的行政调节往往缺乏效力而且成本很高。因此，在企业内部模拟市场，就成为现代大型企业集团内部运行的一种趋势，这种内部的模拟市场也与外部的市场有效连接，从而实现内外部市场的一体化。从本质上说，内外部市场的这种一体化，就是要把外部的市场需求通过内部的市场模拟传导到企业内部的各组织单元，使企业内部的每一个组织单元之间形成模拟的市场供求关系或者说买卖关系，由此每一个组织单元就成了一个模拟法人。由于满足外部的市场需求就是企业的价值创造和实现，通过将外部市场需求传导到企业内部的每一个模拟法人，也就是将企业价值创造和实现的目标传导到每一个模拟法人。在企业内部模拟法人的背景下，企业内部形成了一个交易市场，模拟法人之间形成市场供求关系。这种供求关系又最终连接到市场需求上，通过满足市场需求使每一个模拟法人的业务行为，都通过企业商品的价值创造和实现体现和界定自身的价值。模拟法人的业财融合或者业务与价值融合的模式的根本特征有以下两点。一是企业内部的模拟法人，并不是按照生产和管理的职能分工或者流程环节所形成的，而是按照市场（外部市场甚至内部市场）的需要随时而灵活组建的，也称为权变组织。每一个模拟法人首先是基于市场的某一特定需要而构建的，因此其形成就有了自身的价值创造和实现的市场需求基础，而不论这种市场需求是外部的还是内部的。同时，模拟法人一旦形成就会与企业的其他模拟法人之间形成市场供求或者买卖关系。二是企业内部的模拟法人进行相对独立的经营和独立核算具有自负盈亏的特征，正是这一特征使得企业内部的模拟法人在进行业务活动时，不得不考虑业务活动是否创造和实现价值以及实现的数额，这就使得业务创造和实现价值的内在要求通过模拟法人的形式有效地融合在一起。从理论上说，当模拟法人是以某一个体的员工存在的时候，员工的每一业务行为都是面向外部市场需求的，其业务与价值的连接就达到了最为充分的程度。相反，当模拟法人是由许多员工的集合而存在的时候，模拟法人内部员工与员工之间的业务行为，并不直接体现外部的市场需求，从而不能够直接衡量其是否进行了价值创造和实现以及相应的数额，这些业务行为与价值创造和实现的连接关系是间接的和迂回的。实际上，在企业内部模拟法人，甚至模拟法人是以单个员工的形式而存在，就是要消除将整个企业作为独立法人而无法直接地体现企业内部各组织单元特别是每个员工的业务行为的价值，终而业财不能融合的弊端。不难看出，价值型单元与模拟法人在实现业财融合上的根本区别在于，价值型单元是在原有企业内部的组织结构不进行根本性调整的基础上，使企业内部的功能型单元能够转化为价值型单元，而模拟法人就要求企业内部的组织结构要按法人的特征重构，并在模拟法人之间形成市场交易关系。

（四）作业价值基础的岗位

企业的一切业务活动都是以作业为基础的，作业可以理解为业务活动的最小单元，是不可以再分拆的，作业形成岗位。这种以作业为基础形成的岗位实际上就是业务岗位，业务岗位更偏重业务职能的履行，强调要完成业务的数量和质量，而往往忽略价值的创造和实现。但一个企业的业务能不能创造和实现价值，最终都取决于每一项作业能否创造和实现价值。从这个意义出发，业财融合的最终体现在作业与价值之间的关系上。只要每一项作业都能创造和实现价值，以作业为基础而形成的岗位就一定能创造和实现价值。以岗位形成的部门或者模拟法人，也都必然会创造和实现价值。与作业基础形成的岗位不同，作业价值基础形成的岗位就是要对每一项作业进行价值分析，将有价值的作业有效地整合为一个岗位，形成有价值的岗位。以此为基础形成的岗位就不再只是业务岗位，而是业务与价值有机融合的岗位，也就是业财融合的岗位。作业价值基础岗位的形成至少包括了以下几个方面。一是必须进行作业的功能分析，其目的就是要决定作业对生产商品的功能的形成和完善所发挥的作用，任何一个商品最终都要满足消费者的需要，消费者对商品的需要是其使用价值或者功能价值。一个对消费者没有使用价值的商品或者功能是不可能为企业带来价值创造和价值实现，作业对商品的功能的形成所起的作用是作业价值分析的起点。二是必须进行作业的收入分析，作业不仅要对商品功能的形成发生作用以满足消费者对使用价值的需要，而且作业对功能形成所发生的作用必须要为企业带来价值，就是作业对商品的功能形成作用后能够使消费者愿意为此支付的价款，形成作业的收入。一个对消费者有使用价值的商品功能如果不能为企业带来相应的收入，对企业而言这样的作业也是没有价值的。三是必须进行作业的成本分析，作业通过对商品功能的形成既会带来收入也会发生成本，作业的成本是为了获得收入而牺牲的价值，它是必要的和不可避免的，由此形成了作业成本。一个对消费者有使用价值的商品功能能够形成相应的收入，但如果不能弥补生产商品或者形成功能所发生的成本，对企业而言这样的作业仍然没有价值；这三个方面的内在逻辑关系是企业的某项作业对生产的商品的功能发挥作用能够满足消费者的需要，消费者愿意支付相应的价款从而形成作业收入，进行作业必然要发生成本从而形成作业成本，只有当作业的收入大于作业的成本时作业才有价值，这样的作业才能实现功能与价值也就是作业与价值的有效融合。四是在作业功能价值分析的基础上将关联作业进行有效的整合形成岗位，这些作业组合成的岗位必须有助于岗位责任的履行主体能够满负荷工作。五是以岗位每个作业所关联的收入和成本为基础，确定每个岗位所要完成的以价值为基础形成的责任，根据责任的性质和大小配置相应的权力和资源，再根据责任的大小确定相应的收益分配方式，以此为基础就形成了责权利相结合的岗位。这样的岗位是建立在作业与价值目标有机联系基础上的，这样的岗位也不再只是单纯的业务岗位，而是在作业价值分析的基础上所形成的业务与价值相融合的岗位。作为企业业务职能分工最小业务单元的岗位都能实现业财融合，就为整个企业的业财融合创造了基础。

第二节　业财融合的内在机理

一、大数据背景下业财融合发展趋势及特点

（一）大数据背景下业财融合发展趋势

业务和财务作为组织的一枚硬币，具有两面性，业务与财务的关系具有天然的不可切割的内在联系，但在业务与财务的关系上，业务具有前导性和外部性，财务具有滞后性和内部性，在没有信息技术支撑的前提下，业务与财务的融合更多体现在点上的融合；在大数据背景下，业务与财务的融合则体现在面和体系的融合。大数据背景下，业财融合呈现如下发展趋势。

1. 组织数字化向大数据化发展

一个组织存在业务数据、交易数据、资金数据、纳税数据、财务数据，这些数据更

多地是以数字的形式存在于相对独立的部门、系统中，组织中存在大量的非结构化数据，在智能化、移动互联网、云计算等技术没有出现之前，这些数据是无法被收集和存储的，但是随着这些技术的应用，这些非结构化的数据能够被收集和存储，组织的数字化逐步转变为数据化，数据化的海量积累就形成不同维度、不同结构、多维度数据标识的大数据化。

2. 大数据背景使得业务和财务的关系日益同步

前面提到，业务具有前导性和外部性，财务具有滞后性和内部性，在大数据背景下，财务以信息共享的形式具有前导性和外部性，而财务的滞后性和内部性将被智能化、移动互联网和云计算逐渐弱化，财务不仅仅掌握业务的每一个数据，而且通过大数据的预测功能前瞻性地参与业务的决策过程。

3. 流程数据化成为业务和财务紧密融合的纽带

在大数据背景下，流程成为业务流、物流、资金流等信息流的载体，流程不再被人为切割为业务流程和财务流程，流程中数据的血缘关系、数据之间的逻辑关系以及数据之间的ETL（转换、抽取、加载）均会得以清晰呈现，能够实现多个维度数据的实时共享，流程成为业财融合的关键纽带。

4. 管理会计工具将在大数据背景下发挥更大的分析决策价值

在大数据背景下，组织的数据从产生到应用需要经过数据源层、数据仓库层、数据建模层，最后到数据应用层，经过层层加工，从原始的海量数据经过各层的清洗、建模、挖掘等加工后到前端业务环节。管理会计工具的具体应用，就体现在数据建模上，将数据和管理会计工具结合起来，形成适合组织的数据模型，利用大数据，开展数据分析、预测等工作，为业务提供预警、决策等支持。

（二）大数据背景下业财融合的特点

大数据背景下，业财融合具有四方面的属性，即业务属性、会计属性、数据属性和价值属性。

就业务属性而言，业财融合具有全面性、动态性、交互性、清单性。全面性体现了业务的全过程覆盖；动态性体现了业务的灵活性以及业务是一个根据环境不断变动的过程；交互性体现了业务之间是互为结果的，彼此之间都有信息的输入和输出；清单性体现了业务的标准化，每一个业务都可以通过表单进行清单化管理。

就会计属性而言，业财融合具有唯一性、逻辑性、枢纽性、溯源性。唯一性体现了每一笔业务在会计表现上具有不重复性，是独一无二的；逻辑性体现了会计的记账特点，也体现了分布式记账的特点，透过借方与贷方的关系，体现了业务之间的逻辑；枢纽性指会计是所有业务的交汇点，所有涉及资金的业务都将在会计中体现；溯源性是经济业务由于时间序列而使得体现在会计上的数据具有可追溯性，在一定程度上体现了数据的血缘关系。

就数据属性而言，业财融合具有共享性、关联性、多维性、血源性、共生性、系统性。共享性是业财融合中最重要的特点，在大数据背景下，流程之间的数据不再是封闭的，而是具有开放性和共享性，后端流程不需要等到流转到该环节时才能看到，而是数据一旦产生，涉及的后端环节即可看到数据，根据数据进行事前决策；关联性充分发挥了大数据和互联网的特点，流程内、流程之间的数据能够建立逻辑关系，通过关联数据，可以更好地发挥数据的价值；多维性是在大数据背景下，数据颗粒度会更加多维，对一个数据可以设置并添加更多的标识，通过数据的多维度标识，使得数据更具有价值；血源性体现了大数据的特点，通过血缘关系分析，对数据的来龙去脉更清晰，既便于追溯，同时也可以发现数据问题；数据的共生性则是数据之间会建立一个数据生态，数据之间会形成一种生态关系，为数据的加工、挖掘提供一个良好的生态基础；系统性则体现了大数据背景下业财融合是一个系统工程，而不是一个孤立的或者割裂的工程，需要系统化思维。

就价值属性而言，业财融合具有嵌入性、同一性、应用性、融合性、创造性。嵌入性是大数据背景下业财融合需要各类管理工具包括管理会计工具、决策应用工具的嵌入，没有这些工具的嵌入，业财融合就如面和水一样，永远无法融合；同一性是指业财融合本就是一体的，就如太极阴阳一样，是你中有我，我中有你的，尤其在大数据背景下，数据即业务，数据即财务；应用性是大数据背景下业财融合具有决策应用性和管理驱动性，要发挥业财融合的应用价值；融合性是大数据背景下业财融合的归一性，真正实现业即是财，财即是业；创造性是大数据背景下业财融合的终极目的，业财融合就是要创造更大的价值，如果背离这个目标，业财融合就没有存在的意义。

二、大数据背景下业财融合的机理分析

（一）业财融合的双循环驱动

在科层制组织架构下，职能化带来了专业化，倡导“专业主义”，但职能化同时带来了“职能之墙”，带来部门“官僚主义”和“地盘主义”，同时带来内部流程人为切割，“铁路警察，各管一边”，这是科层制带来的不是初衷的负面结果。这种现象，导致业务和财务矛盾激化，业务抱怨财务不理解他们，财务抱怨业务总想突破底线，不配合财务工作。在业财融合环境下，职能逐渐淡化，取而代之的是流程节点的专业化，而非原来的职能流程化。将专业化嵌入流程活动中，以流程驱动业务而非以职能驱动业务。财务嵌入流程活动中，随着业务的流转而实现对业务的支撑和发展。

业财融合的本质：以业务经营活动为出发点，以流程为导向，将财务管理活动嵌入业务经营活动中，将业务活动和财务管理活动融为一体，是企业价值创造的自驱行为和过程。

业财融合即一枚硬币的两面，也是皮与毛的相辅相成关系，皮之不存，毛将焉附。同理，业之不存，财将焉附。

业财融合是两个驱动循环的融合，一个是战略决策循环，战略决策的基础是环境影响战略，战略影响业务，业务影响架构，在战略决策循环中，战略决定目标，目标决定业务，

业务决定资源；另一个是运营支持循环，在运营支持循环中，以资源为出发点，资源驱动流程，流程驱动数据，数据驱动管理，管理驱动价值。两个循环既自成体系，同时又形成一种以资源为纽带的倒 8 字循环。

这两个循环，以资源为纽带，将战略与价值融合起来，将业务与流程融合起来，将决策与运营融合起来，财务贯穿于战略、业务、流程、价值全过程，是一只既有形又无形的“手”，这只“手”与业务如影随形，最终将战略与价值融合起来。企业的经营开始于战略，归结于价值，制约于资源，业务与财务融合如同太极的阴阳一般，你中有我，我中有你，浑然天成。

（二）大数据背景下业财融合机理分析

大数据背景下业财融合的机理，一是机制融合，机制包括企业治理、组织架构、制度、技术、流程、数据治理等方面；二是业财数据的融合；三是管理会计工具和数据决策支持应用嵌入融合；四是业财融合和价值创造。机制融合是业财数据融合的基础，没有机制，业财数据无法融合；在业财数据融合的基础上，数据决策需求和数据决策管理工具能够跟上，数据才能为经营决策提供支撑和服务。

1. 大数据背景下业财融合的对象

在大数据背景下，业财融合是大业务和大财务的融合。所谓的大业务，是与企业经营相关的生产、销售、进向物流、去向物流等基本业务，也包括人事、计划、研发、采购等辅助业务；大财务不是通常意义上的财务活动，既包括会计活动，也包括财务活动，所以在大数据背景下业务融合对象是一个全方位、全过程、全覆盖的所有活动。

2. 大数据背景下业财融合的驱动因素

在大数据背景下，业财融合需要三个驱动支撑，一是机制融合，二是数据融合，三是工具和应用的融合。分别阐述如下：

（1）机制融合驱动

在大数据背景下，企业需要一个好的机制体系，这个机制体系包括治理体系、组织体系、制度体系、技术体系、流程体系和数据治理体系，这六个体系具有宏观层面的顶层设计，也有运营保障层面的执行设计，还有技术和数据管理的前瞻性架构设计，这是大数据背景下企业业财融合的基础，一个企业业务融合是否有效，这个机制起到决定性的作用。

（2）数据融合驱动

在机制融合的基础上，能够实现企业业务数据和财务数据的实时联动、共享和沉淀，确保企业每一个业务能够实现业务驱动资源、资源驱动流程、流程驱动数据，数据之间虽然在物理上是独立的，但在逻辑上是关联的，实现了业务数据和财务数据的高度融合，避免了之前信息孤岛和信息割裂的局面。

（3）工具和应用的融合驱动

大数据背景下业财数据融合实现了数据最小颗粒度的归集，将管理会计工具和数据决策支持应用融合到业财数据中，才能实现数据的应用价值。

在大数据背景下，通过三个维度的驱动，最终实现企业的业财融合，业财融合也从理念和思维的融合，达到真正意义的业财融合。

（三）大数据背景下价值创造的机理分析

1. **三个融合是核心**

在大数据背景下，机制融合、数据融合和工具应用融合是内核，也是价值创造的基础，犹如人的心脏和大脑，是决定价值创造的核心。

2. **两个循环是加持**

战略决策循环和运营支持循环是企业运营的两个方面，一个倾向于顶层、宏观和方向，另一个倾向于执行、运营和结果，这两个是大数据背景下价值创造的加持因素，厘清了企业的边界，这两个循环正如前所述，既是相互独立的循环，又是一个相互交融的倒八字循环，两个循环也犹如一个太极，你中有我，我中有你。而这两个循环最终又会体现到业财的机制融合、数据融合和工具应用融合。

3. **资源耗用是驱动**

战略决策循环和运营支持循环以资源为纽带，形成了战略、资源、价值的衔接，而资源是战略决策循环的终点，又是运营支持循环的起点。相对运营支持循环而言，资源又是运营支持循环的终点，也是战略决策循环的起点。企业的资源毕竟是有限的，在有限的资源条件下，既涉及资源的配置，又涉及资源的耗费，资源的配置连接战略，资源的耗费连接流程，耗费资源的过程正是流程驱动的过程，伴随流程的驱动，业务和财务在三个融合的驱动下，在战略决策循环和运营支持循环的加持中，为战略决策提供支撑，为运营支持提供分析，最终实现业务财务的价值融合。

第三节　业财融合的实现路径

社会在发展的过程中，出现了一定程度的劳动分工——专业的人做专业的事，分工的发展促进了社会生产力的专业化，加快了经济的变革。但是随着社会的发展，也越来越能感受到分工带来的一系列弊端：分工所带来的专业化大大提升了产品的交易成本，在漫长的生产交易过程中也暴露出了更多的问题；社会分工使得每个人专注于技能的培养和提升，而对其他行业认识甚少，由此也就产生了信息不对称问题。信息不对称使得组织内部的协调配合失衡，严重影响和制约着企业的发展，为了在激烈的市场竞争中脱颖而出，企业有必要提高对管理工作的关注度，确保企业的财务管理工作更为有效地贯彻落实，而如何将财务和业务系统进行有机的融合，实现“1+1 ＞ 2”的结果成为企业需要考虑的关键问题。

既然业财融合体现的是业务信息和企业价值的融合，更重要的问题就产生了：我们应该提供什么信息或者实行什么方案去促进和实现业财融合？这一步直接关系到业财融合能否真正落地，是否可以达到推进业务发展、改善企业结构和实现企业价值创造的目的。

业财融合本质上是业务和企业价值的融合，业务必须要创造价值，价值由财务部门运作的资金来反映，但是由于企业内部需要专业的人做专业的事，造成了财务部门和各类业务部门的职能分工不同，组织架构制度不同，相互之间存在信息壁垒，进而导致了业务与价值创造和实现之间存在一定的阻碍，业务的完成细分到单个作业，未必都有价值的创造，也就无形中浪费了企业更多的资源却没有能达到理想中的效果。在如今激烈的市场竞争中，实现业财融合是必要途径，也就是说业务的发生必须伴随着价值的创造和实现，业财不融合要想解决它们之间不融合的问题，就必须从根本上改变组织的架构。

从宏观方向上看，业财融合是一个管理问题，组织存在的目的就是为股东、为利益相关者去创造价值，业财融合就是站在大局上，去培养组织成员获得管理思维并成功进行实践的价值创造的过程；从微观来看，业财融合的过程就是一个打破部门相互封闭、财务融入业务、业务懂得财务的相互融合的过程，是将财务会计理念具体融入业务活动、业务人员以企业价值实现为目的过程。由此可见，业财融合并不仅仅是组建财务共享中心，会计理解业务，它是一个组织的管理方式，是以价值战略为目标，运用财务管理工具和大数据为业务发展提供保障，将企业资金流、业务流、信息流等数据进行共享，最终提升企业价值的活动。

业财融合的实现过程是一个复杂的、不确定性的动态认知过程。组织变革往往是在多种作用力共同约束的作用下进行的，在实现业财融合的变革中也面临着各种因素的制约，对企业的优劣势进行分析，机会和威胁进行评估，对变革的影响因素加以分析，才能在复杂的竞争环境中为提升企业价值提供决策保障。业财融合变革是一项复杂程度高、综合性强、周期性长的系统性变革，涉及了企业战略愿景、体系架构设计、实施落地、持续优化调整等阶段性步骤。在如今供求决定市场的开放式竞争中，价值的创造和实现对业务的决定已经不仅仅是企业内部的事情，市场的公开使得价值创造对业务的决定也体现在了供应生产以及竞争环境上。组织变革在业财融合实现中起到了关键性作用，对于结构体系的构建建议如下。

一、关联企业价值创造共享平台

随着互联网的不断发展，市场开放程度加大，企业和企业之间、企业和消费者之间的信息壁垒也减少，企业为了满足消费者越来越多样化、个性化的需求，在业务上就必须建立新的跨越单一部门甚至企业的资源整合，尤其是和关联企业之间的共享平台。信息共享平台要至少兼具两个特性，第一，可以保证不会妨碍独立企业的运转，确保企业的独立性；第二，通过该平台关联企业可以实现资源共享，面对市场变化可以更加及时准确地进行反馈，优势互补。很明显，一般来讲将众多独立的企业信息共享，形成巨大的平台规模是很理想化的，也是很难去完成的。但是企业存在的目标就是实现价值最大化，这一共同目标使不同企业的业务协同成为可能，企业可以在共享相关业务的同时，及时获得顾客的需求，满足消费者多样化的需要，以关联企业的业务协作来创造价值并实现最大化。因此，关联企业构建价值创造共享平台必须是以相互之间价值创造为核心，以消费者需求为导向，并使之可以协同高效地运作。需要明确的是，该平台不是将企业简单的整合，而是根据关联企业的状况，运用相互之间的业务协作来构建信息互通平台，目的是及时获取市场数据，明确消费者喜好的变化，实现资源的最优配置。

二、重塑企业内部架构

企业为追求效率，过分强调专业化和职业化，但是组织在实际运行的过程中存在着严重的职能壁垒，不同职能部门为了完成自己的业绩，过分强调自身的权利和需求，加大了相互之间的沟通协作成本。在工作交往中，多从自身的专业角度出发，在业务部门与财务部门最直观的体现就是业务人员为完成业绩请求财务部门配合，财务部门因为制度制约不能配合，最终导致了业务认为财务没有起到支撑业务发展的作用，财务认为业务人员在挑战财务工作的底线，部门之间存在间隙，甚至彼此分离，这也就加大了企业运营成本。在组织构成中，由于业务较多，所以流程就成了不可或缺的载体，业务部门有各种流程，财务部门也有相应的财务流程，一般来讲，业务流程的终点是财务流程的起点，以企业设置的岗位逻辑来讲，业务与财务的流程运作只是进行了细分，流程节点中涉及的信息只是换了部门执行，本质上是相通的。但是在现实的企业运行中，业务和财务部门之间存在的壁垒并非轻易跨越，业务不了解财务需求，财务难以介入业务之中，这些因流程而产生的信息数据不能有效共享，最终导致了业务需求的即时性和财务工作的滞后性难以协调，严重影响了企业效率，更影响了企业价值的提升。

三、价值链管理下的岗位转换

企业是以生产、销售等业务为基础构建的，其中的岗位结构都是以其业务管理需要而设置的。在构成企业的岗位职责也可以细分为不同的作业，将各个岗位工作的完成进行再次细化，为实现企业价值最大化的目标，想打破财务和业务之间的职能壁垒，真正实现业财融合，就必须将业务和财务从根本上统一起来，如将各自的活动作业以价值来结合反应。企业的工作中，业务岗位的作业完成往往是企业收益的最大保障，因此也更为注重职能的履行，更多的是强调业务数量的硬性完成，而没有考虑完成业务是为了提升企业价值这一根本目的，我们将细分至作业的业务完成与价值创造和实现结合，确保每一项作业的完成都可以提升价值，那么各个岗位就一定可以为企业创造和实现价值。该岗位与原有的业务为基础的岗位不同，不是简单地以业务数量或者质量为基础设立，而是以作业为基础，以价值创造和实现为目标所形成的完整有效的业财融合岗位。那么如何设置业财融合岗位呢？首先要明确，消费者的需求方向就是价值实现的方向。不同业务部门有不同的业务目标，比如生产部门要生产满足消费者需求的产品，销售等服务类业务部门要提供满足消费者需求的服务，一个对顾客没有使用价值的产品绝不会成为提升企业价值的支柱。其次，对岗位作业进行完善的价值分析，作业活动会产生成本费用，和顾客进行交易会产生收入，只有收入大于成本费用才会产生利润，进而提升企业价值，只有进行这样的作业才能实现与价值的有效融合。最后要科学合理地设置岗位作业量，要想持续有效地提升价值一定是责任人通过努力有机会完成的作业量，可以根据岗位不同匹配不同的作业量，承担不同的责任和收益，为业财融合提供最有效的基础。

四、价值链管理开拓创新空间

价值链管理可以使业务和财务在以实现价值为目标的前提下更好地融合，挖掘并实现企业在业务活动中可能浪费掉的价值，但本质上很难创造新的价值。想要进一步实现价值的创造和实现，就需要考虑为企业开拓新的增长空间。企业应该注重管理会计团队的建设和发展，设立管理会计岗位并区分与财务会计的职能，通过管理会计岗位结合业务分析审视企业各个阶段的变化，通过财务信息分析企业现有市场竞争力，产品及经营方式的优劣，推动企业产品的更新换代，为企业探索新的发展方向和市场空间。

五、大数据下的业财融合

一个独立的企业中存在各种业务数据、财务数据、物流数据、税费数据，这些数据也大多存在相对独立的系统部门，不同部门对数据的使用往往存在很大的限制，导致业务活动的即时性和财务活动的滞后性之间的矛盾。在大数据背景之下，财务通过信息共享可以极大改善滞后的特征，业务可以通过数据库更好地和财务交流沟通，财务不仅可以很好地掌握业务活动的每一个数据，而且通过对这些数据信息的分析可以更好地预测业务决策的方向和过程。大数据技术成为业务数据、财务数据、物流数据等的重要载体，确保业务、财务和信息技术三位一体，将整个企业流程和谐统一地运作，流程不再因职能部门的限制使数据信息被强制分割，并且业务数据和财务等数据之间的钩稽关系可以得到更加清晰条理的呈现。管理会计也可以使用这些共享数据，经过清洗、挖掘，将管理工具与数据更好地结合在一起，开展数据的分析和预测，为业务的开展保驾护航，为企业决策者提供建议。此外，这些数据可以借助大数据技术融入并且完善企业内控体系，通过数据的异常表现发现财务管理的薄弱环节，运用相应工具评估财务管理风险，将业务部门也纳入内控体系，针对预算、实际支出等数据对企业成本进行调控，有利于把价值思维渗透到企业各个领域之中。

六、注重业财融合团队的培养

企业的良性发展，除了体系框架的制定，也离不开对人才的培养。业财融合是建立在信息和人才培养的基础之上的，对企业业务尤其是财务人员注重业财融合思维的培养，提升综合素质，不断扩展知识面，培养“顶层视野、职业专长、跨界能力、文秘水平、沟通协调”的能力，通过现代化信息技术对数据进行挖掘分析，并转化为有效信息以辅助判断和决策的实现，将个人目标的实现和企业价值创造相统一。

业财融合的本质是业务与价值的融合，业务的进行也应该是以企业的价值创造和实现为目的的。造成业财融合的原因是部门分工导致的职能权力圈层划分，组织不同的分工虽然提升了效率，但同时也形成了信息障碍，价值的实现创造是业务和财务协调统一的基础支撑。实现业财融合的根本途径是进行组织变革，结合大数据技术建立关联企业信息共享平台、通过重塑企业内部结构实行价值链管理可以更好地创造和实现价值。

第八章　大数据时代的企业财务智能化转型

第一节　企业财务转型的起点——财务共享服务

一、新经济下财务共享服务框架详解及智能增强

（一）财务共享服务中心设立管理

在通常情况下，管理层都会要求财务共享服务中心的设立具有一定的前瞻性和领先性。自十几年前开始，财务共享服务中心的建立本身就具有强烈的创新特征，我们需要向管理层阐明所采用的技术手段能够达到当前的市场水平或竞争对手水平，并能够对企业自身的管理带来提升。很多企业在这个过程中也同步进行了与支持财务共享服务相关的信息系统建设，但总体来说，并没有超出当前互联网时代的技术水平。

而今天，在展开财务共享服务中心建设的过程中，无论是进行立项还是规划都必须考虑到即将到来的智能革命对财务共享服务的影响。

可以预见，基于信息系统的高度集成，数据信息能够自由获取，规则的自动化作业辅以人工智能作业的新的共享服务模式正在到来，也会在不久的将来逐步取代当前基于大规模人工作业的共享服务模式。实际上，这一进程一直在进行，只不过受限于技术手段和数据质量，我们所能感受到的仅仅是优化性的进步，如一些跨国外包公司热衷于RPA（机器流程自动化），就是在积极进行自动化替代人力的尝试。

因此，今天我们在建立共享服务中心的规划过程中，必须要充分考虑到未来智能化技术对财务共享服务中心的影响，为当前财务共享服务中心的建设留下向智能化进行转型和拓展的接口。同时，我们必须认识到智能化很可能在最近的数年中出现爆发式的技术发展，财务共享服务中心必须要有充分的认知准备，紧随技术进步，及时调整自身的运营策略，切换至智能化运营平台，以维持当前建立财务共享服务所带来的竞争优势。

（二）财务共享服务中心组织与人员管理

从组织职责及架构设置来看，今天的财务共享服务中心在传统职能的基础上，必须要考虑一些用于自我变革的职能。实际上，有不少财务共享服务中心还在纠结是否要用自动化来替代人工，并顾虑因此对现有团队的利益影响。与趋势逆行是不可取的，我们应当在当今的组织中一方面继续针对传统的集中化人工作业模式展开运营的提升；另一方面应当设立创新科技组织，积极主动地展开自我颠覆。通过应用新技术，主动降低对人力的依赖，从而在这场变革中掌握主动。

对于这一变革时期的人员管理，要充分做好面对自动化带来人力释放影响的准备工作。将分散的人员集中起来是一场变革，在这个过程中，我们经历了一次减员的挑战。而今天，把集中在财务共享服务中心的人力再消化掉是另一场变革。这一次，我们应当在人员的职业发展上有针对性地考虑未来智能化的影响，提前作好人员的非共享技能培养，以帮助部分人员在智能化过程中逐渐分流至其他岗位，而减少刚性人员裁减带来的剧痛。

在人员的考核上，应当更多地关注对于人员创新能力的提升，传统的财务共享服务模式过于强调效率，这使得财务共享服务中心的员工并不热衷于使用新技术来改造现有的工作模式，而更倾向于一个稳定的工作环境。这对财务共享服务中心适应智能时代的发展变革要求是不利的，多一些主动的求变精神是智能时代财务共享服务的必由之路。

（三）财务共享服务中心流程管理

业务流程优化是财务共享服务管理中极其重要的主题。在传统的流程优化过程中，我们试图通过对流程环节的挑战、运营方式的转变来找到优化机会。当然，财务信息化在这一过程中也发挥了重要作用，高度的业务系统和财务系统的对接，以及专业化的财务共享服务运营平台的建立，也大大提升了财务共享服务的流程效率。

而智能时代的到来，也让我们对流程优化有了更多的机会，如机器流程自动化技术成为人们关注的热点，它通过在全流程过程中寻找流程断点和人工作业的替代机会，在很多企业业务流程优化陷入瓶颈后，再次提升了流程自动化程度。

更值得期待的是，财务共享服务业务流程将伴随着基于规则的初级人工智能的应用，以及基于机器学习的人工智能的到来而获得更多的改进机会。在新技术的影响下，现有财务共享服务的流程会先从多人工模式转向“人智结合”模式，并最终迈向智能化模式。在这个过程中，业务流程的优化和改变并不是一蹴而就的，如会伴随着技术一步一步地改进，并最终实现从量变到质变的转换。

同时需要注意的是，智能化对财务共享服务业务流程的影响是端到端的。也就是说，财务共享服务运营的输入流程也在变化中，而前端的流程智能化进程也会对财务共享服务后端的运营模式产生重大影响，很多时候，财务共享服务中心从人工向自动化、智能化的转变根本上就是前端流程直接带来的。

（四）财务共享服务中心运营管理

对于财务共享服务中心的运营管理来说，不少财务共享服务中心还停留在依靠人工进行管理分析的状态。因此，提升财务共享服务中心的运营管理水平，首先应当提升运营管理的基础信息化水平。

在提升基础信息化水平方面，可以借助信息系统实现绩效指标的管理，并应用于绩效看板和绩效报表。在准入评估方面，可以进行系统化的评估流程执行，并将评估模型系统化。在 SLA 和定价方面，能够基于系统进行 SLA 的各项指标的计算和出具报告，并据此结合定价标准测算出具各服务对象的结算报表。在风险管理方面，能够将 RCSA、

KRI 及重大风险事项管理三大操作风险管理工具系统化，并应用于财务共享服务中心。在质量管理方面，能够将质量抽检、质量结果反馈、质量报告出具等质量管理过程系统化。在服务管理方面，能够构建邮箱及热线系统，以支持客户服务的专业化。

而在新经济下的智能时代，我们能够在上述信息化手段建立起来的基础之上，引入大数据技术，提升对财务共享服务中心在绩效分析、风险发现、质量评价、服务跟踪等方面的深入管理，依托更为丰富的数据输入，提升财务共享服务中心运营管理的层次。

（五）财务共享服务中心外包及众包管理

外包与众包模式是企业财务共享服务中心采取轻资产运营的产物。外包模式由来已久，是相对传统的业务模式，而众包模式本身是智能时代的创新产物。无论是外包还是众包，都能在从人工运营向智能化运营过渡的过程中，帮助财务共享服务中心解决人工智能作业所需要的数据输入的问题。

结合 OCR 技术，并辅以外包或众包，财务共享服务中心能够在现阶段比较好地完成财务业务处理输入数据的采集工作。这些数据的获取能够让我们有机会在财务共享服务中心应用基于规则的自动化作业或机器学习技术，在国内还需要大量依赖纸质原始凭证的环境下，率先一步实现智能技术的应用。而在未来，前端数据的全电子化实现，将替代对外包或众包的需求，并最终迈向全流程的智能化处理阶段。

二、大型企业财务共享服务中心建设的战略思考

（一）大型企业实施财务共享服务的策略

1. 大型企业实施财务共享服务需要面对的复杂性

（1）多业态

大型企业经过多年的经营发展，有相当一部分已经实现了从单一业态向多业态的转变。对于此类企业，特别是对业态众多、跨度较大的企业来说，在实施财务共享服务时，在跨业态业务流程的整合与标准化、信息系统的整合与统一方面都将面对相当的复杂性。

（2）高速增长

多数大型企业已经进入高速扩张和发展的阶段，基于投资兼并方式扩大自身规模的发展模式更是常见。在这样的背景下，实施财务共享服务要考虑到未来发展增速带来的拓展性，以及在投资兼并模式下，新企业进入企业后系统不统一、制度标准差异化的环境复杂性。

（3）高定位

对于大型企业来说，在当前阶段建立财务共享服务中心必须考虑到方案及实现后效果的领先性，以获得管理层对项目的支持。因此，在项目设立之初便会设定较高的目标定位，也为财务共享服务的实施带来一定的复杂性。

（4）技术环境复杂

大型企业的信息化建设往往错综复杂，如财务系统众多、业务与财务系统间的数据

交互复杂等。在这样的环境下实施财务共享服务，其配套信息系统建设将影响现有的系统架构和接口，其技术难度也更高。

在这样的复杂环境下，实施财务共享服务需要进行更全面、更严谨的准备，并在顶层设计和落地实现两个方面均予以充分的策略考虑。

针对大型企业财务共享服务的建设，在顶层设计层面，从“管模式”和“控变革”两个角度进行管理；而在落地实现方面，则可以重点关注“定标准”“建平台”和“重实施”三个方面的内容。

2. 大型企业实施财务共享服务的顶层设计策略

（1）管模式

大型企业的财务共享服务模式构建，需要从定位、角色、布局、路径四个方面进行规划设计。

第一，定位规划。财务共享服务中心的建立将带动整个财务组织的变革。因此，需要清晰地规划设计财务共享服务中心与企业总部财务、下级机构业务财务之间的关系。在财务共享服务中心建立之前，应当明确其在整个财务组织中的管控、汇报关系，明确各项业务横向与总部其他财务部门、纵向与基层财务之间的职责边界。同时，还需要考虑财务共享实施后，如何推动基层释放的财务团队的转型。

第二，角色规划。财务共享服务中心的建立未必在企业层面，所以需要明确企业或总部财务在建设过程中的职能和角色。常见的角色定位包括仅进行总体规划建立标准、规划并兼顾财务共享服务中心建设的项目管理、规划并直接负责共享服务中心的建设落地等。应当及早明确企业或总部的角色定位，并进一步明确其与下级机构之间的角色分工。

第三，布局规划。大型企业财务共享服务中心有单一中心和多中心两种模式，多中心模式又可基于流程、业态板块、区域或灾备等区分各中心的布局定位。企业建设财务共享服务中心时，应当提前明确布局规划，根据自身特点选择合适的模式。在选择时，可从业务的多元化程度和对业务单元的管控力度两个方面综合考虑。

第四，路径规划。大型企业的财务共享服务中心建设难以一蹴而就，需要分批次有序推进，在推进路径上可以按照流程、地域或业务单元推进等多种不同的模式开展。各种推进模式均有利弊，总体来说，按流程推进对财务自身来说复杂性较小，而按地域或业务单元推进对业务部门的影响较小，企业可根据自身的实际情况进行评估选择。

（2）控变革

在顶层设计阶段，变革管理的重点是风险的预先识别以及风险预案的准备。在变革过程中，需要将更多的精力付诸风险事项的过程监控。财务共享服务中心的建设需要重点关注和管理变革风险，好的变革管理，能够为项目的成功落地带来重要帮助。

3. 大型企业实施财务共享服务的落地实现策略

（1）定标准

大型企业的财务共享服务设立需要着重关注标准化，从组织、流程、服务水平三个方面进行规划设计。

第一，组织架构标准化。在大型企业财务共享服务的推进过程中，组织架构标准化能够加快管理复制的速度，增强组织管控的力度。组织架构标准化首先需要对组织的职责进行有效的识别，先行建立流程和职责的标准化，在此基础上构建统一的管控关系和标准化的岗位体系。

第二，业务流程标准化。业务流程标准化首先应当构建清晰的流程分类体系，定义业务场景并建立业务场景和流程之间的对应关系。此后，基于细分动作，进行属地、职责、支持系统的标准化定义，并形成流程模板，进而汇编流程手册。推进流程标准化对大型企业的业务规范将起到至关重要的作用。

第三，服务水平标准化。大型企业的下级单位数量众多，人员规模庞大，推进服务标准化尤为重要。财务共享服务中心应当明确其对客户的服务模式、服务边界，并建立制度化的服务规范。在和下级单位客户进行内部结算时，还需要制定相关的指导标准，以明确双方的权力责任关系。服务管理相关内容也可以通过服务水平协议的方式进行规范和标准化。

（2）建平台

大型企业的财务共享服务中心需要建立相关的作业系统支持平台和统一的运营管理平台，具体应该做到以下几个方面。

第一，规范系统平台建设的要求。企业在建设财务共享服务中心时，应当对未来系统平台的架构进行规划设计，明确财务共享服务支持系统的主要功能、系统架构以及与外围系统进行集成的总体要求，进行合理的系统选型、需求设计、功能开发。同时，系统平台的建设，还需要设计完备的上线策略，妥善安排相关人员的培训。

第二，建设运营支持平台。大型企业财务共享服务中心的人员数量、团队规模相对庞大，需要建立统一的运营支持平台，以提升整体的运营效率。在企业层面建立运营管理团队，形成自上而下的抓手尤为重要。在具体实施时需要明确企业财务共享服务支持平台的职能职责、工作方式，明确各级财务共享服务中心的运营绩效要求，并对结果实施评价。

（3）重实施

财务共享服务的最终落地是一个注重细节、复杂的过程，需要相关各方投入资源和精力。对于企业和总部来说，更应当积极地参与各业务单元财务共享服务的建设过程，树立标杆，推动全局计划的落地实施。

大型企业财务共享服务的建设需要谋定而后动，从顶层设计和落地实现两个方面进行全面考虑，控制实施风险，提升实施效果。

（二）大型企业实施财务共享服务的变革风险

1. 与业务部门相关的风险

（1）业务流程转变带来的满意度降低的风险

第一，风险描述。实施财务共享服务后，业务流程将发生重大改变，报账凭证将从面对面服务转变为异地服务，由于信息传递链条加长，如果管理不当，业务部门的服务满意度将存在下降的风险。

第二，应对措施。在流程设计上应充分考虑上述因素带来的影响，减少对业务的冲击，减少不必要的审批环节，提升流程流转效率。同时，加强对全流程的时效管理，借助信息化手段提升业务处理效率，推动服务体系的建立，提升业务部门员工的满意度。

（2）财务共享后基层业务部门对变革抵触的风险

第一，风险描述。由于对财务共享不理解，担心被集权或利益被触及，财务共享服务中心的实施必然会面对来自机构业务和财务人员的抵触。

第二，应对措施。在实施方案中应充分安排沟通宣导，解决其关心的核心利益问题，获取各级领导和基层员工的支持。在实施过程中应尽量降低员工的抵触程度，缩短抵触周期。此外，应当明确业务部门比较敏感的领域不会发生变化，如资源配置权力、与银行等合作机构的关系等。

（3）财务共享后业务财务支持能力下降的风险

第一，风险描述。财务共享服务后，由于基础财务核算和出纳职能上移至共享服务中心，如果没有及时落实基层财务的转型和业务支持模式，容易导致基础财务支持的脱节，带来业务部门的不满。

第二，应对措施。在进行财务共享服务方案设计的同时，应当考虑基础财务转型后的工作内容的设计，财务共享的实施不应当削减基层财务过多的资源，而应当保留适当的人员实现结构化转型。

2. 与财务人员相关的风险

（1）财务共享服务后人员调动和分流的风险

第一，风险描述。财务共享服务后，基层员工存在调动至共享服务中心、转型至业务财务、分流至其他部门甚至离开公司的可能性。人员的抽调存在员工难以适应异地变迁，产生抵触情绪的风险。

第二，应对措施。针对基层财务人员进行财务共享宣导，帮助其及时了解财务人员的未来工作意向，在人员安排上尽可能实现匹配。积极做好调动和分流人员的安置工作，以保障变革平稳推进。

（2）财务共享服务后基层财务人员转型的风险

第一，风险描述。在基层财务中涉及转型业务财务的员工，由于长期从事核算和出纳工作，此类人员的转型受其工作经历、学习能力的影响，可能出现部分人员转型困难的风险。

第二，应对措施。通过多种方式加强对基层财务人员转型的培训，同时，针对业务财务工作建立自上而下的指导体系，对各项工作建立标准化和模板化的工作指引，降低转型后的工作难度。

3. 与业务领导相关的风险

（1）标准化对业务领导管理习惯改变的风险

第一，风险描述。在财务共享服务建立过程中会进行大量的标准化，在对业务制度（如分级授权体系）进行标准化的过程中可能会影响业务领导的管理习惯，从而带来抵触的风险。

第二，应对措施。标准化的建立仍应当保留适当的管理自由度，通过管理模式套餐的方式，平衡差异化的管理需求和标准化的诉求。

（2）信息系统建立后对业务领导审批习惯改变的风险

第一，风险描述。实施费控系统和影像系统后，业务领导的审批模式将从纸面审批转变为电子审批，业务领导难以再见到实物单据，带来审批习惯的转变，部分领导难以适应，会带来抵触风险。

第二，应对措施。需要公司从文化和理念上进行自上而下的转变，明确业务领导审批应更多地关注业务的真实性与合理性，财务审核的重点则是管控原始凭证的真实性。

4. 其他风险

企业实施财务共享服务的其他风险主要表现为信息系统建设风险。

第一，风险描述。财务共享服务的实施需要完善的 IT 系统的支持，在较短的时间内完成费控系统、共享作业系统、影像管理系统等多个信息系统的部署。同时，需要打通系统间的接口，尽可能实现业务的自动化处理，提高业务处理效率。由于涉及多家供应商，对系统建设的项目管理存在风险。

第二，应对措施。借助第三方监理进行统一的 PMO 管理，通过统一协调的管理平台，保障系统实现进度，控制实施风险。

（三）大型企业财务共享服务中心的四种建设路径

1. 一盘棋模式

在这种模式下，企业业态往往比较单一，由企业总部牵头并主持财务共享服务中心的建设，各项具体工作也由企业来统筹完成。企业总部制定全企业财务共享服务中心的总体规划路径，组织并负责实施推广。各业务单元在企业总部的统一领导下，全力配合共享服务中心的建设工作。因此，共享服务中心的建设往往是一鼓作气完成的，上线的时候就是一个统一的完整的共享服务中心。这种模式可称为“一盘棋”的模式。

2. 由点及面模式

在这种模式下，企业业态单一或者各业态的相关程度较高。企业总部在各业务单元分别选出几个试点单位，各业务单元试点单位分别建设各自的财务共享服务中心。之后，由企业总部根据各试点单位的建设成果，组织专人统一分析、提炼，形成企业统一的共享中心模式，并指导各板块其他成员单位进行推广与优化。这种模式可称为“由点及面”的模式。

3. 制度先行模式

这种模式比较适合相关多元化企业。可以由企业总部先行出台企业整体的财务共享服务中心的规划与指引（包括组织建设与汇报关系、业务模式、服务机制、系统功能、制度体系等），各业务单元遵从总部的规范，结合其具体业务特征，自行建设财务共享服务中心。因此，最终建立的共享服务中心可能是基于多元业态板块的多中心模式或者一个大中心下多个分中心模式。

4. 上下结合模式

这种模式在实际中的案例并不多，可以考虑在非相关多元化的企业内进行尝试。在这种模式下，企业总部建立一级财务共享服务中心，将各业务单元具有共性的或易于集中的业务进行共享（如费用报销、资金结算等）。各板块将剩余的交易处理业务进行共享，形成二级共享服务中心（如应收、应付管理等），二级共享服务中心向一级共享服务中心汇报。二者需同步建立，因此从路径的角度可以理解为一种并行路径，可称为“上下结合”的模式。

第二节 企业财务转型的方向——企业司库

一、企业司库的概念

根据《现代汉语词典》的解释，司库是指团体中管理财务的人。根据郭道扬的《会计史研究》，司库的历史可以追溯到隋唐时期财计组织中所设置的金部、仓部、库部、司农寺、太府寺等职位。目前普遍认为司库的英文为“Treasury”，按照《牛津高阶英汉双解词典》的解释，是指英国、美国和其他一些国家的财政部，或者是指城堡等中的金银财宝库。而与之相关的另外一个英文“Treasurer”才是指一个俱乐部或者组织的司库。根据这些解释，我们可以初步得出一个结论，司库可以是一种与管理国家财物有关的职位或者岗位，也可以是用来保存这些财物或者汇集这些财物的地方，如金库、国库。

司库概念运用到企业，则最早可以追溯到欧美国家的20世纪70年代，作为企业战略目标实现的重要手段之一，司库首先在一些大型企业和跨国公司中进行应用。企业司库也从最早的现金管理发展为流动性管理、财务规划与决策、投融资决策、风险管理、信用管理、企业员工养老金管理、与银行及其他金融机构的关系管理、融资渠道管理等众多领域。随着企业经营成熟度的提升，管理者愈加认识到财务管理在企业管理中的核心作用，更为重要的是，人们逐步认识到现金管理在财务管理中的核心地位。基于这种认识，企业司库逐步从会计职能中独立出来，成为与企业会计部门平行的企业司库管理职能部门。

如今，在更为先进的网络信息技术和金融系统的推动下，企业开始将与司库管理相关的功能进行更为专业化的集中管理，提升企业资金管理的效率，降低资金使用成本和资金使用风险。商业银行也在这一时期，从自身业务发展的角度出发，开始推出各种现金管理业务，包括成立司库管理部门，以期在产品创新、人员配置、技术服务咨询等方面去对接企业司库管理的部门或者职能，争取更多的高端企业和机构客户。

二、企业司库在企业中的角色定位与职责范围

（一）企业司库在企业中的角色定位

企业司库在企业中的角色定位是一个复杂的决策问题。在大多数情况下，它会受到公司的规模与复杂程度、行业的运作和发展阶段、母子公司所在国家、投资者的性质、企业面临的风险的性质与规模、公司的信用实力、财务主管的经验与素质、企业历史、文化和组织结构、企业发展的生命周期与阶段、行业性质等多种因素的影响。

举个例子，在职能定位方面，司库的角色在很大程度上取决于个体企业和组织类型。工程公司可能会在长期债务或者资金融资时需要具有税务技巧的司库；零售和消费者组织可能会需要具有贸易谈判技巧的司库，他们可能需要与交易目标公司谈判；制造公司可能需要营运资本的专业知识以加速采集和收款流程；全球性企业可能会重点关注跨国的资金管理运作技能。此外，对于中小型企业，司库更多地发挥服务或者管控的角色，大型企业则期望其发挥服务与管控并重，并在此基础上与战略结合创造价值。这样就使得司库在不同环境下呈现出不同的角色定位。

财务总监的主要职责是根据外部监管需求、利益相关者需求及企业内部的管理需求，通过各种会计核算的信息系统功能提供他们所需要的信息，以供首席财务官进行决策使用，这是一套财务管理信息系统。其具体职责是充分利用财务报表核算体系、司库管理体系为管理的各种需求提供信息决策使用。为了更好地发挥这种信息决策功能，增加其价值的创造能力，许多跨国公司和跨地域的大型企业会将其中的核算职能逐步外包给财务共享服务中心去完成，这使得更多的会计核算人员从低附加值、重复程度高、劳动力密集型的工作中解脱出来，去从事更加具有价值的业务型财务和战略型财务，并积极研究各个层次管理者的需求以便提供给管理者决策所需要的信息。

企业司库则从资金管理的角度负责流动性管理、全面管理企业财务风险、安排企业内外部的融资、进行短期和长期投资、管理企业与银行及其他金融机构的关系，制定和执行企业司库管理的政策和程序，这是一套财务管理理财职能系统。企业司库管理系统结合财务管理信息系统的组织架构特征与变革，也逐步构建了一套战略决策层、操作层、基础流动性管理层的组织架构体系。并且，许多跨国公司和跨地域的企业公司也开始将基础流动性管理的职责外包给财务共享服务中心去完成，这时的财务共享服务中心充当了“支付工厂”的角色，大大释放了企业司库基础操作层面的人员，提高了现金的可见性，这使得企业司库管理的运作更加与业务和战略决策层面结合，能够更加释放企业司库的价值创造功能。

（二）企业司库在企业中的职责范围

虽然不同特征的企业司库角色定位不同，不同的角色定位会导致司库的职责范围不同，但其大体的职责范围还是一致的。

关于企业司库的具体工作职责，世界上最为著名的两个资金管理的行业协会团体：美国的AFP协会组织（The Association for Financial Professionals）、英国ACT协会组织（Association of Corporate Treasurers）分别有着不同的论述。AFP认为，企业司库是面向企业和其他机构的综合性财务和金融服务，具体包括：（1）财务规划及财务分析；（2）流动性管理；（3）企业投融资决策；（4）风险管理与养老金管理；（5）内外部银行关系管理；（6）制定和执行司库政策与程序等职责。ACT所定义的企业司库职责涵盖了五个核心要素：（1）公司理财；（2）资本市场与融资；（3）现金与流动性管理；（4）风险管理；（5）司库运行与控制。

两个协会关于企业司库的具体职责差异主要表现在公司理财职责上。根据ACT的论述，公司理财是关于企业发展战略与计划、制定投资决策，并对公司价值产生积极影响的实践活动。其主要的任务包括降低公司的加权平均资本成本、确保公司的价值被投资者公允评估，以及确保投资者能够从公司获取与其所承担风险相对应的回报。在许多企业中，公司理财确实变成司库的职责，但是其主要还是发生在一些较少收购与兼并的企业之中。在其他的企业中，由于公司理财是一个非常专业的职能，其复杂的战略计划往往花费大量的财务管理时间，因此，其通常需要由专业的律师和金融专家制定。

三、企业司库管理精要

（一）司库设计

司库设计是指将司库的功能、人员和流程组织起来，使其高效有序地运行。由于实现目标的路径和模式可能不止一个，所以在为组织机构设计有效的司库时要参考一些其他因素，包括成本、决策和决议所需的周转时间、广泛而严格的控制、资本的可用性和多样性、不同地域的法律环境、公司遵循的会计惯例和业务运营所在地的会计环境、税收、自动化程度、当前和未来的交易量、经营规模的增长、竞争对手和行业情况的动荡预期等。此外，司库的三大职能——交易管理、资产负债表和流动性管理、风险管理，也是司库设计要考虑的基础性要素。

在司库设计过程中，要重点关注以下八个关键要素：（1）系统设计。系统设计涉及各个方面和诸多因素，需要综合考虑。（2）人员和组织结构设计。人员和组织结构设计是指确定合适的人员，使他们掌握合适的技能，并将其放在合适的岗位上，且有合适的报告途径。它还与集中化程度和外包决策有关。（3）流程设计。创建在具备可控制、可衡量、可切换的完备流程的基础之上，流程设计为司库职能构筑堡垒。（4）控制设计。强大的控制要素是针对实施和执行过程中潜在危险和情况的保护措施。即使司库设计的其他要素都已具备，一个薄弱的控制设计将会削弱已实施的司库设计和流程的力量。（5）账户结构设计。设计合适的账户结构是一个经常被忽略的要素。临时账户开立不仅会提高成本、降低控制力度，还会导致降低透明度，达不到现金的最优配置。在有些国家，监管状况也会影响与账户结构相关的决策。（6）现金流设计。现金流可以在不同的时点以不同的形式或币种发生在不同的地域。集中管理这些现金流可以降低成本，增强控制和提高现金流的可见性，从而大大提高效率。（7）资本结构。司库在交付过程中需要考虑的一个重点是确保企业资金充足，且企业为资本所支付的价格在该情况下是最低的。此外，资本结构是影响企业的信用评级、财务认知和绩效的因素之一，也是潜在投资者和贷方评估的重要方面之一。（8）风险架构。风险架构包括风险管理和风险结构，是司库设计的最重要的要素。

（二）司库政策

1. 框架

通常，司库政策分为正文和附件。其中，正文包括司库管理的整个思维过程和方法，附件包括特定的执行方面。

原则上，董事会批准司库政策的正文和附件，并且给予司库管理团队在首席财务官的监督下定期实施司库政策的灵活性。

为了确保与市场和业务发展同步，企业可能需要在每个季度对附件进行审查，而对整个政策和政策本身的绩效只需每年进行一次审查即可。

司库政策的正文一般分为以下五个部分：（1）基础，包括基本原理、背景和理念、范围、运营和控制、目标、政策批准和审查、不合规和异常解决方案、和会计政策的一致性、行为准则等；（2）角色和职责；（3）交易管理；（4）资产负债表和流动性管理；（5）风险管理。

2. 政策实施中的注意点

（1）异常情况处理

司库的规模越大，异常情况就越容易发生。司库政策必须包含处理异常情况的要素、解决方案和调整方法、程度和追踪等。企业要对每一个异常情况进行审查，并确认该类异常情况已包含在政策中。刚开始，司库政策可能不包括所有类型的政策。因此，除了从根本上纠正问题，司库还必须确保新的异常情况或者问题类型及其解决方案包含在司库政策中。

（2）贴近市场

通过定期市场监测来管理风险并不是一件轻松的工作，司库要贴近市场、理解市场动态，当市场出现有利变动时，抓住机会，当市场出现不利变动时，及时采取相应措施。为此，市场信息系统几乎是司库在风险管理中不可或缺的工具，能够为司库提供市场动态，并且通过各种媒体定期进行信息更新。

（3）竞争策略

司库部门的竞争策略是制定政策和方法的重要参数。如果该企业或者司库部门处于领导地位，司库可以选择反行业策略。许多司库，尤其是成长型企业的司库，在确定方法之前，一般会考察市场最佳实践和行业动态。

（4）选择正确的产品

正确的产品对对冲十分重要。有时，企业会选择一些对企业而言并不是最恰当的对冲产品。

3. 审查

（1）限额及其使用情况的审查

限额和限额使用情况的审查对司库政策来说也很重要。限额一般是指市场因素的最大（或最小）风险程度。一旦超过限额，司库要立刻予以纠正。如果出现经常性的限额违反，司库需要分别从合理性、运营或者交易商纪律的角度来对限额进行审查。类似地，如果存在大量未使用的限额，司库也要审查该限额对特定市场因素来说是否设置得过高。此外，司库政策也包括对交易对手（投资或者存款）和授权人员的限制，同时要注意对这些限制的审查。

（2）政策的成功和失败

董事会和首席执行官通常会将在实施后不久就能够生成利润的司库决策或者政策视为好的司库决策或者政策，而在短时间内，如果该政策使企业遭受损失，也会给该政策蒙上一层阴影。这个思维过程会不断强化。

（3）和企业商业计划的联系

司库政策中与增长、现金流、融资、投资和风险管理等有关的所有政策都必须和企业的商业计划紧密相连。那些管理出色的企业会更加注重商业计划和远景。它们在最开始就会将司库对计划的意见考虑在内，并会就商业决策和策略的实施中涉及的资产负债表、风险，或者其他实施要求做足准备。比如，如果某个美国大型工业企业打算进军南非市场，此时该企业的司库就要和业务经理保持密切合作，构建金融基础结构，妥善解决业务落地时的支付、托收、融资和货币等问题。

4. 实施

（1）经销商相关限制

在和市场相关的交易中，制定和交易者相关的交易限制是一个探索的过程，企业可以通过时间积累找到平衡点。这些限制涉及经销商使用频率、在不耽误决策的前提下各种限制适用的情况、增加的授权、对交易商相关限制的经常性违反。

（2）寻找合适的价格到决策所花费的时间

有些时候，一些级别较高的交易需要得到高级管理层的批准，但是由于频繁出差和繁忙的会议日程，高级管理层可能无法立即做出批复。因此，当存在大量未决策交易时，企业可以进行目标级别交易预批准，或者确定每个交易的授权范围。毕竟，市场机会稍纵即逝，可能等不及首席财务官结束会议后再作决定。

（3）输入和核对

每一条信息输入都要有一个输入者和核对者，尤其是后台的信息输入。不管输入信息的规模如何，除非是手动，否则输入信息都必须经由单独的办公人员批准。工具、支付、账户转账等也必须由两个人操作，以确保某种级别的控制。在某些情况下，从重要性角度讲，也要设置无须批准的阈值。

（4）独立的后台部门

从控制的角度来说，后台部门的独立性很重要，尤其当司库是一个较为积极的领导者时。同样，中台部门报告也要独立于前台部门和后台部门。

（三）司库系统

1. 司库管理系统背景

（1）需要司库系统的原因

系统之所以重要在于其实施所带来的最终结果，即更好的财务状况。任何项目的成功，包括系统实施，都取决于是否能够使企业获得效率，进而获得财务效益。只有当系统实施（或者不实施）间接和直接地改善了企业的财务绩效时，我们才说该决策是成功的。

（2）司库系统的相关概念

在当今社会，司库越来越依赖技术、流程，以及基于技术的信息流。包括集中化司库、分散式中心及其拥有各自系统和联系的各个子公司。这些组成部分可能存在于一个单独的司库管理系统（TMS）中，也可能根据各自的系统职能而分布。

司库管理系统（TMS）的一些功能能够为司库在处理和支持流程等方面提供帮助。这些功能包括银行、资产负债表和资金、市场和风险、现金流、交易输入、后台部门（运营）、中台部门（流程和控制）、预测及分析。

司库管理系统（TMS）通常和企业的总账（GL）系统或企业资源计划（ERP）系统有联系，也和企业体系的其他系统有联系。

2.TMS 建立流程

（1）项目团队和工具创造

决定系统并且帮助系统完成的项目团队应该由关键成员组成，团队关键成员应是系统直接或者间接受益人。

TMS 项目团队由项目经理领导，要包括那些对司库运作有全面了解的不同职能部门的成员，并根据运营的复杂性选择其他职能部门的成员。有些司库坚持要将所有职能部门的成员包括在项目团队中，认为这样能够激发成员的热情和积极性。建议在选择成员时要审慎。

一旦 TMS 的选择过程结束，该团队的使命就正式结束，但是一般而言，实施团队会接受项目团队成员，并作轻微调整。当然，为了保持连续性，两组队员最好保持一致。

（2）需求分析

需求分析的目的是筛选出进入信息征询（RFI）阶段的关键需求。根据 TMS 的关键特性筛选得出的清单是参考要素之一。以下方面需要重点关注：第一，现有系统环境和自动化程度，包括 ERP/GL 系统和其他实体。第二，哪些程序需要自动化？是用新系统替代现有系统，还是进行一次彻底的新的自动化？哪些程序和行为需要被替代，或者需要进行改进以提高效率？

（3）公布系统 ID

在该阶段，企业除了要作出实施决策和预估实施可用系统的大概预算外，还要收集可用的系统，以便为该商业案例做好充分准备。此外，也要通过充分的信息收集，形成一份具体的供应商列表。

（4）商业案例——里程碑 1

当开始为商业案例做准备并且项目获得管理层批准时，企业就迎来了第一个里程碑。如前所述，TMS 的建立，一方面会带来潜在的成本节省和效率的提高，另一方面也会降低运营损失和控制失误的可能性，本阶段将会量化以上两方面给企业带来的收益。企业需要量化 TMS 实施所带来的初始节省和年度节省。此外，成本的量化可以使人们对系统实施的最大成本或者盈亏平衡成本有一个大体的了解。

一般而言，商业案例应该经管理层团队批准，该管理层团队包括首席执行官、首席财务官，有时还可能包括业务主管。

除了官方认可和预算外，管理层批准是对团队工作的全面性和理解性的一个良好测试。管理层的问询也会给团队提供角度和深度，帮助团队提高系统满足需求的能力和系统本身的稳健性。

（5）信息征询（RFI）——里程碑 2

信息征询（RFI）是实施过程中第二个里程碑。其目的在于识别出各种供应商，并从供应商处获得信息，最终形成一个用于 RFI 的简短列表。此外，还要确保 TMS 的性能列表包括所有相关性能。

企业要和长列表中的供应商进行联系，并且从供应商处获得能够使他们进入简短列表的具体信息。在该过程中，需要注意以下两个方面：

第一，向供应商提供足够的信息，帮助他们理解解决方法，但是也不要给予太多的信息，以免影响供应商发挥其自身的才智和创造力。

第二，鼓励供应商表现其自身价值，并向其指出他们的所思所想可能会被采用。记住该实践会丰富企业自身的需求列表，并且有可能使企业注意到一些一开始就忽略的方面。

（6）建议征求（RFP）

一旦 RFI 阶段收集信息完毕，需求列表和最终 RFP 模板就会确定下来。简短列表中的供应商确定，入选的供应商进入最后选择阶段。

简短列表中的供应商通常会在客户的办公室进行展示，以证明其系统和系统性能。如果可能的话，供应商可以在虚拟系统或者试验系统中给企业设置用户 ID，使团队成员能够在其方便时访问该系统，感受系统性能。此外，企业也应鼓励供应商尽可能地提供一些能够帮助企业决策的相关信息，当然，也不要提供太多信息，以防造成信息过量。

（7）选择——里程碑 3

供应商的选择和决策是第三个里程碑，也是最重要的一个。企业可以按照一定的标准给每个供应商评分，然后去掉最高分和最低分，计算得出每个供应商的平均得分。

该得分只是一个数字，企业还必须考虑其他因素，包括整体方法、期限、企业根据自身经验给出的主观感受和供应商的关系等因素，尽可能地使该选择过程透明和可审计。

如果排名最高或者接近最高分的供应商不止一个，企业要进一步考察所有接近最高得分的供应商。在供应商选择过程中，成本因素是应该考虑的重要因素，但并不是唯一因素，企业应该综合考虑各种因素。

（8）实施和集成

一旦供应商选定，接下来就是实施 TMS。由于在实施过程中，需要将 TMS 融合进企业的程序、现有系统和环境中，所以我们在研究实施时一并研究集成。

在实施和集成时，必须建立团队，该团队可能是选择团队的衍生团队，不过需添加来自供应商一方的成员，这样有助于转变过程顺利实现。

（9）审查和评估——里程碑 4

审查和评估是最后一个项目里程碑，评估和度量系统实施的成功很重要。在该阶段，要提前制定用于测试系统有效性和适用性的关键绩效指标（KPI），这些指标要可测量且可量化。

（10）维护

系统的持续管理、定期审查和供应商管理是一个持续的过程。司库职能部门要在 IT 职能部门的支持帮助下给予系统足够的管理。

在实践中，好的系统选择、实施和维护比纯粹的概念要复杂得多，在每一个过程中都肯定会出现障碍，但是如果巧妙地将想法和实施相结合，付出足够的精力和脑力，司库系统会成为企业增强其盈利能力的利器。

四、司库的运营和控制

（一）工具

1. 政策

司库政策是司库运营和控制的起点。司库政策要能够识别关键要素、活动、风险及缓解工具，分派任务和职责，定义限制参数和功能参数等。流程和程序必须遵循政策。

2. 流程图

流程图为严密的流程说明奠定了坚实的基础。流程图有不同的种类和标准。笔者本人比较喜欢按任务画流程图，这样各个任务之间的切换点界限清晰。“传递”是流程图所体现的显著优势之一，因为在传递的过程中潜藏着发生错误的危险。所以，以文件的形式恰当地反映传递过程并尽量减少传递发生的频率和次数，就显得十分重要。

3. 流程说明

流程说明，又称标准操作规程，是司库流程中对活动和任务的详细说明文件。使用统一格式的标准化流程说明有以下几个优点。（1）提高运营的效率和效果；（2）为新员工提供现成的参考工具，便于他们迅速开展工作。为现有员工提供专业性的辅助资料，以便他们在模棱两可的情况下，对流程相关方面的问题进行查明和确认；（3）便于审计师、审查人员和监察机构连贯地了解流程，减少误解；（4）提高透明性，揭露错误产生的可能，以及改进方向，从而加强控制，提高流程的严密度；（5）提高员工的积极性、认知度和士气；（6）降低成本；（7）为先进的司库设计提供一个全公司视角的、交叉定位的标准。

4. 系统和技术

（1）为良好的系统匹配流程好，还是为现有的高效的流程配置系统好？

获取新系统的原因之一是为了改善流程。假设已存在一个经过检验和测试的强健的系统，它能提高整个流程的效率，那么把这个系统作为推动者，借此机会加强现有流程是更实用的做法，此时我们无须为了保留现有流程而改变系统。

（2）使用卓越的技术重要，还是对技术的充分利用重要？

答案是，一个系统的好坏取决于它的用法。很好地使用系统，充分发掘其潜能，比投资一个顶尖的系统但只是部分利用其能力要好。当然，任何系统都必须满足现有标准并拥有所需要的功能。

5. 一体化

对系统、流程、会计和整个公司架构内的控制的一体化会增加流程的协调性并且有效地减少重复和返工。

6. 报告

好的报告机制只花费较少的时间和人力，且具有及时性和恰当性，可以为每个管理级别进行详细的优化。过度报告会浪费时间并减少对信息重要性水平的感知度，而且从庞大的数据中识别出哪些是有意义和必要的信息需要做大量工作。而不充分报告也会有显著效果。

7. 控制

定期审查和控制流程可以确保减少意外的发生，以及因后续程序的不足而导致的损失。关于流程控制的详细综述在下面第三部分给出。

（二）不同的部门：前台、中台、后台

1. 前台部门

前台部门聚焦于规划、交易或者买卖、融资、投资、风险管理、与银行建立关系，并开发账户。前台部门的关键是最终的交易决策。此功能直接对司库进行报告。

2. **中台部门**

中台部门聚焦于控制、估值、协调前期和后台部门、绩效评估、模型验证、风险报告并进行监管限制。中台部门主要是对前台和后台部门进行监督，并对这些部门的控制和报告负有责任。中台部门的报告要始终独立于前台和后台部门、控制部门（如果司库不具有交易性角色）、首席财务官（CFO）及风险空头（如果控制部门监督后台部门）。

3. **后台部门**

后台部门聚焦于确认交易、结算、处理事务、基础和解，并将交易数据输入企业资源规划（ERP）或总账（GL）的会计系统。如果司库也是一个进行交易的交易者或经销商，那么后台部门的报告应该是独立的，并对企业控制负有首要责任。

（三）运营和控制清单

1. **恰当控制**

控制的目标是确保那些设计和实施的流程、程序、系统和政策无论是在表面上还是在实质上都得到遵循，确定司库是否存在一些会对企业造成潜在损害的财务，或者其他问题的漏洞。

司库不要希望通过控制流程了解何时发生何种情况，如流程违背、超过风险限额、流动性短缺等，也不要试图通过控制审查来考察这些情况下的纠正性措施。实际上，这些内容都在管理层批准过的司库政策和各种流程注意事项中做出规定。控制流程的目的应该是寻找出尚未被识别出来的问题，并且确定企业是否在正常情况下或例外情况下遵循了恰当的程序。

控制决定了流程的稳健性，后者反过来决定错误发生率的下降程度。从某种程度上来说，控制流程是一种风险审查，审查整个组织对司库流程的依赖性。

2. **控制确认和审查**

确认和审查的目的是减少由于意外或者非意外情况下的流程中断或者资金流出。有时，这些确认是一种事后行为，如果任何失误在发生后被识别出来，管理层要意识到这些疏忽可能会导致的潜在问题。

（1）周期性

控制和确定活动的周期性和频率必须由高级管理层指定，而且需要在司库政策中做出规定。

（2）自查和主要审查的独立性

每一个单位都要各自进行季度审查。如果是审查某个人的活动，必须指定一个独立于该活动的另一个人来审查。每个人或者流程都有其控制列表。年度流程和控制审查必须由独立于这些流程和控制活动的人进行。在理想的情况下，应由审计部门或者一个独立的控制单位负责流程和控制审查。

（3）数据来源的独立性

要尽可能地保证用于审查的数据来源的独立性。除了评估物理记录外，审查者还要对数据进行抽样检查，以确保其数据来源的独立性。

（4）抽样

当对那些无法使用系统数据的资料（如人工交易票据、发票等）进行物理验证时，审查者必须选择抽样样本，采取统计核查措施。此外，数据样本的日期不要太接近。

（5）报告

审查结果应被直接报告给司库和首席财务官。必须给予司库在结果被传递给董事会之前对提出的问题做出回应的机会。在审查结果最终定稿和传递给审计委员会和其他高级管理层之前，这些回应也必须得到恰当评估。此外，还需要按照关键程度对每个流程进行评级。

（6）纠正性措施

审查者必须和司库就纠正性措施的实施步骤和每个步骤的实施时间达成一致，并且对这些步骤进行追踪，对已纠正的每个要素进行纠正后验证。

3. 错误和控制失误的原因

导致控制失误和可能错误的常见原因包括：（1）在流程中没有制定者和确认者，或者没有遵循流程；（2）密码共享；（3）处理和交易或者审查没有独立性；（4）数据来源不充分，或者没有独立性；（5）流程衔接薄弱，尤其是人工流程衔接者通过电子邮件衔接；（6）同一个员工对中台和后台部门都有系统权限；（7）审查过程不严格；（8）异常项目的时效不充分；（9）使用无效和不安全的工作表进行报告和追踪；（10）不了解其他职能部门的职责和角色。

对运营和控制进行投资并确保有充分的基础设施来运营和控制一直是首席财务官和司库们需要考虑的头等大事之一。有些职能部门可能不需要直接向司库汇报，但是司库依旧需要对这些职能部门负主要责任。除了确保绩效不下降外，也要确保司库部门和组织内相关现金流的持续性和顺畅运营，有助于企业以一种稳定、高效的方式运行。

五、财务人员向司库管理转变

（一）财务人员在知识体系上应该更多地补充金融方面的基础知识与应用知识

从企业司库的职责范围来看，其涉及的内容横跨会计、管理、金融、经济学等多个学科领域，这不是一个简单的财务、会计专业背景的人才所能承担的，其必将随着司库职责的拓展，呈现出更多的胜任能力需求，会涉及大量的分析与判断，必须不断提高相关人员的专业素质与胜任能力，以保障司库工作有效开展。从其掌握的知识核心内容来看，主要还是金融学的基础知识和应用知识。金融学是一门应用经济学科，其核心内容是关注货币资金的经济活动。其具体学科知识内容体系涉及货币银行、商业银行、中央银行、国际金融、国际结算、证券投资、投资项目评估、投资银行业务、公司金融等学科内容。这些内容，对于财务背景专业的从业人员来说，必须逐步转变专业背景知识，不能局限于财务知识的掌握，否则就只能停留在核算和结算业务中，难以实现企业司库更高职能的发挥。事实上，财务人员知识背景的这一局限性，已经使得我国财务公司的职能局限于简单的现金预算、账户管理与资金的短期流动性管理。

（二）财务人员应该更多地关注金融监管的法律法规变化

在政策法规上，财务人员更多关注的是会计准则、财务通则、财税政策等法律法规的变化。进入企业司库后，瞬息万变的金融市场则成为财务人员需要关注的焦点。其中包括货币市场、资本市场、支付结算系统的法律法规及其政策变化。其中，货币市场的法律法规包括人民币管理、外汇管理、利率汇率管理、银行卡等相关法律法规及其政策。资本市场的法律法规包括股票市场、债券市场、期货市场、资产证券化、信托、私募等相关的法律法规。例如，《证券法》《期货法》《上市公司监管条例》《期货交易管理条例》《期货投资者保障基金管理暂行办法》《公司债券发行试点办法》《关于信贷资产证券化备案登记工作流程的通知》《证券公司及基金管理公司子公司资产证券化业务管理规定》《证券公司及基金管理公司子公司资产证券化业务信息披露指引》《证券公司及基金管理公司子公司资产证券化业务尽职调查工作指引》《上海证券交易所资产证券化业务指引》《深圳证券交易所资产证券化业务指引》等。支付结算系统的法律法规包括非现金支付工具监管、银行卡业务管理、支付系统监管、银行账户管理和非金融机构支付服务监管。相关的法律主要包括《银行业监督管理办法》《商业银行法》《票据法》《现金管理暂行条例》《金融违法行为处罚办法》《支付结算办法》《人民币银行结算账户管理办法》《境外机构人民币银行结算账户管理办法》《大额支付系统业务处理办法》《小额支付系统业务处理办法》《非金融机构支付管理办法》《期货交易管理条例》《贷款公司管理暂行规定》。

（三）财务人员应该通晓风险管理的内容及操作流程

企业司库不仅集中了资金，更重要的是集中了风险。风险管理的目的是帮助管理层识别企业在生产经营中存在的不确定性，分析不利事件可能造成的影响，并针对这些事件，权衡利弊得失，采取必要的应对措施。甚至包括一旦发生，应该采取必要的灾后恢复措施。企业司库建立后，其所承担的职能更多的是与外部的金融系统进行对接，而外部环境市场经常是复杂多变的，这就要求企业司库必须针对资金管理提升风险管控能力，应该加强对流动性风险、操作风险、股票价格风险、汇率风险、利率风险、大宗商品价格风险、信用风险、保险风险等风险实施专业化的管理。具体来看，可以采取的管理措施有：严格执行资金收支计划，留有充足的营运资金，确保支付，同时制订应急预案，避免支付系统风险；通过合理设置岗位、流程、权限等，利用信息化手段，对司库业务事前、事中、事后进行全过程监控，管控司库操作风险；建立客户信用评价制度，通过加强欠款客户准入管理，欠款发生过程监控，降低坏账损失风险；统一组织制定汇率风险管理政策，对所属企业规避汇率风险进行业务指导和过程监督；动态跟踪各种债务项下相关币种的利率走势，及时采取提前还款、再融资及利用利率风险对冲工具等方式合理规避利率风险。

财务人员过去所掌握的风险管理知识和技能更多的是内部的财务风险管理，其主要内容涉及筹资风险、投资风险、资金回收风险、收益分配风险等内容。即便是资金集中管理，内涵也十分有限，一般仅限于即期可以使用的现金和银行存款。对于资金的集中管理则更多地局限在提高资金的调控能力和节约财务费用上。司库概念则内涵更加丰富，从内容上包括了一定时期内可以转化为现金和银行存款的金融资源。司库集中的过程就是风险集中受控的过程。与司库管理更多地关注外部风险相比，财务人员需要更多地掌握全面风险管理的内容及操作程序，以实现对司库风险管理职能的履行。

（四）财务人员应逐步从管理决策导向走向战略支持导向

传统的财务人员更多地强调内部管理决策的有用性。其财务管理职能的发挥主要是通过财务预测、财务计划、财务控制和财务分析于一身，以筹资管理、投资管理、营运资金管理和利润分配管理为主要内容的管理活动，并在企业管理中居于核心地位。我们可以把它归类为内部管理决策导向。企业司库管理是从更高的战略决策层面，为企业全面管控金融资源、优化金融资源配置、防范资金集中管理的风险提供支持。这时要求财务人员必须转变，从战略高度不仅关注内部，还要关注外部金融资源，并努力协调和有效配置资源，以更加全局乃至全球的视野管理企业和监控企业现金流，也就是说其职责更具有战略性。总之，就是要求财务人员更加注重战略支持导向，不仅着眼于现在，更要着眼于未来，不仅着眼于企业内部，更要注意外部金融资源的协调和有效配置。

第九章 大数据时代的企业财务管理创新

第一节 大数据企业财务会计信息化的发展策略

一、大数据对市场和企业的影响

（一）传统的市场结构及研究思路

1. 传统的市场结构及变化

传统市场中，要素的供给和需求只能按照市场平均价格定价，每个供应商要求的具体内容是无法实现的，因此会造成资源的浪费和利润的损失。但每个需求有很多消费群体，如果按照这一要求的需求，制造商可以制造大规模同质化的产品，消费者只能消费同质化的产品。对于制造商来说，这意味着利润不能是最大的，因为消费者的剩余不能满足。大数据时代，基于大量存在的数据和高超的数据分析技术，以及第三次工业革命导致的制造业呈现出的数字化、智能化、定制化、互联化和生态化等特点，传统的产品要素需求和供给结构已经被打破，为满足消费者个性化的需求提供了契机。市场将提供给每个消费者所需要的异质化产品，由此将导致厂商的利润实现最大化，而消费者的消费需求也将得到满足，消费者将得到最大的消费者剩余，整个社会将会实现帕累托最优，达到经济增长的最优状态。

2. 市场调研的理论基础

成熟的分析方法能够显著改善决策过程、实现风险最小化，以及揭示本来隐藏着的洞见。大数据可以提供算法研究或者算法执行所需要的原始材料。有些企业已经通过分析来自客户、雇员甚至嵌入产品中的传感器的整个数据集而作出更有效的决策。大数据让企业能够创造新产品和服务，改善现有产品和服务，以及创造全新的商业模式。医疗保健领域通过分析病人的临床和行为数据，创建了预防保健项目；制造企业通过内嵌在产品中的传感器获取数据，以创新售后服务并改进下一代产品；实时位置数据的出现已经创造了一套全新的从导航应用到跟踪的服务体系。

3. 大数据带来的方法创新

大数据的调研方法为市场研究人员提供了以“隐形人”身份观察消费者的可能性，超大样本量的统计分析使得研究成果更接近市场的真实状态，同时具有丰富性、实时化、低投入等特点。大数据时代新的市场研究方法使“无干扰”真实还原消费过程成为可能，智能化的信息处理技术使低成本、大样本的定量调研成为现实，这将推动消费行为及消费心理研究达到一个新的高度，帮助企业更为精准地捕捉商机。

（二）大数据对市场的影响

1. **大数据能精准分析顾客需求**

通过大数据技术挖掘和分析收集到的消费者数据，企业可以了解每个顾客的内容需求和兴趣偏好，甚至能辨识哪些顾客群体具有相同的特征。这些数据分析可以帮助公司更好地掌握市场变化趋势和顾客消费特点，从而生产出完全满足顾客需求的产品和服务，实现精准定位。在大数据时代，企业通过大数据技术能够收集大量市场、消费者和商品信息，并运用大数据高性能的存储技术管理好这些数据，构建一个完整的顾客信息数据库。为了把消费者和商品有机串联起来，企业可以运用相关性分析技术对消费者的行为、消费者地点、消费状态及商品的周转路径进行分析，精准地把握用户的消费偏好，生产出个性化的产品，这样就真正实现了由消费者驱动来生产产品，更有导向地为客户提供服务。

同时，通过运用大数据技术，企业可以挖掘分析消费者对产品的态度，对顾客新的需求进行预测和判断，这样必将彻底革新传统通过顾客调研、主观臆断消费者未来的需求的定位模式。企业运用大数据技术收集海量的消费者信息，通过对信息的处理，可以对潜在顾客进行细分，确定公司的目标消费者，然后对他们采取针对性的产品和服务，这样就可以大大提高企业开展定位活动的精准度，降低定位活动的成本，提升潜在顾客的购买率。

另外，通过在精准定位活动中运用大数据技术，可以大大提高顾客的让渡价值。第一，精准定位活动中会使用现代化的信息工具将商品和服务信息一对一地传递给顾客，这样就大大降低了消费者搜寻商品的时间和精力；第二，大数据技术可以降低企业定位的成本，企业可以把省下来的钱来降低商品售价，使消费者付出更少的钱能得到所需的商品；第三，精准定位强调与顾客的沟通互动，通过公司与消费者、顾客与顾客之间的沟通，分享其消费的各种意见，这种沟通不仅对顾客群体起到扩散效应，还可以使企业与消费者建立更为紧密的关系，吸纳顾客对产品的意见，进一步改善产品功能，提高顾客满意度。

在传统的技术下，企业可以根据用户的信息数据对其进行常规细分，如根据性别、年龄、职业等细分，以提高定位顾客的精度。但是运用大数据技术后，企业可以掌握顾客更全面的信息，对这些数据进行分析，可以使企业对顾客进行个性化的细分，辨识出各个顾客不同的消费偏好，然后开展针对性的定位活动。大数据精准市场定位活动中强调与老顾客保持良好的关系，这样可以准确了解单个顾客的个别需求，顾客由于受到尊重也愿意合作，消费者和企业形成了相互合作的关系。对于不同的客户，产品也体现出差异化的特点。通过模块化的方式来定制产品，满足消费者的个性化需求，企业需要更加注重对个性化客户的深入了解。他们获得的客户信息越多，就越能把握客户的深层需求。他们强调深度经济而不是规模经济。

同时，精准市场定位还具有可控制性的优点，因其消费者比较精准，对他们进行跟踪和分析就有了可能，企业根据消费者反馈到的信息就能够调整定位策略，使定位效果更加精准。精准定位的发起者应该对顾客的需求进行细致的分析和洞察，然后结合相应的活动规划、品牌规划和产品规划等对活动进行控制。

2. 发展粉丝经济

利用大数据使组织能够对人群进行非常具体的细分，以便精确地定制产品和服务以满足用户需求。这一方法在营销和风险管理领域广为人知。随着技术的进步，许多公司已经将客户进行微观细分，以便锁定促销和广告方式。在公共部门，如公共劳动力机构，利用大数据为不同的求职者提供工作培训服务，确保采用最有效和最高效的干预措施使不同的人重返工作岗位。

大数据时代使得一方面数据数量急速增加，质量却变得冗杂难以捕捉；另一方面是产品和服务更加定制化。消费者市场并不是一个简单的划分，而是通过数据做到精细划分，企业所面临的是一个个消费者，并非一群消费者，个性化营销成为企业应对大数据时代的主体营销方式。在这一点上，小米公司就取得了巨大的成功。广泛的社会调研为小米公司提供了第一手数据，再加上粉丝经济的带动，使小米公司不但成为成长最快的互联网公司，也为小米公司以后的转型及产业链发展积累了底气。从小米公司粉丝文化的盛行，可以看到现今互联网市场是一个以客户为导向定制产品的过程，品牌与粉丝文化已经融为一体，经营粉丝已经成为经营品牌、经营企业非常重要的一环。

（三）大数据对企业竞争力的影响

1. 核心竞争力的要素

大数据时代，企业大数据和云计算战略将成为第四种企业竞争战略，并且企业大数据和云计算战略将传统的企业三大竞争战略产生重要影响。企业管理者要高度重视对大数据和云计算，把其提高到企业基本竞争战略层面，企业大数据和云计算战略可以作为企业基本战略进行设计。数据竞争已经成为企业提升核心竞争力的利器。来自各个方面零碎的庞大数据融合在一起，可以构建出企业竞争的全景图，洞察到竞争环境和竞争对手的细微变化，从而快速响应，制定有效竞争策略。

企业传统的竞争力包括人才竞争力、决策竞争力、组织竞争力、员工竞争力、文化竞争力和品牌竞争力等。在大数据时代，数据正在逐步取代人才成为企业的核心竞争力，数据和信息作为资本取代人力资源成为企业最重要的具有智能化的载体。这些能够被企业随时获取和充分利用的信息和数据，可以引导企业对其业务流程进行优化和再造，帮助企业做出科学的决策，提高企业管理水平。

根据互联网数据中心（Internet Data Center，IDC）和麦肯锡的大数据研究结果的总结，大数据主要在以下四个方面挖掘出巨大的商业价值：

（1）对顾客群体细分，然后对每个群体量体裁衣般地采取独特的行动；

（2）运用大数据模拟实境，发掘新的需求和提高投入的回报率；

（3）提高大数据成果在各相关部门的分享程度，提高整个管理链条和产业链条的投入回报率；

（4）进行商业模式、产品和服务的创新。

可见，大数据对企业核心竞争力带来了挑战，对数据的收集、分析和共享带来了影响，为企业提供了一种全新的数据分析方法，数据正成为企业重要的资本之一，而数据分析能力正成为企业赢得市场的核心竞争力。企业必须把大数据的处理、分析和有效利用作为打造企业核心竞争力的重要战略。

2. 产业融合与演化

企业运用财务战略加强对企业财务资源的支配、管理，从而实现企业效益最大化的目标。其中，其最终的目标是提高财务能力，以获取在使用的财务资源、协调财务关系与处理财务危机过程中超出竞争对手的有利条件，主要包括以下条件或能力：

（1）创建财务制度能力、财务管理创新能力和发展能力、财务危机识别能力等；

（2）通过财务战略的实施，提高企业的财务能力，并促进企业总体战略的支持能力，加强企业核心竞争力。

随着大数据时代的到来，产业融合与细分协同演化的趋势日益呈现。一方面，传统上认为不相干的行业之间通过大数据技术有了内在关联，同时对大数据的挖掘和应用促进了行业间的融合；另一方面，大数据时代，企业与外界之间的交互变得更加密切和频繁，企业竞争变得异常激烈，广泛而清晰地对大数据进行挖掘和细分，找到企业在垂直业务领域的机会，已经成为企业脱颖而出形成竞争优势的重要方式。在大数据时代，产业环境发生了深刻变革，改变了企业对外部资源需求的内容和方式，同时也变革了价值创造、价值传递的方式和路径。企业需要对行业结构，即潜在竞争者、供应商、替代品、顾客、行业内部竞争等力量进行重新审视，进而制定适应大数据时代的竞争战略。

3. 企业不同生命周期中的财务战略与核心竞争力的关系

（1）企业竞争力形成初期采取集中的财务战略

企业在竞争力形成初期已经具备了初步可以识别的竞争力，在这一时期企业自己的创新能力弱而且价值低，可以创造的利润少而且经营的风险比较大。同时，阶段对市场扩展的需求紧迫，需要大量的资金支持。在这一时期，由于企业的信誉度不够高，对外的集资能力差，因此企业可以采用集中财务的发展战略，即通过集中企业内部资源扩大对市场的占有率，为企业以后核心竞争力的发展提供基础。在资金筹集方面，企业应实行低负债的集资战略，由于企业这一阶段的资金主要来源于企业内部，以私人资金为主，因此最好的融资办法是企业内部融资。在投资方面，为了降低经营风险，企业要采用内含发展型的投资策略，挖掘出企业内部实力，提高对现有资金的使用效率。这种集中财务的发展战略重视企业内部资源的开发，所以可以在一定程度上减少企业的经营风险。在盈利的分配方面，企业最好不实行盈利分配政策，而把盈利资金投入市场开发中，充实企业内部资本，为企业核心竞争力提升准备好充足的物质基础。

（2）企业在核心竞争力发展阶段采用扩张财务的战略

企业核心竞争力处在成熟、发展阶段时，核心竞争力开始趋于稳定并且具有一定的持久性，这一时期企业除了要投入需要交易的成本之外，还要特别注意对企业知识与资源的保护投入。在这一时期，企业要利用好自己的核心竞争力并对其进行强化，在财务上要采用扩张财务的战略，实现企业资产扩张；在融资力方面要实行高负债的集资战略；在投资方面采用一体化的投资；在盈利分配方面实行低盈利的分配政策，以提高企业的整体影响力。

（3）企业在核心竞争力稳定阶段采用稳健的财务战略

企业在这一阶段要开始实施对资源的战略转移，采取稳健的财政战略来分散财务风险，实现企业资产的平稳扩张。在该阶段，企业可采取适当的负债集资法，因为此时企业有了比较稳定的盈利资金积累，所以在发展时可以很好地运用这些资金，以减轻企业的利息负担。在投资方面，企业要采取多元化的投资策略；在盈利分配方面，可以实施稳定增长的盈利分配法。这一时期，企业的综合实力开始显著加强，资金的积累也达到了一定的数值，拥有了较强的支付能力，所以企业可以采用稳定增长的股份制的分红政策。

（四）大数据时代企业竞争优势的演化方向

1. 对企业内外部环境的影响

大数据已经渗透到各个行业和业务职能领域，成为重要的生产因素，大数据的演进与生产力的提高有着直接的关系。随着互联网的发展，数据也将迎来爆发式增长，快速获取、处理、分析海量和多样化的交易数据、交互数据与传感数据，从而实现信息最大价值化，对大数据的利用将成为企业提高核心竞争力和抢占市场先机的关键。大数据因其巨大的商业价值正在成为推动信息产业变革的新引擎。大数据将使新产品的研发、设计、生产及工艺测试改良等流程发生革命性变化，从而大幅提升企业研制生产效率。对于传统服务业，大数据已成为金融、电子商务等行业背后的“金矿”。大数据不仅是传统产业升级的助推器，也是孕育新兴产业的催化剂。数据已成为和矿物、化学元素一样的原始材料，未来大数据将与制造业、文化创意等传统产业深度融合，进而衍生出数据服务、数据化学、数据材料、数据制药、数据探矿等一系列战略性新兴产业。

2. 获取竞争情报的新平台

大数据环境具有典型的开放性特点，企业利用大数据能够极大程度地突破时间和空间的束缚，为企业的发展创建更高的平台。同时，企业经营环境的随机性与变动性不断增强，企业经营模式也应不断随之进行调整，只有做到与外部大环境的发展同步，才能使企业在竞争中站稳脚跟。

大数据的应用为企业的决策提供了客观的数据支持，企业决策不再单单依托管理者的思想和经验，而是更多地依托于完善的数据体系，从而提高了企业的决策准确性，为企业的发展战略指明了道路，增强了企业的竞争力，扩大了企业的可持续发展空间。

在大数据时代，企业的关键情报主要来源于以下两个方面：一方面，来源于网络渠道。企业可以利用免费或者付费方式获取包含竞争信息、宏观经济、政策机遇、标杆前沿的数据信息。其中，竞争信息指可以利用电商网站得到同行竞争对手的产品、售价与营销方式，利用新闻媒体活动、企业数据库实时了解竞争对手的状态；客户数据是指可以利用电商网站、内在门户获取消费者在网络或是移动客户端之间反馈的意见与评论；政策的机遇是指可以利用国务院所有部委的公告、所有地方政府发布的产业政策信息、地方上的规划准则、所有地方产业园的信息开采机会渠道直接获得更加系统的情报信息。另一方面，来源于自身渠道。企业可以利用内部的信息系统、门户网站或网页、客服系统来分析开采出自身的数据信息。对于自己的核心业务，考虑到数据的安全性，应该在企业自己的平台上运行，尽量不要让各级下属机构在基础设施上投资。

3. 实践中的创新尝试

大数据，可以说是史上第一次将各行各业的用户、方案提供商、服务商、运营商，以及整个生态链上游的厂商，融入一个大的环境中，无论是企业级市场还是消费级市场，抑或政府公共服务，都开始使用大数据这一工具。以企业供应链为例，通过大数据运营可以实现供应商平台、仓储库存、配送和物流、交易系统、数据分析系统等供应链的全环节整合与优化，实现数据统一管理、全面共享，最终实现供应链管理创新。

二、大数据下企业财务会计信息化的发展策略：云会计

（一）云会计的概念

云会计是指建立在互联网上的虚拟会计信息系统，为企业提供会计和会计服务。在会计领域，云会计作为会计信息的新模式，基于技术和云计算的概念，可以实现企业信息系统的有效整合，提高企业的管理能力和竞争优势。云计算虽然提供了实现企业会计信息的新途径，但企业会计中遇到的一系列问题仍然是企业云计算选择的令人不安的问题之一。即使有很多困难，但企业云计算信息管理系统的创建也将成为下一代企业信息技术发展趋势。云计算可用于会计信息系统，可以帮助建立企业会计信息，降低企业成本等。

（二）云计算的优势

1. 降低了企业信息化建设的成本

从财务软件的购买、安装到信息系统的维护等一系列问题都无须企业亲自解决，由云计算供应商代为处理。企业的所有电子设备只需要连接互联网，就能享用云计算提供的服务，企业像购买服务一样购买这种信息计算和处理能力，按照流量付费即可。

传统会计中会计信息存储在原始凭证、账本等各种纸质记录中，各分公司、各部门会有各自的 IT 系统及信息存储平台，存储各自的数据，不能实现信息共享，而且各部门或各分公司的 IT 构建有可能因人员配备等原因导致系统水平不一样。在公司整体建立云计算平台后，能促使各分公司和各部门将信息存储到云端，每个分公司和每个部门

都能享受到一样高水平的IT系统，并且实现信息共享，集中管理。若公司自建私有云不能满足公司发展要求而向云服务商购买公共云，公司将按照需求购买，按照所占用的公共云付费，从而能节省购买大量存储硬盘和处理器的IT固定投入，有效率地按需购买云服务。这意味着采用将会计信息化的建设与服务进行外包的模式，企业无须为信息化所需的基础设施建设投入大量财力。

2. 企业迅速适应新经济业务需要，及时提供会计处理方法

传统的信息模型由于软件功能的限制，信息系统不能快速及时地应对信息会计问题。在云计算应用模式中，新经济活动融入云中，企业可以根据自己的需要选择合适的服务。一方面，企业可以根据自己的业务变化实时更新和更正；另一方面，当会计准则要求企业采用新的会计方法时，企业也可以满足会计准则的要求。

3. 企业之间的信息传递更加便利

重要会计信息的来源之一是企业经济活动，还包括银行、资本市场、证券市场、政府机构等提供的经济信息。在传统的会计信息化建设模式下，企业信息系统难以与外部信息系统相协调。未来，企业的较大经济运行将通过网络会议、谈判、合同等方式进行，可以通过电子数据交换网络和资本转移来实现。公司需要收集数据，这是电子数据，而不是传统会计纸质文件和业务。在这种情况下，信息可以通过任何网络终端发送到云端处理，实时记录与业务相关的凭据。在云计算环境下，网上税务登记、银行账户核对、审计、交易和企业上游及加工企业和用户将会计信息系统整合到企业和银行、税务、会计师事务所等联系机构。

4. 为企业提供大量的信息，加强企业的会计控制

会计是一个经济信息系统，包括对企业财务信息和有关的非财务信息进行接收、确认、分类、记录、储存、变换、输出、分析、利用并使之对企业经营活动实行有效的控制。云计算作为先进的信息技术，将给企业经营方式、员工工作方式等各方面带来全新的变革，也给会计数据采集环境、采集工具和采集模式带来全新的变化。在云计算的应用模式下，企业的信息系统不再是一个信息孤岛，通过云计算供应商提供的信息服务，企业可以轻松获取大量企业之外的信息，有助于加强企业的会计控制。会计数据实时采集实现从企业内部扩展到外部。基于互联网的基础支持，企业可以随时向合作伙伴、供货商、代理商等索取数据，而且数据的传递将直接在云端索取，效率更快，且不占用公司本身的存储空间。

云计算加强了公司内外部的协同工作。在高度发达的云计算上，公司内部整个财务有着良好的一体化流程，通过信息流协同，各个部门有序合作，合理配置企业资源，达到企业经营效率和效益最大化。从企业外部看，共同商业利益的合作伙伴主要是通过对整个商业周期中的信息进行共享，实现和满足不断增长的客户需求，同时也满足企业本身的活力和能力。通过对各个合作伙伴竞争优势的整合，共同创造和获取最大的商业价值及盈利能力。在这个层面上，云端不仅协同了企业内部的资源，还需要建立一个统一的平台，将客户、供应商和其他合作伙伴也纳入这个信息系统平台中，实行信息的高效共享和业务的一系列链接。

5. 促进企业的财务流程再造

信息技术不仅改变了会计信息流程，也改变了其他业务流程。例如，在传统会计中，采购部门向供应商发出订单后将订单附件送到财务部，验收部门检验供货商产品后将验收报告送到财务部门，供货商也需要将产品发票送到财务部，而财务部需要核对这三张原始凭证才能付款。若是构建公司信息平台，采购部门制作订货单发至供货商并自留一份在信息系统中，验收部门收到货物后检查货物与订单是否相符，相符便登记收货。信息系统自动向财务部门提醒付款期限将到的订单，财务部再付款。这样可以提高信息传递的速度、准确度和共享程度，削减不必要的流程，减少人力的消耗。

云计算的发展将推进财务流程全部搬至线上。在云计算系统的支持下，公司将不同保密等级的数据存储在不同级别的云中，授予不同的相关人员以相应的查看、修改、更新数据的权利。

公司购销业务在网上确定，合同以电子数据形式存在；会计人员在自己的显示屏下记录业务，附上合同协议的链接，信息传至云端；云端存储数据并自行运算，形成报表及各种指标数据；管理层在自己的显示屏上看到各种财务数据，分析数据，监控各项指标；取得授权的会计师事务所获取公司的会计信息，代为处理部分会计业务，如调整会计确认和税务确认之间的差异；公司将各种报表传至税务部门的云空间，税务部门检查后公司合理报税；会计师事务所受委托后在网上审计公司财务，并做出电子版审计报告；可扩展商业报告语言可以实现企业数据的自动归集、整理、比较，减少信息使用成本，提高信息质量；公司将公司报表、审计报告等放至“所有人可查看”权限级别的云中；报表读者可以通过可扩展商业报告语言阅读企业数据；进行股东大会网络会议，每个股东都可以边查阅财务数据边参与讨论公司状况和发展战略。

（三）大数据下云会计的应用及其优势

1. 应用于大数据时代的信息化建设，实现企业会计信息化建设的外部协同

企业云会计信息化运营平台运算资源部署在云端，使企业所有的会计信息处理需求都可以通过网络在云计算平台的服务器集群中以最快的速度共同响应并完成。云会计可以实时控制财务核算，及时生成企业的财务数据，实现企业财务信息同步和共享。大数据时代，企业会计信息化建设需要大量地同银行、税务、会计师事务所、供应商和客户等多方共享，使用传统的会计信息化建设模式很难与外部协同。云会计信息化平台通过广泛互联、灵活控制，不仅做到与会计准则保持一致，还可以实现网上报税、银行对账、审计、交易、与上下游企业和用户之间的会计信息系统集成，从而有效实现大数据时代企业会计信息化建设的外部协同。

2. 应用于大数据时代成本控制系统，降低企业会计核算成本

大数据时代，企业会计核算需满足新的商业模式，尤其是创新的互联网商业模式。

“按需使用、按使用多少付费”的商业模式能够满足会计云计算服务需求者（企业信息化）的利益需要。云会计以软件服务方式提供，企业用户按需购买、按使用资源多少或时间长短付费。企业不必为服务器、网络、数据中心和机房等基础设施投入巨大的费用，不会占用企业过多的营运费用，并能及时获得最新的硬件平台和稳固的软件平台及业务运行的最佳解决方案。已经在运行的基础架构即服务、平台即服务、软件即服务等云会计，通过对应的服务构成，整合提供云会计综合服务，在充分满足互联网商业模式的同时，有效降低大数据时代的会计核算成本。例如，利用云计算技术的软件即服务来构建云会计的会计核算系统、会计管理系统、会计决策系统、统一访问门户及其他与会计信息系统相关的业务系统；利用平台即服务来构建云会计的数据库服务及会计信息化开发应用环境服务平台；利用数据即服务、基础设施即服务构建云会计的存储及数据中心的应用环境；利用硬件即服务来构建服务器集群，形成有效的弹性计算能力，最后形成基于互联网的云会计系统。

3. 应用于企业财务流程再造，确保企业财务战略顺利实施

与传统的财务信息系统账表驱动不同，大数据时代财务流程应用流程再造的思想是：将实时信息处理嵌入业务处理过程中，企业在执行业务活动的同时，将业务数据输入管理信息系统，通过业务规则和信息处理规则生成集成信息。基于这种模式构建的财务信息系统称为事件驱动的财务信息系统。云计算的发展将推进财务流程全部移到线上。在云计算系统的支持下，企业将数据存储在云中，业务流程可以实现将购销业务、生成合同、会计人员记录业务等信息传至云端，云端存储数据并自行运算，形成报表及各种指标数据；管理层及税务部门、会计师事务所等外部协同部门都可以共享云空间的数据，满足各自需要。可扩展商业报告语言可以实现企业数据的自动归集，报表使用者通过可扩展商业报告语音访问企业数据。公司管理层可以在实现以上财务流程再造的同时，确保企业财务战略及公司战略的顺利实施。

第二节 企业财务信息化规划与创新

一、信息技术对企业财务管理的影响

近年来，随着信息技术的发展，其逐渐对企业管理的各个环节产生影响，财务管理作为企业管理核心内容之一，当然也受到了信息技术的影响。信息技术带给财务管理的变化集中表现在以下两个方面：一是信息化背景下，企业财务管理面临的环境发生了深刻的变革，市场竞争日趋激烈，知识经济初见端倪，企业管理面临的需求、需要解决的问题、解决问题的条件和方法都随之发生变化，从而激发了新的企业财务管理模式的产生，与之相适应，企业财务管理的内容、范围、方法也必须做出相应的调整。二是信息技术的广泛应用为财务管理职能的发挥提供了理想化的平台，特别是信息技术的日趋成熟，为财务管理提供了更多解决问题的途径，扩展了财务管理的手段。两者相辅相成，

共同推进财务管理理论和实践的发展。

（一）信息技术对企业财务管理实务的影响

财务管理实务指的是应用财务管理理论，实现财务决策与财务控制的全过程。信息技术对财务管理实务的影响体现在对财务控制手段、财务决策过程和财务管理内容三个方面。

1. 对财务控制手段的影响

传统的财务过程，要经历记录、汇总、分析、评价、反馈、修正这样一个较长的过程，在科层制组织中，控制过程远远滞后于业务过程，使控制难以发挥真正的作用。在信息化环境下，控制程序实现了与业务处理程序的集成，实时控制成为财务控制的主流手段。

2. 对财务决策过程的影响

（1）情报活动发生的变化

情报活动不再是单纯地搜集决策所需的数据，而是经历风险评估、约束条件评估、数据获取三个阶段。风险评估首先对决策目标及实现决策目标的风险进行合理的估计。约束条件评估则是确定实现该决策目标所受到的各种外部环境的制约，明确为了实现该目标，可以使用的资源有哪些。数据获取则避免了手工数据的整理过程，借助于信息化平台，可以获取大量所需的数据，并依靠数据仓库技术，直接获取有价值的支持决策的数据。

（2）设计活动发生的变化

传统的设计活动是指创造、制订和分析可能采取的方案。而在信息化环境下，这一过程实际上转变为依靠工具软件或财务管理信息系统建立决策模型的过程。

（3）抉择活动发生的变化

抉择活动是指从众多的备选方案中，按照一定标准选择最优的方案并加以实施。这一过程在计算机环境下可以得到最大限度的优化，利用计算机强大的计算能力，可以模拟方案的执行情况，从而实现最优化决策，决策的科学性大大提高。

（4）审查活动发生的变化

审查阶段要对决策进行评价，不断发现问题并修正决策。在信息化环境下，这一过程的执行提前到决策执行环节，也就是在决策执行过程中，同时完成对执行情况的跟踪、记录和反馈。

3. 对传统财务管理内容的影响

对企业个体而言，其主要的理财活动主要体现在以下三个方面，即筹资活动、投资活动和收益活动。相应地，也形成了企业财务管理的主要内容。在信息技术环境下，它们仍然是财务管理的主要内容，但信息技术同时也扩展了财务管理的内容，主要表现在以下三个方面：（1）信息技术促进了企业与相关利益者、银行、税务部门、金融市场之间的信息沟通，财务管理的范围也从企业扩展到相关的利益群体，诸如税收管理、银行结算管理等也成为财务管理活动中重要的一环。（2）信息技术的发展，促进了新的管理内容的产生，如企业全面预算管理、资金集中管理、价值链企业物流管理等。（3）现代企业在信息技术的支持下，形成了连接多个企业的价值链。在完成筹资、投资和收益决策时，企业不再是一个孤立的决策单元，而是价值链上整体决策的一个环节。因此，相关决策将更多地面向价值链整体最优。

（二）信息技术对企业财务管理基础理论的影响

1. 信息技术对财务管理职能的影响

信息技术对财务管理职能最显著的影响，就是强化了其基本职能，也就是强化了财务管理的财务决策职能和财务控制职能。其中，财务决策是指根据企业的环境和应达到的目标，运用科学的方法，选择和确定实现财务目标的最优方案。财务决策包含三个基本的方面：筹资、投资和收益分配。在信息技术环境下，决策面临的环境发生了巨大的变化，决策将面临更大的风险。企业战术层面、战略层面的各项决策活动都需要信息技术的支持，实现由感性决策向科学化决策的转变；财务控制是指在决策执行过程中，通过比较、判断和分析，监督执行过程，并及时做出修正的过程。控制职能将在信息化环境下得到进一步强化，表现在控制范围扩展到企业的各个层面；控制手段借助于信息化平台进行；控制实现从事后向事前、事中的转移。

除此之外，随着信息技术的发展和广泛应用，还衍生出了财务管理的派生职能。主要包括财务协调职能和财务沟通职能。在信息化环境下，任何一个决策过程都可能涉及多个部门、多个领域，单纯的财务决策或生产决策都无法满足企业整体决策的要求。例如，在制订生产计划时，必须同时考虑财务计划的配合。也就是说，随着部门间横向联系的加剧，必须有适当的手段实现部门间、各业务流程间相互协调和沟通的能力，财务管理将更多地承担起这方面的职能。

2. 信息技术对财务管理对象的影响

财务管理的对象是资金及其流转。资金流转的起点和终点都是现金，其他的资产都是现金在流转中的转化形式，因此，财务管理的对象也可以说是现金及其流转。信息技术环境下，财务管理的对象并没有发生本质变化，影响主要表现在以下两个方面。（1）现金流转高速运行。在网络环境下，现金及相关资产的流转速度加快，面临的风险加剧，必须要有合理的控制系统保证企业现金资产的安全和合理配置。（2）现金概念的扩展。信息技术环境下，网上银行，特别是电子货币的出现极大地扩展了现金的概念。此外，网络无形资产、虚拟资产的出现，也扩展了现金的转化形式。

3. 信息技术对企业财务管理目标的影响

财务管理最具有代表性的目标包括：利润最大化、每股盈余最大化、股东权益最大化和企业价值最大化。在信息化环境下，以企业价值最大化作为企业财务管理的目标是必然的选择。这是因为，企业是各方面利益相关者契约关系的总和。企业的目标是生存、发展和获利。信息技术环境使各方的联系日益紧密。在信息技术的推动下，电子商务开始普及，企业实际上是形成的多条价值链上的节点，单纯追求个体企业的利润最大化或股东权益最大化并不能提升整个价值链的价值，反而会影响企业的长期发展和获利。只有确定企业价值最大化的财务管理目标，才可能实现企业相关利益者整体利益的共赢。

（三）信息技术对企业财务管理工具的影响

传统的财务管理中，主要依靠手工完成各项财务管理工作，财务管理处于较低水平。信息技术极大地丰富了财务管理手段，正是由于信息技术的大量应用，实际上促进了财务管理在企业中的应用。这一影响主要体现在以下三个方面。

1. **网络技术提供更好的解决方案**

网络技术不仅扩展了财务管理的内容，而且为财务管理提供了新的手段。传统方式无法实现的集中控制、实时控制都可以依托网络实现。分布式计算技术的应用，为财务决策提供了新的解决方案。

2. **数据仓库技术提高决策效率和准确性**

数据仓库的广泛应用改变了传统的决策模式。数据仓库是一种面向决策主题、由多数据源集成、拥有当前及历史终结数据的数据库系统。利用数据仓库技术可以有效地支持财务决策行为，提高决策效率和决策的准确度。

3. **计算机技术提高数据处理能力**

计算机的普遍应用提高了财务管理活动中的数据处理能力。利用计算机可以帮助用户完成较为复杂的计算过程，处理海量数据。大量工具软件的出现，可以帮助用户轻松完成数据计算、统计、数据分析、辅助决策等任务。

（四）信息技术对企业财务管理方法学的影响

1. **简单决策模型向复杂决策模型转变**

传统的财务预测、决策、控制和分析方法受手工计算的限制，只能采用简单的数学计算方法。在信息化环境下，更多更先进的方法被引入财务管理活动中，如运筹学方法、多元统计学方法、计量经济学方法，甚至包括图论、人工智能的一些方法也被广泛使用。

2. **定性分析向定量分析和定性分析相结合转变**

传统的财务管理过程中，虽然使用过定量分析，但并没有得到广泛的应用。主要有以下两个原因：一是计算工具的落后，无法满足复杂的数学计算或统计分析，同时缺乏工具软件的支持，使得计算过程难以掌握；二是缺乏数据库管理系统的支持，定量分析所需的基础数据缺乏必要的来源，或者是选择的样本过小，致使得出的结论产生误差。信息化环境下，数据库管理系统的广泛建立，特别是相关业务处理信息系统的成熟，为财务管理定量分析提供了大量的基础数据。同时，利用工具软件可以轻松地完成各项统计、计算工作，定量分析不再是专业人员才能完成的任务。

3. **偶然性决策向财务管理系统化转变**

系统论、控制论和信息论是 20 世纪中期之后崛起的具有综合特性的横向学科之一。系统及系统工程的思想、方法论和技术在 20 世纪 70 年代末传入我国，并于 20 世纪 80

年代达到了鼎盛时期，目前流行的新三论，即耗散结构论、协同论和突变论都是系统论的进一步发展。系统论是研究客观现实系统共同的本质特征、原理和规律的科学。系统论的核心思想是从整体出发，研究系统与系统、系统与组成部分及系统与环境之间的普遍联系。系统是系统论中一个最基本的概念。

财务管理也是一种支持和辅助决策的系统，企业财务管理方法是指企业在财务管理中所使用的各种业务手段。目前主要有财务预测方法、财务决策方法、财务分析方法、财务控制方法等。在很长的一段时间里，财务管理缺乏系统的观点进行分析和设计，往往只侧重于某一指标的获得或独立决策模型的应用。传统的财务管理方法面向独立的财务管理过程，缺乏系统性。需要解决的主要问题是临时性、偶然性的决策问题。在信息化环境下，要求按照系统的观点认识和对待财务决策及财务控制，即做出任何一项决策时，不能仅考虑单项决策最优，而应该更多地考虑系统最优；财务控制不仅考虑对某个业务处理环节的控制，而且要按照系统控制的要求，从系统整体目标出发，自顶向下，层层分解，考虑控制的影响深度和宽度。

二、新经济下的财务信息化规划

（一）财务信息化概念架构

1. 软件架构

对于财务来说，软件架构这件事情听起来还是有点复杂的，说得通俗一点，就是要搞清楚，一个系统中有哪些构成部分，这些构成部分是怎样相互作用的。那么所谓的新经济下的财务信息化架构，就是要搞明白，和传统财务信息化架构相比，多了哪些构成部分，以及各部件之间相互作用的方式发生了怎样的变化。“有什么功能”可以称为功能架构，功能加上交互关系后形成的架构可以称为逻辑架构。而在实际的软件架构设计中，还有多个视角的架构理解，如开发架构、运行架构、物理架构、数据架构等。

2. 财务智能化功能架构解析

（1）功能架构中的数据层

这里先要说的是智能财务信息化架构下的数据层。和传统财务信息化架构相比，最重要的是数据的内涵发生了变化。在传统架构下，处理的主要是结构化数据，而在引入大数据技术后，结构化数据已经无法满足财务信息系统对数据的需求，非结构化数据被引入，并且成为非常重要的构成部分。

因此，在功能架构的数据层中，系统对结构化数据和非结构化数据同时提供相应的管理功能，从数据的采集管理、对接管理、存储管理等方面进行相应的功能支持。

（2）功能架构中的智能引擎层

智能引擎层是架构中的另一个重要层次。之所以叫作智能引擎层，是希望在搭建智能时代财务信息系统架构时，能够对关键的支持技术进行组件化，并以引擎的形式来支持不同业务场景的应用。引擎层是一个公用的技术平台，在不同的应用场景中，能够灵活地调用相关引擎来实现配套的业务应用，从而实现整个财务信息化架构底层技术工具的共享。在智能时代的财务信息化架构中，可抽象出的引擎主要包括以下几个方面。

第一，图像智能识别引擎。图像智能识别引擎主要用于广泛地进行图片信息的识别，一方面，能够支持对结构化数据的采集；另一方面，也能够支持对非结构化数据的信息提取。同时图像智能识别引擎可以利用机器学习来提升自身的识别能力，从而扩大可应用的价值和场景。

第二，规则引擎。规则引擎作为初级人工智能应用，会在整个财务信息化中发挥重要的作用。通过灵活、可配置的规则定义，支持在财务流程中基于规则进行大量的判断、审核、分类等应用。规则引擎的完善，一方面，依赖于经验分析后的完善；另一方面，也将基于机器学习引擎来辅助规则完善。

第三，流程引擎。流程引擎无论在哪个时代都十分重要，好的流程引擎能够全面提升财务信息系统的水平。而在智能时代，流程引擎的驱动仍然是规则引擎，而规则引擎又基于机器学习得以完善优化，并最终带来流程引擎能力的提升。

第四，大数据计算引擎。大数据计算引擎是相对独立的，基于大数据的技术架构，能够处理海量的包括结构化数据和非结构化数据的计算。大数据计算引擎的实现，能够使财务在大数据方面的应用场景得到真正的技术支持，而不是传统计算模式下的伪大数据。

第五，机器学习引擎。机器学习引擎应当能够实现监督学习和非监督学习，通过大量的不同业务场景的数据学习训练，形成相应的优化规则，并依托规则引擎作用于各种业务场景中。从这个意义上来讲，机器学习引擎有些像规则引擎的后台引擎。

第六，分布式账簿引擎。对于区块链的应用，需要在底层搭建各类分布式账簿，而我们可以考虑通过引擎化的方式，将这种分布式账簿的搭建变得更为标准和可配置。当然，这需要区块链技术实现进一步的抽象——从技术概念走向业务简易应用的概念。有了分布式账簿引擎，基于区块链的应用可以得到进一步的加速。

（3）功能架构中的业务应用层

业务应用层是最重要的一个层次。在业务应用层中，我们从财务业务模块和技术两个角度实现了场景功能的匹配，从而形成了相对清晰的智能时代财务信息化应用的功能场景蓝图。它可以成为有致力于智能时代技术深度应用的企业的思维导图，并据此展开规划和实践。

（二）财务与科技的信息化协同

1. 来自协同问题的挑战

（1）财务内部信息化协同面临的挑战

①信息化建设在财务部门之间的分散

很多企业的财务信息化建设并没有实现统一集中的管理。在通常情况下，财务信息化建设是各个不同的职能部门从自身的业务需求出发进行的，比如，负责会计报告的部门建设了核算系统，负责预算的部门建设了预算编制系统，负责资金管理的部门建设了资金管理系统等。在这样的背景下，系统建设完成后，相关系统的后续运维和优化也保留在了相应的业务部门。从需求和系统建设的关联角度来看，这样的管理模式未必是坏事情，但是当不同部门管理的财务系统要实现整合、集成甚至内部平台化的时候，就会出现问题。部门间系统管理的割裂，成为系统间有效集成的障碍。而在智能时代，对数据和流程的集成提出了更高的要求，信息化建设在财务部门间的分散将成为掣肘。

②智能化认知程度在不同部门之间的差异

智能时代信息技术的广泛应用，需建立在财务的各个领域对智能技术达成共识，并且基于这种共识共同推动智能技术的基础建设上，在此基础上进一步架构不同业务应用场景。而如果财务的各个业务部门之间未达成同等层次的共识，则会造成不同部门在技术路径选择、资源投入等方面产生分歧。当然，分歧的产生并不是一定会阻碍财务向智能化道路的迈进，但必然在这个进程中带来更多的争议和损耗，并最终造成这一进程的放缓。也不排除在极端情况下，因为分歧过于严重，使得整件事情回归原点。

（2）科技部门内部信息化协同面临的挑战

①基于独立而非产品平台的后遗症

受到财务部门需求的影响，科技部门在建设系统时，往往也是根据财务的划分，建立了一个个不同的、独立的系统，在进行集成的时候，不同的系统之间进行数据的交互打通。在这种模式下，科技部门内部往往会为每个系统配备相对独立的项目团队。而由于财务部门本身缺乏统筹，科技部门内部也容易放任各财务系统的项目团队各自发展，并最终造成割裂。在这种情况下，就会产生后遗症。由于每个系统都是各自打地基的，地基之间无法打通，造成各个系统的风格不同，系统管理方式不同，并导致用户体验差，且系统维护困难。而更严重的是，科技部门各个项目团队之间缺乏技术交流，一项新技术在某一系统应用后，其他系统团队毫不知情，更不要说技术共享了，这与智能时代高频技术革新的需求格格不入。

②新技术团队与传统财务科技团队的割裂

不少公司对智能化技术的研发往往并不是从财务开始的，更多的技术是为了满足业务场景研发出现的。一些企业在进行了大量业务场景的实践后，做了技术提炼，并构建了智能技术的各类实验室，如大数据实验室、区块链实验室、人工智能实验室等。而这些实验室在形成通用的技术基础后，又进一步反哺业务场景。在这个循环中，很遗憾的是，作为服务于后台业务的财务科技团队往往成为局外人。科技部门内部前后台团队的割裂，以及新技术实验室和传统实现团队之间的割裂，都可能让财务无法分享到最新的技术成果。

（3）财务部门与科技部门之间信息化协同面临的挑战

①需求场景和技术对接渐行渐远

财务部门与科技部门之间对接的关键在于如何把业务需求转换为系统实现的语言。在传统的财务信息化阶段，这一直就是让人纠结的问题。很多企业的财务部门不了解科技部门的思维方式，而科技部门也难以理解财务和会计的语言，导致二者之间的需求转换往往会出现偏离。好在不少企业意识到了这个问题，并设法在二者之间设置了衔接团队，进行业务需求的转换。

但在智能时代，原本设置的衔接团队会面临更大的挑战。一方面，财务的衔接团队会发现，基于智能技术的需求场景的挖掘更加困难，由于对新技术的理解不够深刻，往往没有吃透这些智能技术能够做什么，在这种情况下，显然更难以想清楚能够解决怎样的业务问题了；另一方面，科技部门也更容易沉迷于对技术本身的研发，成为“技术控”，反而忽视了对财务应用场景的支持，就技术论技术，难以结合业务实际。这两个方面的问题最终造成需求场景和技术对接渐行渐远。

②条状对接和技术平台发生冲突

前面谈到，如果科技部门的组织设置与分散的财务模块相匹配，就会带来科技部门内部的协同问题。而如果仅仅科技部门单方进行努力，将其内部的割裂团队打通，形成技术平台，那么即使有所进步，也还是没有从根本上解决问题，反而会进一步引发新的问题，造成来自财务部门的条状需求和科技部门平台建设之间的冲突。

在科技平台化、财务分散化的模式下，财务信息化建设仍然分散在各个不同的财务部门内，而相关业务需求的提出是以各个财务部门条状向科技部门进行传达的。在这种情况下，已经实现了平台化的科技部门在面对这些时间不一、规划不一、深浅不一的需求时就会面临问题。由于无法进行像之前独立系统团队模式下的自主响应，科技部门内部需要对接收到的需求进行统筹评估，需要向需求方反馈平台的统一规则，并引导需求方去接受平台的约束。这一过程往往也伴随着大量的沟通和冲突。

（4）企业与业务单元之间信息化协同面临的挑战

①标准化和个性化的冲突

对于企业来说，如果财务信息化有条件构建在一个相对标准化的架构之上，那么这是一件好事情。在实践中，也有很多企业一直致力于实现这样的大集中架构模式。但是对于具有多元化特征的企业来说，要做到这一点极其不易。

企业内部的业务单元有其各自的业务发展诉求。特别是对于多元化企业来说，不同业态下的业务单元其个性化诉求尤为强烈。在这种情况下，要在企业层面建设一个相对标准化的平台来满足不同业态的个性化需求，就会造成企业标准化和业务单元个性化诉求之间的冲突。如果一味地满足企业的需求，业务单元的发展就会受到影响；而如果完全满足业务单元的诉求，对企业管控也会带来显著的伤害。如何平衡二者之间的关系，构建能够同时解决标准化和个性化诉求的平台成为核心问题。

②渐进和突发的冲突

在财务智能化建设的节奏上，对于企业来说，往往希望能够遵循所制订的计划，有条不紊地完成信息化建设。而对于业务单元来说，很多时候信息系统的建设需求存在突发性，往往为了解决业务痛点，需要进行紧急的系统建设。在这种情况下，对于企业来说，渐进的节奏会受到突发情况的冲击，如果无法及时对业务单元进行响应，则会加剧二者之间的冲突。而如果业务单元一味地强调自身的突发性，不考虑整个企业信息化建设的节奏，也会带来问题。渐进和突发的冲突是在企业信息化、智能化建设中不得不面对的挑战。

③在信息上二者之间穿透和独立的冲突

企业和业务单元之间还面临着信息“穿透”和“独立”诉求的冲突。对于企业管控来说，实现对业务单元的信息穿透是信息系统建设的重要诉求，要做到这一点，大集中的财务信息化建设模式是核心。但对于业务单元来说，保持其信息的独立性或私密性，也往往是其所希望做到的。二者之间的博弈关系一方面取决于企业管控的形态，另一方面也会夹杂着监管要求的影响。特别是对于上市公司来说，信息的独立性就存在监管要求，企业与业务单元在信息“穿透”和“独立”上的分歧或冲突是天然存在的。在刨除监管因素后，信息穿透力度更多地取决于企业在管控模式上对业务单元的控制力度。

2. 财务信息化协同体系

（1）财务构建统一的信息化中枢

对于财务组织内部来说，要打破信息化的建设边界。打破边界的方法可以考虑在财务体系中构建统一的信息化中枢，这个信息化中枢可以是实体组织，也可以是虚拟组织。实体组织可以体现为财务信息化团队或部门的形态，如某领先互联网企业内部设有财经IT部，某大型国有商业银行有会计信息部这样的组织，这些实体化的专有组织能够在财务体系内部起到统筹协调的作用。而对于没有条件设立统一财务信息化团队的企业来说，可以考虑设立虚拟机构，如设置财务信息化管理委员会之类的跨部门统筹组织。尽管它在力度上弱于实体组织，但也能够起到一定的统筹协调作用，并且在财务信息化架构搭建和重大项目的推进过程中发挥重要作用。

（2）科技面向财务的团队和架构的私人定制

对于科技部门来说，要实现与财务的紧密协同，应当考虑构建面向财务提供服务的专属团队。在这样的专属团队中，应当从组织架构上打破传统按业务模块独立设置团队的模式，构建能够更好地匹配未来的平台化架构，包括专属需求分析团队、架构师团队、公用平台研发团队和场景实现团队面向财务的私人定制。需求分析团队应当能够有效支撑智能技术与财务需求团队的对接；架构师团队能够站在产品化和平台化角度，科学构建财务信息化架构；公用平台研发团队应当能够打通财务各业务模块的底层，对可公用的技术功能进行组件化研发，并实现在不同业务场景中的应用；而场景实现团队则在公用平台的基础上，针对不同的业务场景需求来进行技术实现。通过这样一个平台与定制化相结合的科技团队组织来实现对财务智能化的有力支持。

（3）科技内部市场化实现新技术引入

对于科技内部各类“黑科技实验室”之间的协同，不妨考虑引入市场化机制。由于各类“黑科技实验室”主要的服务对象是企业的业务场景，而对于作为后台的财务场景来说，要想获得大力度的支持并不容易。在这种情况下，引入市场化机制，通过内部交易的形式，向“黑科技实验室”付费购买相关技术支持，能够充分调动“黑科技实验室”协同的积极性，也能够更好地从机制上让财务和业务站在同一条起跑线上。当然，并不是所有企业都有条件去建立内部市场化机制，必要的时候，寻求行政命令资源的支持也是可行之路。

（4）企业推行产品平台并定义自由度

对于企业来说，要满足标准化与个性化的平衡，不妨考虑将企业自身视为财务智能化产品的提供商，在企业层面构建基于产品化理念，设计信息化平台。在产品的设计过程中，企业应当充分引入业务单元来进行产品化需求的论证和设计，通过大量的调研形成需求，并最终搭建平台。各个业务单元在实际部署信息化时，企业将其当作一个产品客户，通过进一步的需求调研，引入实施方法论，在产品化平台的基础上进行配置实施和少量且可控的定制化开发。

通过这种模式，企业财务能够搭建一个开放式的财务智能化产品平台，并借助平台实现管理的标准化和自由度的定义。

在财务智能化进程中，财务与科技的协同是一个技术与艺术并存的话题，找到合适的平衡点、实现双赢是财务智能化之路成功的关键。

（三）成为智能时代的财务产品经理

智能时代财务管理的基础是信息技术，对于财务来说，好的技术平台的支撑，能够帮助企业在智能化道路上走得更远，也能够让企业有更多的机会去实践财务创新。而在这个过程中，传统的财务信息化支持人员已经难以满足要求，企业需要智能时代的财务产品经理来助力企业走上财务智能管理之路。

1. 财务产品经理的概念

产品经理是随着产品形态的发展而发展的。早期的时候，产品大多数是实体化的，如家里的电视机、洗衣机等都是实体化产品，产品经理则是管理这些实体化产品全生命周期，从概念提出到设计、生产、营销、销售、配送、服务等全过程的角色。而随着社会的发展，产品的形态也在改变，能够解决问题的东西不仅仅是实体，一个好的创意、管理方法也都可以称为产品，产品经理不再局限于“理工男”。而当信息技术、互联网快速发展后，软件产品、互联网产品快速风靡，面向软件和互联网的产品经理成为重要人群。但无论哪一种产品、哪一种产品经理，其本质都是一样的。

优秀的产品经理的价值就在于要做出能够解决问题、让客户满意的好产品。

具体而言，产品经理要做到：（1）从各种各样的需求和想法中找到要解决的问题，以及相匹配的产品方向；（2）为产品做一个长期的布局和规划，知道什么时候该走到哪里；（3）进行产品设计，参与产品的开发、测试和上线；（4）参与产品推广方案的设计，用营销思维让客户接受这个产品；（5）积极进行产品培训和用户支持，得到更多改善产品的反馈；（6）关注市场动态和竞争对手，随时进行产品规划的调整。

2. 财务产品经理的定位

首先，财务产品经理应当是财务组织中的一分子，其核心职能是设计财务信息系统来解决财务工作中各类业务场景所遇到的问题。因此，将财务产品经理设置于财务团队内部能够更好地发现用户的问题，并设计出更有针对性的产品解决方案。

其次，财务产品经理应当将主要精力放在搞明白需求、设计出用户体验卓越的好产品上。同时，充分挖掘工程师们的“黑技术”，把好的技术应用到财务场景中。财务产品经理既不应当越位工程师的角色，也不应当任由工程师团队替代。

最后，我们也要意识到，财务业务人员并不适合在没有经过充分训练的情况下直接成为财务产品经理。财务产品经理是一个复合型人才的角色，其核心能力在于财务知识与技术能力的有机融合。纯粹的业务人员来设计产品会缺少全局观，难以把握架构和流程，并在与工程师的对接过程中出现翻译的偏离。

3. 智能财务产品经理的特质

（1）新技术的敏感性

作为应用技术来解决财务问题的财务产品经理，对技术的敏感性是不可或缺的。特别是在智能时代，技术快速迭代，对这种能力的要求更为突出。当前处于信息化时代向智能时代转变的边缘期，在这个期间，技术的多变和创新的层出不穷会成为常态，每一个财务产品经理都应当具备高度的技术敏感性，把握时代赋予的机会。

（2）新技术的财务场景化能力

对于财务产品经理来说，一旦敏锐地捕捉到新技术的出现，最重要的一件事情就是能否将这些新技术用于解决实际的问题，也就是这里要说到的新技术的财务场景化能力。实际上，业务问题出现的载体是业务场景，空谈一项技术是没有任何意义的。但作为财务产品经理，能够识别出业务部门的痛点，抽象出业务场景，分析出什么样的技术能够解决怎样的场景问题，那么其就是一个高水平的产品经理。

（3）产品化和平台化架构能力

在传统的财务信息化模式下，由于技术变化相对缓慢，高度定制化的信息系统也能够满足不少的用户需求，且保持稳定性。

但随着智能时代的到来，技术的加速革新，缺乏扩展性的定制系统将难以承载业务需求，产品化和平台化成为趋势。

对于财务产品经理来说，产品化和平台化架构能力的形成并不是那么容易的。在传统模式下，只需要就问题解决问题，用西医的方法就足够了，而在产品化和平台化架构下，需要用中医思维来解决问题，能够站在一定的高度上对财务信息化产品中各个功能组件和关联关系进行具有前瞻性的规划，并能够在技术实现上植入充分的可配置性和扩展性。这种能力的形成无论在专业上还是在思维能力上，都对现有的财务产品经理提出了更高的要求。

（4）产品价值挖掘能力

在智能时代，好的产品经理不能仅仅技术过硬，还需要会讲故事。对于所负责的产品，能够充分挖掘产品的价值，并与产品的相关方达成共识；能够更好地获得资源保障，更好地获取用户的信任并形成更可靠的需求；更好地获得管理层的支持，保障产品设计最终落地。

在通常情况下，智能时代的财务产品经理应当能够讲清楚产品实现在成本、效率、风险或管控、决策支持、客户体验等方面的价值。通过这一系列的价值共识，把产品推入高速发展的轨道。

4. 从财务 IT 成长为智能产品经理

（1）专业深度的成长

专业深度尤为重要。在智能时代，如果要成为合格的产品经理，就需要进一步加强技术知识的储备。当然，这种加强并不是要求达到工程师的水平，而是要在现有的运维、需求分析能力的基础上，补充新技术领域的相关知识。

同时，专业深度还体现在对产品化、平台化架构方面的知识体系的完善上。当然，相关的具体工作将由科技部门的架构师团队来完成，但作为产品经理，需要有能力判断和评价架构师的设计，并有能力参与相关架构设计工作。

（2）专业广度的成长

对于财务产品经理来说，要打造出智能时代的财务好产品，就必须能够更加深入地承担起业务场景与信息技术相结合的中间角色。这个中间角色在业务层面要求财务产品经理具有更加广阔的专业视野。

财务产品经理应对财务的各业务领域有广泛的了解，如核算、预算、资金、管会、经营分析、税务、共享等。具备了这些财务专业范围内的广度，能够帮助产品经理实现第一个层次——财务各职能团队与科技之间的对接。

然而，财务产品经理不能仅仅满足于这个层次的专业广度，还需要进一步将视野扩大到各中前台业务中，需要覆盖到公司经营的各类业务系统，并能够对业务与财务端到端的全流程数据流转和系统架构有所掌握。在这种情况下，才能更好地通过信息技术实现业务与财务的一体化。

（3）认知创新的成长

对于产品经理来说，需要更多地去研究和学习创新的工具和方法。创新本身是一门科学，而并非守株待兔式的等待创意的过程。对于财务产品经理来说，如果要想培养出自身的创新能力，需要积累大量的跨界知识，而不仅仅是财务和科技类的知识。很多时候，创新的灵感来自貌似不相干的领域的突发刺激，当积累了足够广度的素材后，所谓的各种创新工具和方法才有可能发挥作用。

当然，实践是创新的根源，作为智能时代的财务产品经理，需要积极地将想法付诸行动，哪怕是推演都能帮助我们加深思考，并在深度思考的过程中获得认知和创新能力的提升。

参考文献

[1] 潘栋梁，于新茹．大数据时代下的财务管理分析 [M]. 长春：东北师范大学出版社，2017.09.

[2] 王小沐，高玲．大数据时代我国企业的财务管理发展与变革 [M]. 长春：东北师范大学出版社，2017.09.

[3] 杨继美，周长伟．玩转财务大数据・金税三期纳税实务 [M]. 北京：机械工业出版社，2017.09.

[4] 雷中浩．大数据背景下企业财务管理水平提升路径研究 [M]. 天津：天津科学技术出版社，2017.06.

[5] 刘淑莲，任翠玉．高级财务管理 [M]. 沈阳：东北财经大学出版社，2017.08.

[6] 李晓龙．大数据・财务分析 R 与 Hadoop 实训 [M]. 北京：经济管理出版社，2018.01.

[7] 陈明灿，王娟，宋瑞．大数据环境下的财务共享 [M]. 天津：天津科学技术出版社，2018.01.

[8] 姬潮心，王媛．大数据时代下的企业财务管理研究 [M]. 北京：中国水利水电出版社，2018.09.

[9] 姚树春，周连生，张强．大数据技术与应用 [M]. 成都：西南交通大学出版社，2018.06.

[10] 徐炜．大数据与企业财务危机预警 [M]. 厦门：厦门大学出版社，2019.08.

[11] 李艳华．大数据信息时代企业财务风险管理与内部控制研究 [M]. 长春：吉林人民出版社，2019.06.

[12] 吴翔．大数据环境下财务预警机制研究 [M]. 郑州：郑州大学出版社，2019.07.

[13] 钱静芳．财务管理学 [M]. 上海：上海财经大学出版社，2019.09.

[14] 吴增胜．大数据解码商业地产 [M]. 北京：知识产权出版社，2019.08.

[15] 刘海娟，张燕，全毅文．财务入门与量化研究 [M]. 长春：吉林大学出版社，2019.06.

[16] 陆学勤．电子商务数据分析与应用 [M]. 重庆：重庆大学出版社，2019.05.

[17] 唐德菊，夏志娜，李颖．大数据财务管理与审计信息化研究 [M]. 吉林出版集团股份有限公司，2020.

[18] 张一兰．智能财务时代 [M]. 长春：吉林大学出版社，2020.09.

[19] 高云进，董牧，施欣美．大数据时代下财务管理研究 [M]．长春：吉林人民出版社，2021.11.

[20] 徐文妮．大数据背景下的财务共享中心建设研究 [M]．长春：吉林人民出版社，2021.08.

[21] 王利敏．大数据时代背景下企业财务管理变革 [M]．北京：中国商业出版社，2021.11.

[22] 金宏莉，曾红．高校学术研究论著丛刊•大数据时代企业财务管理路径探究 [M]．北京：中国书籍出版社，2021.10.

[23] 孙义，牛力，黄菊英．大数据财务分析 [M]．北京：中国财政经济出版社，2021.05.

[24] 魏石勇，林立伟，林政德．财务金融大数据分析 [M]．北京：中国水利水电出版社，2021.03.

[25] 王文书．大数据时代下的财务管理研究 [M]．长春：吉林教育出版社，2021.

[26] 庞晓庆．大数据背景下财务管理转型与应用 [M]．长春：吉林出版集团股份有限公司，2021.

[27] 汪刚．财务大数据分析与可视化•基于 Power BI 案例应用 [M]．北京：人民邮电出版社，2021.11.

[28] 张文惠，张岩瑾．财务大数据基础 [M]．上海：立信会计出版社，2022.01.

[29] 寇改红，于新茹．现代企业财务管理与创新发展研究 [M]．长春：吉林人民出版社，2022.05.

[30] 张少峰．企业财务共享服务标准应用指南 [M]．北京：中国经济出版社，2022.03.

[31] 程平．高等教育会计类专业创新与重构系列规划教材大数据智能风控 [M]．沈阳：东北财经大学出版社，2022.08.

[32] 吴娟．数字化转型中业财融合及其实现路径研究 [M]．长春：吉林人民出版社，2022.07.